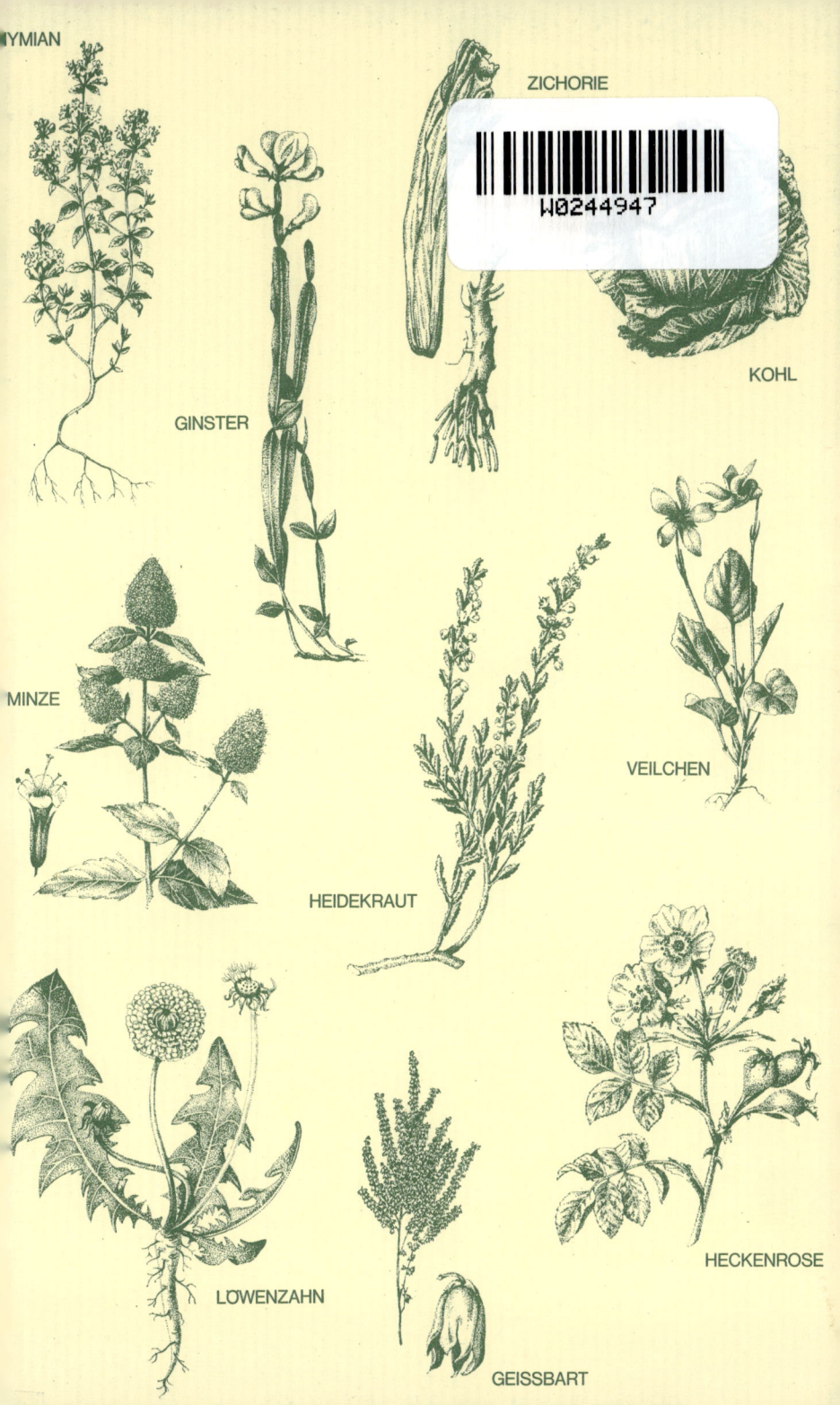

YMIAN

ZICHORIE

KOHL

GINSTER

MINZE

VEILCHEN

HEIDEKRAUT

LÖWENZAHN

GEISSBART

HECKENROSE

VERLAG
FRITZ
MOLDEN

Maurice Mességué

DIE NATUR
HAT IMMER RECHT

Rezepte für
Gesundheit und Schönheit
durch die
geheimen Kräfte der Pflanzen

VERLAG FRITZ MOLDEN · WIEN-MÜNCHEN-ZÜRICH

1.–20. Tausend

Aus dem Französischen übertragen von
ANNETTE LALLEMAND-RIETKÖTTER

Titel der französischen Originalausgabe
C'EST LA NATURE QUI A RAISON

Copyright © Opera Mundi, Paris, 1972
Alle Rechte der deutschen Ausgabe 1973:
Verlag Fritz Molden, Wien-München-Zürich
Schutzumschlag und Ausstattung: Hans Schaumberger, Wien
Lektor: Brigitte Toth
Technischer Betreuer: Franz Hanns
Schrift: Garmond Garamond-Antiqua
Satz: Filmsatzzentrum Deutsch-Wagram
Druck und Bindearbeit:
Kurier-Zeitungsverlag und Druckerei-Gesellschaft m. b. H. & Co. KG.
ISBN 3-217-00500-7

Für E. A.
In großer Dankbarkeit

Inhalt

9

1

Ein Schauprozeß gegen
die Umweltverschmutzung

Es war einmal ein kleines Dorf; das lag im Departement Gers
und hieß Gavarret. Dort habe ich meine Kindheit verbracht.
Man wird mir vorwerfen, daß ich mich wiederhole und immer
wieder von meiner Kindheit und meinem Heimatdorf rede,
aber man muß stets weit ausholen, will man an den Ursprung
der Dinge gelangen. In diesem Gavarret also gab es mehr Tiere
als Menschen. Und dabei denke ich nicht nur an die großen
Tiere, die man züchtete, sondern auch an die vielen Tierchen
aller Art, die mein Dorf zu einer Arche Noah machten, die
unter dem Gewicht ihrer Bewohner beinahe zusammenzu-
brechen drohte. Wir lebten alle in herzlicher Eintracht miteinander, Menschen und Tiere, wenn es auch manchmal zu
kleinen Streitigkeiten kam. So gelang es mir zum Beispiel im
Sommer nicht, in der Mulde einer Hecke mein Mittagsschläf-
chen zu halten, weil die Vögel, die sich dort eingenistet hatten,
einen solchen Lärm machten. Oder die kleinen Kaninchen. Sie
tollten zwischen meinen Beinen umher und fraßen die Kräuter,
die mir so am Herzen lagen, noch bevor diese ihr Wachstum
abgeschlossen hatten.

Wenn ich heute in mein Heimatdorf zurückkehre, bin ich
entsetzt: auf den Feldern gibt es keine Kaninchen und in den
Hecken keine Vögel mehr. Aber auch unzählige andere Tier-
gattungen sind ebenfalls ausgestorben (nach Expertenberech-
nungen sind es ungefähr hundertzwanzig Säugetiergattungen
und zweihundertfünfzig Vogelarten). Die Arche Noah ist
verwaist, und der Mensch vereinsamt mehr und mehr.

Was ist geschehen? Warum nimmt dieses Märchen ein so böses Ende? Weil auch hier – wie in allen Märchen – eine Hexe am Werk ist; eine Hexe, die ihren bösen Blick auf Tiere, Menschen, ja sogar auf deren Ernten geworfen hat, eine Hexe, die alles verdorben hat. Auf dem Land glaubte man früher an Hexen; man war auf der Hut vor ihnen, lauerte ihnen auf, richtete und verbrannte sie. Aber im Zeitalter der Vernunft und der Wissenschaft hat man den braven Leutchen gesagt, es gäbe keine Hexen, sie hätten sich das nur eingebildet und sollten sich nicht sorgen. Aber darin liegt der Irrtum; denn es gibt sie immer noch. Und zwar aus dem einfachen Grunde, weil der Mensch, der sich gern als Zauberlehrling betätigt, sie selbst erschafft; mit Zauberkräften wohl ausgerüstet, entspringen sie seinem eigenen Hirn.

Daher muß man Schauprozesse veranstalten und die Schuldigen vor aller Augen verbrennen. Genau das habe ich mir zur Aufgabe gemacht.

Ich klage ein Satansweib an, den Tod über die Erde zu bringen. Ich zeige mit dem Finger auf sie. Sie ist allen wohlbekannt, ihr Name ist „Umweltverschmutzung".

Dieser Hexensabbat muß ein Ende haben! Der Mensch muß das letzte Wort behalten, er muß die Kontrolle über sein Schicksal wieder erlangen, um sein Geschlecht zu retten. Man darf nicht sagen: „Nach mir die Sintflut." Und damit sind wir wieder bei den Tieren der Arche Noah angelangt: In diese Arche muß man all jene aufnehmen, die dem großen Massaker entgangen sind, und sie in einen sicheren Hafen bringen, damit sie von neuem wachsen und sich vermehren können.

Suchen wir nun zunächst die Schuldigen an diesem Völkermord, und machen wir der Umweltverschmutzung den Prozeß. Mit Prozessen kenne ich mich aus. Ich habe selbst an vielen teilgenommen. Jahrelang habe ich mich verteidigen müssen. Heute sind die Rollen vertauscht: heute klage ich an.

Am 27. Juni 1971 habe ich daher in meiner lieben Stadt Fleurance im Gers, deren Bürgermeister ich bin, den „Nationalkongreß zur Verteidigung der Natur" einberufen. Ebensogut hätte ich sagen können „Nationalprozeß zur Anklage der Umweltverschmutzung"; aber das flößt Angst ein, und – man weiß ja nie – dann wären die Leute vielleicht nicht gekommen.

Kurzum, es hat sich eindeutig um einen Prozeß gehandelt. Als Belastungszeugen hatte ich Fachleute, Ärzte, Forscher und Agronomen geladen und daneben einige berühmte Richter, Männer des öffentlichen Lebens, die in der Lage waren, die Moral der Geschichte zu erkennen. Und dann gab es da noch das Volk. Ich wollte ein Volksgericht und hatte daher alle Welt zu dieser Sitzung eingeladen – und man war meiner Aufforderung gefolgt: ich zählte tausendfünfhundert Teilnehmer.

Da es dem Grundprinzip dieser Aktion widersprochen hätte, die Versammlung hinter geschlossenen Türen abzuhalten, fand der Prozeß unter freiem Himmel, in der Markthalle, im Herzen von Fleurance, statt. Der Rahmen lud geradezu ein: Stellen Sie sich ein Bollwerk aus dem 13. Jahrhundert vor, ein befestigtes Gebäude, und auf einer Seite ein „Gemeindehaus", wo im Angriffsfalle alle Einwohner des Städtchens Zuflucht finden konnten. Und was hatte das alles mit uns zu tun? Sehr viel, denn war es nicht auch ein Angriff, der uns hier zusammenführte, der hinterhältigste von allen, die es gibt? Daher war das ganze Städtchen an jenem Junitag hier versammelt, dicht gedrängt, um vereint gegen den Volksfeind Nummer eins zu kämpfen.

Ich hatte dafür gesorgt, daß wir ringsum von Blumen umgeben waren; die Jahreszeitbrunnen auf dem Hauptplatz, alle Zierbecken entlang der Straße und alle Balkone waren mit Blumen geschmückt. Natürlich haben mir meine Mitbürger diesen ungeheuren Kostenaufwand vorgeworfen:

„Der Herr Bürgermeister geht ja feste 'ran, so viele Blumen für so eine kleine Stadt, das kostet eine ganze Menge."

Aber ich bin abergläubisch, und am Tag des Prozesses gegen die Umweltverschmutzung waren die Blumen sehr wichtig.

Früher hielt man sich Minzenzweiglein oder andere duftende Kräuter vor die Nase, um in den von der Seuche befallenen Stadtvierteln die Pest auszutreiben. Auf den arabischen Märkten praktiziert man diese Sitte heute noch.

Man wirft mir manchmal vor, meine Theorie auf Kleinigkeiten zu stützen. Das stimmt, ich habe einen gewissen Hang zum Detail. Mir bedeutet der einzelne Baum mehr als der Wald, und ein toter Vogel in meiner Hand stimmt mich trauriger als Expertenstatistiken über die von der Umweltverseuchung dezimierten Vogelarten. Und der Blumentopf auf dem Balkon eines einfachen Hauses in meinem Städtchen Fleurance rührt mich mehr als ein von meinen Mitbürgern einstimmig unterzeichnetes Protokoll. An jenem Tag habe ich die Blumentöpfe gezählt und erkannt, daß alle auf meiner Seite standen. Ich wußte, daß am Ende des Prozesses alle für „schuldig" stimmen würden.

Warum dann all dieses Tamtam, da ich das Ergebnis ja schon kannte? Weil ich Fachleute um mich herum brauche, um beweisen zu können, daß ich recht habe. Man verlangt von mir immerzu Beweise. Ich selbst habe aber keine in der Hand. Ich weiß die Dinge nur instinktiv, kann sie nicht beweisen. So handle und so lebe ich – aus dem Instinkt heraus.

Was die Experten an jenem Tag über die Umweltverschmutzung gesagt haben, hätte die Welt erschauern lassen. Sie beschrieben apokalyptische Szenen, sprachen von vergifteten Flüssen, totem Land, verwüsteten Wäldern, verendeten Tieren und von Menschen, die in einer von giftigen Dämpfen und Gasen erfüllten Welt, von grauenvollen Krankheiten gelähmt, verstört und angsterfüllt umherirren.

Es ist nicht meine Absicht, Ihnen hier alle Vorträge, die an diesen Tagen gehalten wurden, zu wiederholen. Außerdem gibt es heute genug Bücher, Berichte und Vorträge über dieses Thema. Auch andere Kongreßteilnehmer haben das Wort ergriffen, um über Fälle von Verseuchungen zu sprechen, die sie mit eigenen Augen gesehen haben. Ihre Aussage ist für mich genauso wertvoll wie die der Fachleute.

Und immer wieder berichtet man mir von Katastrophen, deren Urheber auf den ersten Blick unerkannt bleibt. Der Schuldige wird jedoch bald identifiziert: die Umweltverschmutzung.

All diese Aussagen haben mir Gewißheit verschafft. Als ich vor zwanzig Jahren die gleichen Gedanken vorbrachte, hatte ich den Eindruck, in der Wüste zu predigen. Heute gibt es aber schon viele Bauern in meiner Heimat und viele namhafte Fachleute, die alle meine Ausführungen unterstützen und die mit mir rufen: „Einhalt der Umweltverschmutzung! Wir müssen sie kriegen, sonst kriegt sie uns!"

Es geht bereits um Leben oder Tod. Während ich an diesem

Buch schrieb, starben zwei meiner Hühnchen in meinem eigenen Hühnerhof. Ich ließ den Tierarzt kommen:

„Ihre Hühner haben Korn gefressen, das mit einem Mittel gegen Kornkäfer behandelt worden war", sagte er.

Sofort vernichtete ich die zwei Säcke Korn, die ich hatte kaufen lassen. Ich kann es nicht verantworten, daß weitere Hühner an derselben Ursache zugrundegehen. Und noch weniger kann ich es verantworten, daß meine Kinder krank werden, weil sie von jenen Hühnern gegessen haben, die überleben konnten.

Beim Prozeß gegen die Insektizide setze ich meine beiden toten Hühnchen gleichwertig neben die großen Kampagnen gegen das DDT und andere Zerstörungsmittel. Natürlich haben der Kornkäfer, der Kartoffelkäfer, die Reblaus, der Maikäfer, die Blattlaus und deren Larve Verwüstungen angerichtet. Sie waren die Plagen Ägyptens. Aber um sie auszurotten, hat man das Maß überschritten. Als ob es sinnvoll wäre, mit einer Atombombe gegen eine Fliege vorzugehen! Ich kenne Hausfrauen, die sich auf ihr Insektenspray stürzen, sobald sie nur eine harmlose Spinne, eine Motte oder eine Fliege in ihrer Wohnung wahrnehmen. Anschließend kommen sie dann zu mir, weil ihr Kind ein Ekzem, ihr Mann Asthma und sie selbst verschiedene Allergien haben. Den Zusammenhang erkennen sie nicht.

Selbstverständlich haben wir keine Läuse mehr auf dem Kopf, keine Flöhe mehr in unseren Betten und keine Wanzen mehr in den Bordellen, wie es früher gang und gäbe war. Außerdem gibt es ja keine Bordelle mehr. Wir leben hygienisch! Wir sind saubere Menschen – sauber, aber tot, oder doch fast! Tot wie jene kleinen Vögel, die mitten im Flug vom Tod ereilt werden und in deren Körpern man bei der Autopsie chlorierte Kohlenwasserstoffe findet. Die Autopsie der Vögel liegt mir nicht. Dazu liebe ich sie viel zu sehr. Aber die Wissenschaftler machen das jeden Tag. Dieses Beispiel wurde unter vielen anderen auf dem Kongreß zur Bekämpfung der Umweltverschmutzung von Max Crouau, Diplomlandwirt und Vertreter der Naturschutzgesellschaft von Südwestfrankreich, vorgetragen.

Ich selbst habe meine Fasane auf einer von mir im Elsaß

gepachteten Jagd sterben sehen. Mein Jagdaufseher antwortete mir auf meine Frage nach der Ursache ihres Todes:

„Sie haben die Kartoffelkäfer von den Kartoffeln gepickt."

„Ja und?"

„Die Kartoffeln waren mit Insektiziden behandelt worden."

Weil sie also Kartoffelkäfer gefressen hatten, die wiederum von den Blättern der Kartoffel gefressen hatten, mußten meine Fasane sterben ... Und was soll aus uns werden, die wir doch dieselben Pflanzen durch ihre Wurzeln – die Wurzelknollen – in uns aufnehmen?

Zu den Verbrechen, die durch eine Mittelsperson verübt werden, gehört auch das Spritzen von DDT auf kranke Ulmen. Im Herbst fallen dann die Blätter ab, und die Raupen fressen die Blätter. Die Rotkehlchen fressen die Raupen und werden steril. Dasselbe gilt für die Schnepfen.

Ein Obstzüchter aus dem Rhônetal sagte mir einmal: „In weniger als einer Stunde habe ich einen ganzen Wurf Ferkel verloren, weil sie in meinem Obstgarten Falläpfel gefressen hatten."

Den Apfel zu essen war zwar eine Sünde für Adam, aber doch nicht für die Ferkelchen! Warum wurden sie also gestraft? Und der Obstzüchter fügte hinzu:

„Ein paar Tage zuvor hatte ich meine Apfelbäume mit Insektiziden behandelt."

Übrigens litt er selbst an einem hartnäckigen Ekzem an den Händen, dessen Ursache leicht zu identifizieren war. Der Berufsstand der Obstzüchter hat unter den verschiedensten Krankheiten, die alle auf dieselbe Ursache zurückzuführen sind, zu leiden. Da hierüber wissenschaftliche Untersuchungen vorliegen, wissen die Betroffenen es sehr genau, sind aber bereit, das Risiko einzugehen. Das ist ihre Angelegenheit. Man hat aber nicht das Recht, dem Verbraucher, der sich dessen absolut nicht bewußt ist, dieses Risiko aufzuzwingen! Wenn eine Hausfrau ein Bündel Porreestangen kauft, um ihrer kleinen Familie eine gesunde Suppe zu kochen, ahnt sie nicht, daß sie vielleicht zur Giftmischerin wird. Wie soll sie wissen, daß der Porree mit dem gefährlichsten aller Insektizide, mit Parathion, behandelt worden ist? Zwei Wochen vor der Ernte muß die Berieselung mit diesem Mittel eingestellt werden. Aber welche

Garantie hat man, daß diese Vorschrift respektiert wird? Keine! Denn Kontrollen gibt es nicht.

Es gibt natürlich Fahrlässigkeit. Zufälle. Ein Zusammentreffen ungünstiger Umstände. Freunde von mir hatten vor kurzem in meiner Gegend ein Landhaus für den Sommer gemietet. Sie waren Städter, und vor Freude über die schönen violetten Pflaumen, die sie an den Bäumen des Obstgartens entdeckten, beschlossen sie, daraus Marmelade zu kochen, um diese guten Früchte, diese Erinnerung an die Ferien auf dem Lande, in die Stadt mitnehmen zu können. Während sie die Marmelade in Gläser füllten, konnten sie der Versuchung, von ihrer Marmelade zu kosten, nicht widerstehen. Eine Stunde später wurde die ganze sechsköpfige Familie ins Krankenhaus von Toulouse gebracht. Vergiftung!

Nach abgeschlossener Untersuchung hatte man den Schuldigen gefunden: der Hausbesitzer hatte kurz vor der Vermietung des Hauses seine Pflaumen mit Insektiziden behandelt und vergessen, seine Mieter davon zu unterrichten.

Meine Freunde sind noch einmal davongekommen. Aber ein junger Mann ist ganz plötzlich und ohne ersichtlichen Grund am 30. April 1971 gestorben: René Durot, achtzehn Jahre alt; er hatte seine Weingärten mit chemischen Produkten behandelt. Das gehört unter „Lokalnachrichten", wird man einwenden. Ja, schon, aber es ist ein Verbrechen mehr – und ein besiegeltes Verbrechen.

In Chemie bin ich nicht sehr bewandert, und ich bin auch nicht in der Lage, das ungeheure Arsenal von Insektenschutzmitteln zu unterscheiden, das im Handel zum freien Verkauf angeboten wird. Aber es gehört keine besondere Begabung dazu, in der auf der Verpackung angegebenen Zusammensetzung die Ableitungen beispielsweise von Arsen zu erkennen. Arsen! Schon die Borgias machten Gebrauch davon. Will man heute seinen Mann vergiften – kein Problem! Unter dem Vorwand der Schädlingsbekämpfung schicken Sie ihn aufs Feld und konfiszieren seine Handschuhe, seine Maske oder seine Brille. Sie können ihm aber auch ein Paket seiner Lieblingszigaretten in die Tasche stecken – er wird nicht zurückkommen! Ich werde Ihnen das erklären. Es ist ganz einfach. Ich habe die Gebrauchsanweisung vor Augen, auf der Verpackung eines

Insektenschutzmittels. Wenn Sie sie nicht lesen können, weil Sie keine Brille haben, sind Sie ein toter Mann, weil Sie tödliche Irrtümer begehen werden. Und was für welche!

Hier also im Wortlaut die Reihe der Vorsichtsmaßnahmen, die Sie beachten müssen, wenn Sie diese Mittel benützen wollen:

„Während der Behandlung weder essen, trinken noch rauchen. Überkleidung, Gummihandschuhe und Maske anlegen. Den Pulverisierungsnebel nicht einatmen: bei Wind Behandlung einstellen. Sich anschließend mit Wasser und Seife waschen. Bei eventueller Unpäßlichkeit den Arzt rufen. Den Rest des Breis weder in fischhaltige Flüsse noch in Wasser schütten, das von Tieren aufgenommen werden könnte. Die Apparaturen sorgfältig ausspülen. Die Tiere nicht am Rande von behandelten Feldern grasen lassen, bevor nicht ein heftiger Regen das Gras gewaschen hat. Leere Verpackungen vernichten. Unter Einwirkung gewisser Faktoren (Lage, Wind, Temperatur etc.) können diese Herbizide in der unmittelbaren Umgebung der Anwendungszone Schäden an empfindlichen Kulturen verursachen (Weinreben, Obstbäume, Gemüsekulturen). Daher muß das Übertragen des Mittels verhindert werden. Nur bei ruhigem, nicht windigem Wetter anwenden, nach Möglichkeit bei einer Temperatur unter 20 Grad im Schatten und auf keinen Fall bei mehr als 25 Grad im Schatten... Nicht in der Nähe von Nahrungsmitteln und außer Reichweite von Kindern aufbewahren. Brennbar. Vor Frost schützen."

Man muß diese Produkte also wie Sprengstoff behandeln. Die meisten sind daher übrigens mit einem bedeutsamen Totenkopf verziert – mit Ausnahme des Prospekts, der immer nur die angenehmen Seiten dieser Mittel preist.

Auf allen Insektiziden, deren Prospekte ich lese, findet sich ausnahmslos: „Der Hersteller lehnt jede Verantwortung für Unfälle ab." Einige, die ganz Vorsichtigen, erwähnen sogar „unvorhersehbare Zwischenfälle"; noch zusätzlich zu all den ohnehin schon aufgezählten Risiken.

Auf einem Insektizid einer bekannten Marke lese ich: „Wirkungsdauer: 15 Tage." Und etwas weiter: „Letzter Anwendetermin vor der Ernte: 15 Tage." So kann also dieses Mittel, das am 14. Tag noch ein starkes Gift ist, sich am 16. Tag in aller Harmlosigkeit auf unserem Tisch befinden. Sollte man da nicht erschauern?

Alles, was ich hier in bezug auf die Insektizide gesagt habe, könnte ich für die Herbizide, die Fungizide (die Pilze vernichten) und die Rodentizide (gegen Nagetiere) wiederholen. All diese Produkte werden unter dem Etikett „Pestizide" geführt: vernichtet jede Art von „Pest". Im übrigen sollte man ja annehmen, daß diese Produkte außer den verhängnisvollen Auswirkungen, die sie auf Mensch und Tier haben, wenigstens das zu bekämpfende Übel wirklich vernichten. Aber nicht einmal das!

Seit man die Insekten mit Insektiziden verfolgt, werden sie immer widerstandsfähiger. Das ist ein Naturgesetz der Artentwicklung, das auch für die Viren gilt. Wenn die einen als besiegt verschwinden, entstehen neue, zähere. Ja schlimmer noch: schädliche und widerstandsfähige Insektenarten entfalten sich, weil man andere nützliche, aber empfindlichere, getötet hat. Aber da die einen nun ausgerottet sind, gedeihen die anderen um so besser. Das natürliche Gleichgewicht ist gestört. Die Wissenschaftler haben sich mit diesen Problemen beschäftigt und die Theorie des verstärkten „Wiederaufkommens" formuliert. Ohne zu wissen, wie man es nannte, war auch ich Zeuge dieses Dramas, das sich täglich auf unseren Feldern abspielt, geworden.

Mein Vetter Michel Descamps bebaut immer noch die Ländereien in Gavarret, wo ich meine Kindheit verbracht habe. Oft erzählt er mir von seinen Problemen:

„Maurice", sagte er zu mir, „seit zehn Jahren weiß ich nicht mehr, was ich machen soll. Ich behandle meine Weinstöcke, um den Traubenwickler loszuwerden, und dafür habe ich jetzt überall rote Spinnen. Natürlich habe ich jetzt keine ‚Würmer' mehr, aber die in jedem Frühjahr wieder auftauchenden roten Spinnen richten noch mehr Schaden an."

„Jetzt benützt du also ein anderes Insektizid gegen die Spinnen?"

„Leider gibt es dagegen keins. Sie überstehen alles."

Und in jedem Frühjahr fragte ich meinen Vetter, wie es seinen Spinnen gehe. Vor zwei Jahren sagte Michel eines Tages zu mir: „Weißt du, Maurice, jetzt reicht's mir wirklich. Ich habe beschlossen, ein Experiment zu machen. Nach und nach werde ich alle Behandlungen abbrechen, und dann werden wir ja sehen, was passiert."

Monat für Monat beobachtete ich nun dieses Experiment. Inzwischen läuft es schon zwei Jahre. Im Weingarten meines Vetters sind die Spinnen verschwunden. Und die Traubenwickler sind so diskret, daß man sie nicht einmal sieht. Was ist geschehen? Das natürliche Gleichgewicht ist wiederhergestellt. Ich will damit nichts erklären, denn das ist nicht mein Metier. Ich stelle nur fest.

Mein Vetter Michel Descamps hat wahrhaftig Sorgen. Gestern waren es die Weinstöcke, heute ist es das Getreide. Wenn ich ihn, der sonst so lustig ist, mit finsterer Miene herumlaufen sehe, frage ich ihn für gewöhnlich:

„Michel, was ist denn los, ist dein Kleiner krank?"

„Nein, Maurice", antwortete er, „mein Land ist krank. Ich versuche, es zu behandeln, stopfe es voll mit Medikamenten, und es wird immer schlimmer."

„Hm, erzähl mal."

„Mein Weizenfeld ist's. Da gab's Mohn, Kornblumen und Disteln. Das war hübsch, aber störend. Dann habe ich Herbizide gestreut. Im ersten Jahr war das Feld sauber. Im zweiten Jahr habe ich zwar keinen Mohn, keine Kornblumen und keine Disteln mehr gesehen, dafür aber war alles voll von Fuchsschwanz und Windhafer. Und der Windhafer, das ist fürchterlich, der frißt dir ein ganzes Weizenfeld auf."

„Und daraufhin bist du natürlich zum Kaufmann gegangen und hast Herbizide gegen Fuchsschwanz und Windhafer gekauft..."

„Gefragt hab' ich, ja... Aber sie haben mir was anderes verkauft und gesagt, daß man nicht so recht wüßte, wie man Fuchsschwanz und Windhafer bekämpfen könnte. Jetzt streue ich also von Jahr zu Jahr mehr Chemieprodukte, und mein Feld ist von Jahr zu Jahr schmutziger..."

Das ist eben der Teufelskreis. Der Verbrauch von chemischen Produkten steigt von Jahr zu Jahr in gigantischem Ausmaß, und dennoch ist nichts damit gewonnen: es gibt immer wieder Unkraut und schädliche Insekten. Außerdem ist das Land auch müde wie wir selbst, wenn wir eine langwierige

Krankheit mit vielen medikamentösen Behandlungen hinter uns haben.

Es ist erwiesen, daß ein plötzliches Absetzen aller verwendeten chemischen Düngemittel einen Ertrag nach sich ziehen würde, der weit unter dem läge, den man früher ohne künstliche Düngemittel auf dem gleichen Land und unter gleichen Bedingungen erzielte. Das bedeutet, daß eine reiche, weil künstliche Erde in Wirklichkeit ausgelaugt ist, weil man ihr nie die Zeit läßt, sich zu erholen. Deswegen gibt man ihr ununterbrochen Kräftigungsmittel, damit sie ja produziert – um jeden Preis! Aber man kümmert sich nur herzlich wenig um die Wiederherstellung der Fruchtbarkeit unserer Ländereien.

Außerdem erzeugt die Verwendung chemischer Produkte allerlei Probleme in bezug auf die Fruchtfolge und den Erntewechsel. Ganz gegen seinen Willen wird der Bauer gezwungen, schwierige Berechnungen anzustellen. Er lernt die Theorie der „Remanenzen" und liest aufmerksam alle Erklärungen auf den Prospekten.

Einige Herbizide bleiben sechs Monate, andere ein Jahr oder länger wirksam. Man muß sich aber auch vor ihren Auswirkungen auf die verschiedenen Getreidesorten in acht nehmen. So muß man z. B. zwei Jahre warten, bevor man auf ein früheres Maisfeld, das mit einem gewissen Produkt behandelt worden ist (das den Weizen, nicht aber den Mais angreift), Weizen aussäen kann.

Aber nicht nur unser Boden leidet unter dieser brutalen Behandlungsweise. Die Folgen tragen auch unsere Gewässer. Denn die auf den Feldern ausgestreuten chemischen Produkte werden vom Regen fortgeschwemmt und verseuchen dann unsere Quellen, Teiche und Flüsse.

In ihnen sterben die Fische zu Tausenden, und das Vieh kann hier nicht mehr getränkt werden. Früher kannte ich alle Quellen und Flüsse rings um Gavarret und erfrischte mich in ihnen. Das klare Wasser fing ich in der hohlen Hand auf und trank es mit Wonne. Heutzutage müssen die Bauern ihre Herden von den Gewässern fernhalten und Stacheldraht um die verseuchten Quellen spannen, damit das Vieh sich nicht an ihnen vergiftet.

Das Wasser wird rar. Das Wasser wird zum Feind. Man

traut sich nicht einmal mehr in den Flüssen zu baden, weil gefährliche Mikroben darin wimmeln: hier droht Typhus, Ruhr... Schwarzer Schlamm überzieht unsere Strände.

Aber auch die Luft, die wir atmen, ist kaum besser; sie ist voll von Giftgasen, die unsere Autos und unsere Fabriken ausscheiden.

Der Abfall wird Gegenstand einer permanenten Sorge. Wir ersticken geradezu im Müll. Welche Verbrechen werden begangen, nur um all den Unrat loszuwerden: das fängt beim Bauern an, der seinen leeren Insektizid-Kanister in einen Bach wirft und diesen somit total verseucht, und reicht bis zur Fabrik, die ihre Rückstände ablädt und ihre Nachbarn vergiftet.

Zahlen mit vielen Nullen kann ich mir schlecht merken. Aber ich erinnere mich genau an die beunruhigenden Worte eines meiner guten Freunde, Maître Pasquini, der zur Zeit Bürgermeister von Ile-Rousse ist. Es war im Jahre 1964, und damals war er Vizepräsident der Nationalversammlung.

„Wir haben über die ersten Gesetze gegen die Umweltverschmutzung abgestimmt", sagte er zu mir. „Und bei dieser Gelegenheit haben wir Berechungen angestellt, um die Quantität der Abfälle festzustellen, die in Frankreichs Flüsse geleitet werden. Hast du irgendeine Vorstellung von diesen Zahlen, Maurice?"

„Keine Ahnung."

„Stell dir vor, das macht etwa sechs Millionen Tonnen oder vergleichsweise zehntausend Güterzüge aus."

Ich war völlig verstört. Ich stellte mir diese zehntausend Züge vor, wie sie ihre Schweinereien in unsere Ströme ergossen, in diese schönen Flüsse, deren Verlauf wir stolz in der Schule gelernt und die man uns zu achten gelehrt hatte.

Erst kürzlich erzählte mir Pierre Pasquini, der wie ich ein fanatischer Verteidiger der Natur ist, von einem besonderen Fall, der – wenn auch in kleinem Maßstab – doch nicht weniger betrüblich ist:

„Ich habe gerade in einem recht traurigen Prozeß plädiert", erzählte er. „Das Opfer heißt Isole und ist ein kleiner Fluß in der Haute-Provence. Er ist an der Nachlässigkeit der Menschen zugrunde gegangen. Eines Tages bemerkten Angler hier Tausende von krepierten Forellen, die mit nach oben gedrehten

Bäuchen auf dem Wasser trieben. Untersuchungen wurden angestellt. Nach vier Monaten schließlich entdeckte man, daß kilometerweit flußaufwärts ein paar Männer mit Hilfe von Chlor Schneckenhäuser ausgewaschen und somit die Isole schlicht und einfach vergiftet hatten."

Auch ein anderer meiner Freunde, der in der Nähe von Grasse, der Hauptstadt der Parfüms, lebt, teilte mir seine Besorgnis mit:

„Sie zumindest", sagte ich zu ihm, „Sie sind ein Privilegierter, denn Sie leben inmitten von Blumenfeldern."

„Absolut nicht", antwortete er. „Sie wissen wohl nicht, daß die Gegend von Grasse Opfer einer hochgradigen Verseuchung geworden ist. Die Abfälle der Parfümfabriken sind sehr hartnäckig und vergiften die lokalen Gewässer. Als man Auswirkungen bei Mensch und Tier bemerkte, wurde eine Anti-Verseuchungs-Kampagne ausgelöst."

Ich traute meinen Ohren nicht. Das kleine Städtchen Grasse, in dem man von einem Leben zwischen Rosen- und Jasminfeldern träumte! Und jetzt sind sogar die Rosen schon vergiftet. Wie kann man an Rosen sterben, da sie doch so schön anzusehen, so zart zu streicheln und so frisch zu atmen sind. Ich, der ich immer einen Rosenkult betrieben habe, ja mich überall, wo ich bin, mit Rosen umgebe, ich empfand tiefen Schmerz. Die „Hexe" ist wahrhaftig überall, und um uns besser täuschen zu können, versteckt sie sich unter den verführerischsten Masken.

Aber auch Tiere und Menschen werden nicht respektvoller behandelt als Land und Wasser. Um Krankheiten zu vermeiden, aber vor allem, um den Ertrag zu steigern, mästet man Rinder und Geflügel mit chemischen Futtermitteln. Natürlich geht das nicht ohne Gefahr für die Tiere und somit indirekt auch für uns ab. Tuberkulose sowie Maul- und Klauenseuche beim Zuchtvieh sind zwar zurückgegangen, aber leiden sie dafür nicht plötzlich auch an Zivilisationskrankheiten, mit denen sie bisher wenig zu schaffen hatten?

Ich zitiere wörtlich Max Crouau, den bereits genannten Sachverständigen für Fragen der Landwirtschaft, der sich nicht gescheut hat, beim Prozeß gegen die Umweltverschmutzung präzise Zeugenaussagen vorzubringen:

„Die Liste der modernen Krankheiten ist ohne Ende und

zeigt, in welchem Ausmaß die Ansteckung des Viehbestands bereits fortgeschritten ist:

Parasitäre Erkrankungen (Leberwurm, Fadenwürmer, Gallmilben) sind inzwischen allgemein verbreitet – bis zu 80 Prozent der Lebern müssen in den Schlachthöfen zurückbehalten werden.

In den ‚Mästfabriken‘ wütet die Toxoplasmose auf Grund des Mißbrauchs von Antibiotika; gleiche Ursache haben die Degenerationserscheinungen an Knochen, Muskeln und inneren Organen. Die Brucellose kostet uns jährlich sechzig Milliarden.

Die Sepsis ist bei den Kälbern weit verbreitet, in den großen ‚Zuchtindustrien‘ leiden 35 Prozent an Leukämie. Obwohl es gesetzlich verboten ist, spritzen die Züchter den Kälbern Hormone ein. Ansteckende Brustdrüsenentzündungen gehören schon zum alltäglichen Bild in den Stallungen der Milchviehzüchter.

Die künstliche Besamung verursacht Metritis. Die Kühe entwickeln einen psychologischen Frustrationskomplex ..."

Kälber, die an Leukämie, und Kühe, die an Trauma leiden, das ist also aus den prachtvollen Tieren geworden, die den Stolz unserer Landwirtschaft ausmachten!

„Ach, Herr Bürgermeister, die Tiere sind nicht mehr, was sie einmal waren", jammern die Pferdehändler auf dem Viehmarkt in Fleurance. „Früher waren sie stark und widerstandsfähig. Heute sind sie so empfindlich, daß sie sofort allen Mikroben und Unfällen zum Opfer fallen, wenn man sie nur ein klein wenig in die Freiheit entläßt."

Wenn jemals das Benzin ausgehen sollte, im Falle eines Krieges zum Beispiel, dann gäbe es kein einziges Paar Ochsen mehr, die in der Lage wären, einen Pflug zu ziehen. In welchem Zustand befindet sich dann aber der Mensch, wenn er dieses verseuchte Wasser getrunken, diese kranken Tiere und all die chemisch gedüngten Nahrungsmittel zu sich genommen hat? Nach Sachverständigenberichten enthält das Fett der Franzosen vier bis fünf Milligramm chlorierter Kohlenwasserstoffe pro Kilogramm ... Und genau diese chlorierten Kohlenwasserstoffe waren im Körper jener mitten im Flug vom Tod ereilten Vögel gefunden worden! Denn auch unser

Fett wird analysiert, genau wie das der Vögel. Sie meinen, unser Flug sei noch ungebrochen? Ja. Aber bei welcher Dosis wird sich das ändern?

Die Engländer und die Deutschen haben dieser Serienvergiftung bereits Einhalt geboten und die Verwendung der meisten Insektizide, die in Frankreich noch ständig angewandt werden, strengstens verboten. Ergebnis: der Prozentsatz an chlorierten Kohlenwasserstoffen im Fett ist bei ihnen auf zwei Milligramm pro Kilogramm abgesunken.

Ein sehr starkes Herbizid verursacht angeborene Mißbildungen. Diese Feststellung wurde allgemein bekanntgemacht. Präsident Nixon hat verboten, es in Vietnam einzusetzen, obwohl dieses Mittel, das die Bäume entlaubt und somit die Wälder bloßlegt, eine wirksame Waffe gegen verschanzte Feinde ist. Aus moralischen Gründen hat man darauf verzichtet, denn dies war eine Waffe, die sich nicht nur gegen Soldaten, sondern vor allem gegen die Zivilbevölkerung, ja und was noch viel schlimmer ist, gegen Kinder richtete – in diesen kahlrasierten Wäldern brachten die Frauen richtige kleine Ungeheuer zur Welt.

Aber wieso betrifft uns dieses Drama?

Es betrifft uns im höchsten Grade, denn dieses wälderlichtende Wundermittel ist bei uns überall frei erhältlich und wird von den Landwirten sehr geschätzt. Es hat verschiedene Namen; ich habe ein halbes Dutzend dieser Markennamen vor mir. Aber müssen wir abwarten, bis wieder lauter kleine Ungeheuer ausschlüpfen – man erinnere sich nur an das Contergan und seine Auswirkungen –, bevor die Regierung die nötigen Maßnahmen ergreift?

Meistens ist die Gesundheit unserer Kinder, die uns doch mehr am Herzen liegen sollte als die eigene, in Gefahr. Spinat und Karotten, diese kraftspendenden Nahrungsmittel, die wir unseren Kleinen immer wieder anpreisen und durch die sie rote Backen bekommen sollen, sind in Wirklichkeit voll von Nitraten, die sich in gefährliche Nitrite verwandeln. Es wurden tatsächlich schon Fälle von Vergiftungen bei Neugeborenen gemeldet!

Und was soll man zu jenen herrlichen, aber ganz und gar künstlichen Äpfeln, den „Golden delicious", sagen, für die überall die Werbetrommel gerührt wird? In Wirklichkeit ähneln sie eher dem – auch sehr schönen – vergifteten Apfel, den die Hexe Schneewittchen hinhielt, um sie endlich loszuwerden.

Das „Hormonhühnchen" hat die öffentliche Meinung auf die Gefahren des Östrogen aufmerksam gemacht, das in der Tat das Wachstum der Tiere beschleunigt, aber verhängnisvolle Auswirkungen auf die Männer hat, die es „feminisiert". Da hat der Verbraucher sehr heftig reagiert, denn er war in seiner ach so teuren Männlichkeit getroffen. In einem Erlaß wurde das Östrogen 1965 in Frankreich verboten, wodurch man jedoch nicht verhindern konnte, daß es 1969 einen Bestand von 15.000 hormonell aufgezogenen Kälbern gab. Aber es werden täglich noch ganz andere Betrügereien praktiziert.

Der Mißbrauch von Antibiotika, die den Tieren bei jeder kleinsten Gelegenheit verabreicht werden, hat Auswirkungen auf den Menschen, der auf einige dieser Mittel mit Allergien reagiert. Besonders aber, wenn der Arzt aus schwerwiegenden Gründen dem Kranken gewisse Antibiotika verordnet, muß er plötzlich feststellen, daß sie keinerlei Wirkung mehr haben: der Patient ist immun.

Gefährlicher als alles andere aber ist die Bedrohung durch den Krebs, demgegenüber die Wissenschaft heute noch machtlos ist. Und jeden Tag wird die Liste der krebsfördernden Substanzen länger! Natürlich spielen Tabak, Rauch und Giftgase eine Rolle... aber vor allem die chemischen Produkte in unseren Nahrungsmitteln! Und die Liste wird immer länger, weil wir unermüdlich neue Substanzen hinzufügen: Farbstoffe (in Konfekt und Konserven), Bindemittel, Anti-Oxydationsmittel, synthetische Duft- und Geschmacksstoffe, Reifemittel (z. B. für Bananen), Alkalisalze und Säuren (in Sprudelwasser und Marmeladen)...

Der Wein, früher natürlicher Rebensaft und Lebensquell unserer Ahnen, ist ein Laboratoriumsgetränk geworden, ohne daß wir die Manipulationen alle kennen. Eine Flasche Weißwein enthält manchmal ebensoviel Schwefel wie eine Schachtel Streichhölzer. Das macht ihn angeblich haltbar.

Hier also die Namen einiger barbarischer Substanzen, die völlig legal dem Wein beigemischt werden können:

Kaliummetabisulfit
reines Schwefelanhydrid
reine, kristallisierte Salpetersäure
kohlehaltiger Entfärber
Kalziumphytat
Natriummonosulfat
aktive Kohle
Askorbinsäure
Sorbinsäure

Nur die Mengen, die beigemischt werden dürfen, sind gesetzlich beschränkt. Kann uns das beruhigen?

Erklären wir also die Jagd auf die Hexe für eröffnet! Alle Menschen dieser Erde sollen zu den Waffen greifen, die einen zum Federhalter, die anderen zum Stock. Es müssen nationale Bewegungen und Privatinitiativen ausgelöst, Treibjagden im Dickicht veranstaltet und Scheiterhaufen errichtet werden! Der Feind muß aus unseren Ländern vertrieben werden, und niemand soll ihm ein Asylrecht gewähren.

Und bevor wir nicht den Sieg an allen Fronten errungen haben, soll uns nichts aufhalten können!

2

Versöhnung zwischen Mensch und Natur

Man sollte nicht das Unglück der Menschen beklagen, sondern vielmehr auf ihre Möglichkeiten, glücklich zu sein, hinweisen. Vermeiden wir also jede Schwarzmalerei, diese heute so weitverbreitete Krankheit.

Ebensowenig ist es angebracht, eine Vogel-Strauß-Politik zu betreiben, den Kopf unter die Flügel zu nehmen und zu erklären: „Warum soll man kämpfen? Es ist nun mal so, die Umweltverschmutzung läßt sich nicht wegleugnen, sie ist die Krankheit unserer Zeit, aber wir können nichts daran ändern."

Um zu überleben, hat der Mensch schon immer gekämpft, und die Angst ist eine ausgezeichnete Ratgeberin. Selbst den Unbekümmertsten vermag sie Genialität zu verleihen. In Kriegszeiten erweckt sie Heroismus, und wir befinden uns im Krieg, die Umweltverschmutzung ist unser gemeinsamer Feind. Das Bewußtsein der Gefahr ist der Beginn der Weisheit. Wer einen Autounfall gesehen hat, fährt vorsichtiger, wer einen Herzinfarkt erlitten hat, bremst seinen Lebensrhythmus, und wer seine Hühner an Gift sterben gesehen hat, der denkt an seine Kinder.

Man neigt ja inzwischen überhaupt mehr zur Offenheit. Die Ärzte sind dafür, dem Kranken die volle Wahrheit über seinen Zustand zu sagen, damit dieser sich verantwortungsvoll verhält, die nötigen Entscheidungen trifft und seine Familie absichert. Und diese neue Willensanstrengung, die er entfalten muß, hilft ihm manchmal, über den Berg zu kommen und die Krankheit mehr und mehr zurückzudrängen.

So müssen wir uns gegenüber der Umweltverseuchung verhalten. Natürlich müssen die großen Entscheidungen von den Regierungen kommen. Aber diese wiederum sollten von der öffentlichen Meinung geleitet, inspiriert und unterstützt werden, denn die Dynamik kommt aus dem Volk.

Wenn Frankreich auch lange gebraucht hat, bis es sich beunruhigt fühlte – in diesem wie auch in anderen Bereichen –, so ist es mit dieser Starrheit doch nicht allein, da die internationale Politik zum Umweltschutz ja auch noch in den Kinderschuhen steckt. Die Einstellung der Vereinten Nationen zu diesem Thema ist niederschmetternd. Rät doch die UNO zu einer enormen Steigerung der Verwendung von Düngemitteln und Pestiziden bis zum Jahre 2000 im Hinblick auf die unterentwickelten Länder. Natürlich handelt es sich in diesen Gegenden in erster Linie darum, Epidemien einzudämmen, die Produktion um jeden Preis zu steigern und den Hunger zu besiegen. Das Problem heißt nicht gesund sein, sondern überleben, es geht nicht darum, gut zu essen, sondern überhaupt zu essen.

Ich verstehe diese humanitäre Sorge sehr wohl. Wenn ich als Bewohner eines wohlhabenden Landes durch ein armes Land reise, zieht sich mir das Herz zusammen beim Anblick der mageren Kinder mit den traurigen Augen. Es würde mir schlecht anstehen zu sagen: „Dies hier betrifft uns nicht. Wir reichen Länder, pfeifen wir doch auf die Quantität. Reduzieren wir unsere Produktion und setzen wir nur noch auf Qualität!" Eine gerechte Solidarität würde darin bestehen, daß alle Länder dieser Erde sich vereinigten, daß die Reicheren aus allen Kräften produzierten, um den Ärmeren zu helfen.

Leider ist das aber bei weitem nicht so! Zu oft habe ich schon bei uns gesehen, wie wütende Landwirte, die ihre Ernte nicht absetzen konnten, ganze Lastwagenladungen Blumenkohl, Tomaten und Pfirsiche einfach auf die Straße kippten. Und traurig erinnere ich mich an jenen Spruch, den man kleinen Kindern sagt, wenn sie bei Tisch Brot vergeuden: „Denk an die kleinen Inder, die Hunger leiden."

Es ist leider eine Tatsache: der Überfluß der einen ernährt noch nicht die anderen. Zu viele politische, wirtschaftliche und kommerzielle Probleme – und nicht nur die Entfernung – trennen den kleinen ausgehungerten Biafraner von dem schönen, auf einer unserer Straßen zerquetschten Pfirsich. Vielleicht haben wir deswegen ein schlechtes Gewissen; aber wir müssen das Problem in seiner Realität sehen, indem wir sowohl unseren Egoismus als reiches Land, als auch unsere Gloriole als Beschützernation vergessen.

Wir müssen uns eingestehen, daß wir einen falschen Weg eingeschlagen haben, wir alle. Nun müssen wir mit aller Kraft das Steuer herumreißen. Bis heute hieß das Ziel einzig „Quantität". Von nun an muß es „Quantität + Qualität" heißen, wobei die Qualität nicht auf Kosten der Quantität erzielt werden darf, denn das wäre wieder ein Irrweg.

Da das Ziel nun festgesetzt und als ein doppeltes anerkannt ist und die Wahrheit am Schnittpunkt der Wege gefunden werden muß, geht es nun darum, alles in diesem Sinne in Bewegung zu setzen und das gesteckte Ziel nicht aus den Augen zu verlieren. Vertrauen wir unseren Wissenschaftlern bei der Lösung der Probleme und unseren Politikern in bezug auf deren Anwendung. Seit die Welt besteht, haben die Menschen schon weitaus schwierigere Probleme gelöst. Das Genie unserer Gelehrten sollte nicht an sinnlosen Selbstzweck (z. B. die Fahrt zum Mond) verschwendet, sondern vielmehr für realistische Eroberungen eingesetzt werden. Die Gesundheit ist wichtiger als der Mond. Wir fordern sie für uns, die Privilegierten dieser Erde, wir wollen sie aber auch für die Armen, die Benachteiligten, wir wollen sie für die Tiere, unsere Freunde, für die Vögel, die Schmetterlinge und für die Blumen, denn die Erde sähe recht traurig aus ohne sie. Man muß nur ein System der Prioritäten aufstellen. Ich habe die Gesundheit zuerst genannt und dann erst die Eroberungsträume. Ich habe den Mond zu den sekundären Zielen gezählt; hinzufügen könnte ich ebensogut noch die überschnellen Autos, die übervollen Geschäfte...

Da wir uns nun über das Ziel „Glück und Gesundheit" einig sind – und wir sind es bestimmt, auch wenn wir es aus den Augen verloren hatten –, können wir jetzt gemeinsam darüber beraten, wie es zu verwirklichen ist... Hierzu sind alle Mittel recht, die heftigsten Kampagnen wie die bescheidensten.

Ich ziehe den Hut vor all den mutigen Menschen, die man zu Unrecht abschätzig „Umweltverbesserer" nennt. Ein Bravo für Ralph Nader, diesen amerikanischen Anwalt, der gegen die Riesen des Industrie-Imperialismus zu Felde gezogen ist. Man hat ihm die Spitznamen „Don Quichotte von Washington", „Kreuzfahrer der Umweltverseuchung", „der Mann, der es erreichen will, daß Amerika seine Menschen besser behandelt als seine Hunde" oder „zukünftiger Präsident der Vereinigten Staaten" gegeben. Wenn das wahr wäre, würde er beweisen, daß man auf einem Kontinent wenigstens schon in eine Reformperiode eingetreten ist.

Die Kampagne Ralph Naders war zunächst einmal auf die Sicherheit seiner Mitbürger ausgerichtet. In einer Akte gegen die allmächtige General Motors klagte er die Herstellung gefährlicher Autos an. Dann ging er nach und nach auf der ganzen Linie zur Verteidigung des Verbrauchers über und enthüllte alle der Gesundheit schädlichen Vergiftungsmanöver. Seine Ansichten greifen schon auf viele andere Länder über, und auch ausländische Industrien bleiben nicht von seinen Angriffen verschont.

Seine Stimme verdient gehört zu werden. Und aus den Vereinigten Staaten kommt noch eine andere Bewegung, die vielleicht eine Teillösung des Problems der Anhäufung von Abfällen auf der Erde herbeiführen könnte: Es würde genügen, dauerhaftere Produkte herzustellen und sie unter günstigen Bedingungen zu reparieren. So würde nicht alles, was soeben erst gekauft wurde, nach kurzer Zeit einfach wieder fortgeworfen. Der Verbraucher wäre sicher sehr schnell zu erziehen, denn er ist in dieser Hinsicht bereits überzeugt. Die wahre Schwierigkeit besteht darin, die Industriellen zu bewegen, dauerhaftere Produkte herzustellen. Die Möglichkeit dazu haben sie schon seit langem. Es wäre ein leichtes, nur mehr maschenfeste Strumpfhosen, widerstandsfähige Autos etc. herzustellen, aber die Großindustriellen müssen erst noch dazu gezwungen werden – wenn es sein muß, gegen ihren Willen und gegen ihre Interessen.

In diesem Zusammenhang möchte ich betonen, daß es notwendig ist, nicht nur eine Anti-Verseuchungs-Politik, sondern auch eine Anti-Verseuchungs-Moral zu schaffen. Auf dem Kongreß in Fleurance war einer der Teilnehmer aufgestanden, hatte sich an die Vortragenden gewandt und ausgerufen:

„Sie versuchen, den kleinen Leuten ein schlechtes Gewissen einzureden. Aber nicht die kleinen Leute vergiften uns und sind anzuklagen, sondern die großen!"

In der Tat sähe es die Justiz gerne, wenn die großen „Verseucher" – die Industrien – auch die großen Zahler wären. Aber so ist es in Wirklichkeit leider nicht. Die Industrien spucken ihre Abfälle aus, setzen ihre Gifte ab..., und die Nachbarn und die Käufer haben die Sache auszubaden. Ob man nicht eine Verseuchungs-Steuer einführen könnte? Das wäre vielleicht eine Möglichkeit, gewisse Mißbräuche zu vermeiden.

Ein Hoch auf alle Regierungen, die jene Mißbildungen verursachenden Entlaubungsmittel verboten haben! Mögen die anderen Länder deren Beispiel folgen! Aber gewisse Produkte, wie z. B. DDT, stellen ebenfalls schwerwiegende Probleme dar. Dr. Norman Borlaug, der amerikanische Gelehrte und Friedensnobelpreisträger von 1970, erklärte auf Grund seiner Arbeiten über den Getreidebau im November 1971 auf einem Kongreß in Rom vor vierzig Landwirtschaftsministern aus aller Welt: „Verbietet man das DDT, ist die Welt der Hungersnot preisgegeben." Wie soll man aus einem solchen Dilemma herausfinden: Hunger oder Vergiftung? Vielleicht muß man das geringere Übel wählen, das DDT; vor allem aber muß man forschen und mit allen Kräften danach trachten, ein ebenso wirksames, aber gefahrloseres Mittel zu finden.

Ein Hoch auf Frankreich, das immerhin bescheidene Maßnahmen im Hinblick auf die Eindämmung der Verseuchung getroffen und am 1. Oktober 1971 einen Erlaß herausgegeben hat, der der minimalen biologischen Abbaufähigkeit der Waschmittel Rechnung trägt. Wie barbarisch klingt dieser Begriff „biologische Abbaufähigkeit", der doch ein so vollkommenes Naturgesetz beschreibt. Setzt sich in der Natur doch alles durch die Einwirkung der Mikroben in Grundsubstanzen um. So wird selbst der Mensch nach seinem Tode wieder zu Staub, und die Pflanzen werden zu Humus. Aber die von uns erfundenen Waschmittel entgehen diesem Naturgesetz. Sie fließen unsere Flüsse hinunter, ohne daß ihnen jemand Einhalt gebieten kann, und überziehen sie mit einem Schaumkissen, das von Jahr zu Jahr dicker wird. Dieser neue Erlaß setzt nun fest, daß nur mehr Produkte mit mindestens 80 Prozent biologischer Abbaufähigkeit zulässig sind. Das ist schon ein Schritt vorwärts, den wir begrüßen sollten.

Aber derartige Verfügungen sind nur Tropfen auf den heißen Stein. Jeden Tag müßten Hunderte herausgebracht werden. Und alle müßten sie zu einer allgemeinen Politik zusammengefügt werden. Wir brauchen eine Politik der Gewässer, eine Politik der Luft, die wir atmen, eine Politik der Erde, von der wir leben, eine Politik der Wälder ... Und alle müßten sie einen gemeinsamen Nenner haben, nämlich die Wiederherstellung des Gleichgewichts der Natur.

In diesem Zusammenhang möchte ich noch betonen, daß es notwendig ist, über die Gesundheit unserer Wälder zu wachen. Natürlich müssen Waldbrände vermieden, vor allem aber muß gegen das Abholzen gekämpft werden. Man benötigt nur fünf Minuten, um einen Baum zu fällen; aber ein Baum braucht fünfzig Jahre, um zu wachsen. Und ein einziger Baum ist eine großartige Sauerstoffquelle. Unsere vom Rauch der Städte verschmutzten Lungen benötigen diesen Sauerstoff, um sich mit Gesundheit vollzupumpen. Ein Ozean produziert pro Tag und pro Quadratkilometer eine halbe Tonne Sauerstoff; eine Wiese erzeugt eine Tonne, ein Wald aber drei!

Diese Zahlen wurden auf meinem Prozeß in Fleurance vorgebracht. Sie schlugen ein wie eine Bombe, und am Ende des Kongresses wurde der Vorschlag eingebracht, unverzüglich in ganz Frankreich Bäume zu pflanzen, als ein symbolischer Akt wie eine Grundsteinlegung. Bereits im Herbst 1971 erließen daraufhin verschiedene Vereinigungen einen Aufruf an ihre Mitglieder und forderten, daß alle, die einen Garten besäßen (etwa zwei Millionen), einen Baum pflanzen sollten. Wie eine Fackel, die von Hand zu Hand geht. Die Kinder werden den Baum begießen, den der Vorfahr gepflanzt hat, und so wird der Wald bei uns wiedererstehen.

Aber die Anti-Verseuchungs-Kampagne schreitet nur langsam fort, weil sie auf zu viele Hindernisse stößt. Sobald nämlich die gesetzlichen Entscheidungen getroffen sein werden, die notwendig sind, um uns der Natur wieder näherzubringen und jede Art von Verseuchung zu unterbinden, wird man die Anwendung dieser Erlässe überwachen müssen. Und auch dies ist ein schwerwiegendes Problem. Es müßten ein wirksames

Kontrollsystem und eine strenge Strafgesetzgebung im Falle von Übertretungen eingeführt werden. Wie weit ist es doch vom Glas bis an die Lippen! Wieviel Zeit ist vergangen, und wie viele Opfer hat es gekostet, bis man die Schädlichkeit gewisser Produkte entdeckt und bis man das Verbot, sie zu vertreiben, durchgesetzt hat! So wurde z. B. bereits 1916 von der Medizinischen Akademie die Beimischung von Borsäure in die Butter angeprangert. Durch einen Gesetzeserlaß verboten wurde sie aber erst 1964, also fast fünfzig Jahre später. Und wer garantiert uns, daß dieser Erlaß respektiert wird? Die Behörden allein können nicht alle Manipulationen im Bereich der Nahrungsmittelherstellung kontrollieren.

Ein namhaftes Direktionsmitglied der Veterinärbehörden des Gers, dessen Namen ich verschweigen möchte, um ihm nicht zu schaden, tat neulich mir gegenüber folgende Äußerung:

„Ich sehe jeden Tag, woraus die Kälber, die wir in den Schlachthöfen zu inspizieren haben, ‚fabriziert' werden ... Was soll ich Ihnen sagen ..., seit zehn Jahren esse ich schon kein Kalbfleisch mehr!"

Aber es kann doch nicht unser Ziel sein, nie mehr Kalb, nie mehr Rind, nie mehr Huhn, nie mehr Butter, nie mehr Spinat oder Äpfel zu essen! Wir wollen doch von allem essen können! Und wenn jene Männer, die für unseren Schutz eintreten sollen, an ihrer eigenen Wirkungslosigkeit verzweifeln, dann heißt das nicht, daß sie ihre Aufgabe schlecht erfüllen, sondern daß sie mehr Macht bekommen müssen.

Man müßte z. B. fordern, daß alle Pestizide gefärbt werden, damit man sie schneller erkennen kann, anstatt weiterhin ihre tatsächliche Schädlichkeit zu erforschen und nur die gefährlichsten zu verbieten.

Ferner müßten auf den Verpackungen *alle* chemischen Zusätze erwähnt werden.

Alle Lebensmittelvergiftungen müßten behördlich erfaßt werden, damit an Hand von Karteien Statistiken aufgestellt werden können; ebenso müßte man alle Arbeitsunfälle der Bauern registrieren, die auf den Umgang mit chemischen Produkten zurückzuführen sind (die Ärzte bestätigen, daß solche Statistiken nicht existieren).

Beglückwünschen wir die Verbände zur Verteidigung des Verbrauchers, da sie gewisse Mißbräuche aufgedeckt haben. Aber sie sind in Frankreich nicht zahlreich genug, und ihre Veröffentlichungen reichen nicht aus, den Verbraucher hinreichend zu informieren. In Deutschland hingegen erzielen gewisse Zeitschriften, die die Mängel aller auf den Markt kommenden Produkte darstellen, sehr hohe Auflagen, was beweist, daß das Publikum begierig ist, sich über diesen Themenkreis zu informieren.

Unter den positiven Experimenten, die ich sehr genau verfolge, sind die Arbeiten des „Nationalinstituts für biologische Forschung" zu nennen, das in erster Linie die Mittel untersucht, durch die man zu den Grundgesetzen des Lebens zurückzufinden vermag.

Die „biologische Landwirtschaft" erzielt hervorragende Ergebnisse, indem sie nur Naturdünger verwendet und die Gesetze der Fruchtfolge respektiert, wobei sich der Boden durch einen Wechsel zwischen Getreideanbau und vorübergehender Weide erholen darf. Diese Verbindung von Feldbestellung und Viehzucht ist genauso rentabel wie die Spezialisierung auf eines von beiden, wobei ja doch entweder der Boden oder die Tiere durch chemische Produkte überfordert werden.

Außerdem benützt man bei dieser von Forschern betriebenen „biologischen Landwirtschaft" nur sorgfältig ausgewähltes Saatgut und führt neue Sorten ein, die von Natur aus gewissen Parasiten widerstehen, was natürlich viel sinnvoller ist, als irgend etwas zu säen, um es anschließend mit Insektiziden zu besprühen, damit der Ertrag auch erbracht werden kann.

Ebenso habe ich festgestellt, daß die Flurbereinigung zu unüberlegt in die Praxis umgesetzt wird, obwohl das Prinzip an sich gut ist: schlecht gelegene Felder werden zusammengefaßt, um eine vernünftige Einteilung zu erreichen.

Indem man Baumgruppen, Hecken und Gräben ausradiert, erreicht man eine Nivellierung, die zwar großangelegte Kulturen erleichtert, das natürliche Gleichgewicht aber zerstört. Die Hecken, Böschungen und Gräben haben durchaus ihre Daseinsberechtigung. Hier spreche ich als Verteidiger des Bodens und nicht nur als Naturliebhaber, obwohl ich den Duft des blühenden Weißdorns im Frühling sehr liebe und mich freue, wenn ich Nester mit kleinen Vögelchen entdecke, die sorgfältig in das Geäst eingebaut sind. Heftige Winde verwüsten die Felder, starke Regenfälle schwemmen die Erde ab. Zum Glück gibt es Hecken, die den Wind aufhalten, die Aushöhlung durch die Wassermassen verhindern, und Gräben, die ein ganzes Dränagesystem bilden. Durch ihr systematisches Ausschalten würde man Katastrophen auslösen.

Die durch die Flurbereinigung begünstigte Monokultur ist im übrigen teilweise verantwortlich dafür, daß sich Insektenschädlinge auf diese Felder stürzen. Die großen Flächen ermöglichen die Ernährung von Myriaden, während die zerstückelten Felder feindliche Stämme trennten. Und auch der Wechsel der Fruchtfolge brachte sie durcheinander und zwang sie, das Feld zu räumen und wie Nomaden jedes Jahr auf anderem Boden Obdach zu suchen. Alle Methoden sind gut in diesem Guerilla-Kampf gegen schädliche Insekten, jedoch unter der Bedingung, daß sie einfach und natürlich sind. Und was ist einfacher, als die Kampfmoral des Feindes zu untergraben, indem man ihn irreführt? In Kriegszeiten hat sich diese Methode als wirksam erwiesen, warum sollte man sie dann nicht auch in diesem Kampf anwenden?

In der Sowjetunion werden besonders interessante Experimente in bezug auf die Aufteilung der Felder durchgeführt, die darin bestehen, daß man Felder im Wechsel so bebaut, daß die einen eine Art „Polizei" spielen und die Überwachung der anderen durchführen. Diese „Polizei-Felder" sind voll von nektarreichen Pflanzen, die alle nützlichen Insekten anlocken und ernähren, während diese wiederum die schädlichen Insekten des Nachbarfeldes „fressen". Das sind Experimente, die man nachahmen sollte!

Indem man so die Gewohnheiten der Natur aus unmittelbarer Nähe beobachtet, wird man die in Vergessenheit geratenen Naturgesetze wiederentdecken, ein ganzes Beziehungssystem zwischen Tieren und Pflanzen, eine ganze Kette von gegenseitigen Hilfeleistungen aller Lebewesen dieser Erde. Vom kleinsten Regenwurm bis zum größten Baum unserer Wälder hat alles seine Existenzberechtigung.

Seit eh und je habe ich diese Harmonie in den Dingen gefühlt. Die Dichter haben sie in Sonetten besungen. Heute verarbeiten Wissenschaftler sie zu Bestandsaufnahmen. Aber das ist mir ebenso recht. Denn die Gedichte rezitiert man abends im Schein der Lampe. Die Bestandsaufnahmen und Berichte aber wendet man morgens auf den Feldern an.

Von der Nützlichkeit und Schädlichkeit einiger Lebewesen hat man sich immer falsche Vorstellungen gemacht. Zum Beispiel müßte man dem Regenwurm, diesem verkannten Wesen, eigentlich eine Ode widmen. Er wurde für schädlich gehalten, weil er unermüdlich alle Kohlköpfe und Radieschen in unseren Gärten anknabberte. Aber in Wirklichkeit ist dieser schlichteste aller Würmer ein musterhafter Arbeiter. Er müßte einen Orden für verdienstvolle Arbeit bekommen. Er allein zersetzt jährlich pro Quadratmeter 420 Kilogramm organischer Materie, und diese von ihm zersetzten Produkte befruchten die Erde besser und natürlicher als alle Düngemittel. Die Amerikaner, die den Regenwurm verbannt hatten, bemühen sich jetzt, ihn wieder einzuführen. Sie legen Regewürmerzuchtfarmen an.

Der Boden ist voll von winzigen Bakterien, die echte Transformationsfabriken sind. Zerstört man diese wertvollen Mikroben mit Pestiziden, so wird die Erde steril. In der Medizin kennen wir ein ähnliches Gesetz: Man hat festgestellt, daß die Antibiotika, die gefährliche Viren eliminieren, gleichzeitig auch unsere gesamte Darmflora zerstören, die anschließend mit Bierhefe oder Joghurt nach und nach wieder eingesät werden muß. Natürlich braucht man deswegen nicht gleich ganz auf Antibiotika verzichten. Sie sind eine bedeutsame Entdeckung, durch die es gelang, die Kindersterblichkeit, schwere Infektionen aller Art und die postoperativen Beschwerden nach chirurgischen Eingriffen, Aborten, Entbindungen etc. erheblich einzuschränken. Ich würde mir daher nie erlauben, die positiven Errungenschaften der Medizin zu leugnen und möchte nur in aller Bescheidenheit parallele, ergänzende, einfache und wirksame Lösungen für die kleinen Unpäßlichkeiten vorschlagen. Was wir für unseren Körper tun, sind wir auch unserem Land schuldig, und daher dürfen wir nicht skrupellos sein natürliches Gleichgewicht zerstören.

Eines Tages hat man zu Unrecht beschlossen, einige Tierarten als schädlich zu bezeichnen und sie auszurotten. So erging es den Raubvögeln. Jeder, der einen Sperber tötete, wurde gefeiert, ja sogar belohnt. Ich erinnere mich noch, wie vor einigen Jahren der glückliche Jäger eines Sperbers durch unsere Dörfer zog, in allen Höfen haltmachte und jedem den toten Vogel zeigte, der an seinem Rucksack baumelte. Zur Belohnung für seine Tat erhielt er Eier, Hühner, Würste und andere kleine Geschenke. War er denn nicht der Retter, der Beschützer der Hühnerhöfe, die der Raubvogel nur allzu oft heimgesucht hatte? Auf gleiche Weise belohnte man den Fuchs- oder Dachsjäger. Aber heute erkennt man plötzlich, daß man mit der Ausrottung aller Sperber den ernteverwüstenden Feldmäusen ein schönes Leben bereitet hat. Also wurden auch alle Feldmäuse beseitigt. Nun lassen es sich die Schnecken gutgehen. Und so ging das weiter, denn die Sperber fraßen die Feldmäuse, die die Schnecken gefressen hatten... Der liebe Gott hatte schon alles richtig eingeplant...

Es gibt noch viele andere Beispiele für unsere Irrtümer. Indem wir im Unterholz das Dickicht säuberten, haben wir Myriaden von Ameisen getötet und dabei vergessen, daß diese winzigen Tierchen doch eine wichtige Aufgabe erfüllten, denn sie töteten die Parasiten von Eiche, Pinie und Lärche.

Auf dieser Erde, die Gott uns geschenkt hat, benehmen wir uns fast wie der Elefant im Porzellanladen; wir zerstören alles, was uns in den Weg kommt, während wir doch mit ungeheurer Vorsicht darüber wachen müßten, daß nicht dem kleinsten Hälmchen ein Haar gekrümmt und auch nicht der schüchternsten Ameise ein Leid getan wird.

Zwischen Tieren und Pflanzen besteht eine ungeheure Hilfsbereitschaft, die man nicht zerstören sollte. Früher stellte man immer einen Bienenstock ins Rapsfeld. Die Bienen brachten einen wundervollen Honig, und der Raps, dank der Bestäubung durch die Bienen, einen viel höheren Ertrag. War das nicht klüger, als das Feld mit chemischem Dünger vollzustopfen? Aber 1964 hat man einen großen Fehler begangen. Die Franzosen verwendeten im Übermaß ein neues phosphorhaltiges Insektizid, das gewisse Parasiten im Raps vernichten sollte. Und dadurch starben Milliarden von Bienen (allein in der Gegend von Paris zählte man 20.000 ausgestorbene Bienenkolonien). Und dabei waren der Raps und die Bienen doch

Freunde. Sie leisteten einander Lebenshilfe. Mit welchem Recht hat man sie getrennt?

Auch der Blinde und der Gelähmte können einander im Leben helfen, wie La Fontaine in seiner Fabel erzählt. Dort ist von Menschen die Rede, und man hat wohl vergessen, daß auch Tiere und Pflanzen einander helfen. Beobachten wir doch ihre Lebensmoral, wir können nur daraus lernen! Wir, die wir mit unserer Mühe und unserem Geld so sparsam haushalten, könnten nur Nutzen daraus ziehen. Vor allem aber dürfen wir unser Natur-Kapital nicht verschleudern, denn es kommt sehr teuer, es wiederherzustellen.

Ich möchte hier noch eine andere Fabel erzählen, die La Fontaine gut hätte als Thema dienen können: die Fabel vom Pfirsichbaum und der Kapuzinerkresse. Die Moral ist bekannt: „Man braucht immer einen, der kleiner ist als man selbst."

Ein Kapuzinerkressenpflänzchen hatte sich am Fuße eines sehr schönen Obstbaumes, der dem Ruf unserer französischen Obstgärten Ehre macht, niedergelassen. Was glauben Sie, geschah? Mußte man diese Tollkühne verjagen, deren Platz doch nicht im Obstgarten war? Mitnichten. Denn in diesem Jahr blieb dem Pfirsichbaum die Invasion seiner Parasiten, der Blattläuse, erspart. Denn dort, wo die Kapuzinerkresse wächst, kommt die Blattlaus nicht durch. Daher beschloß der schlaue Baumzüchter, am Fuße eines jeden Obstbaumes ein Büschelchen Kapuzinerkresse zu pflanzen.

Der Deutsche Rudolf Steiner, allem Anschein zum Trotz mehr Gelehrter als Dichter, hatte zu Beginn unseres Jahrhunderts vorgeschlagen, alle die zu Unrecht „Unkraut" genannten Pflanzen als „Hauspflanzen" zu behandeln und am Rande unserer Felder und Gärten wachsen zu lassen, um die anderen Parasiten fernzuhalten. Denn einige, wie die Kapuzinerkresse und die Minze, halten in der Tat die Insekten ab, andere jagen die parasitären Pflanzen in die Flucht. Hätte er seinen Mohn, seine Kornblumen und seine Disteln am Rande, wenn nicht sogar inmitten seines Feldes bewahrt, dann hätte mein Vetter Michel Descamps, der Landwirt, den schrecklichen Windhafer und den hartnäckigen Fuchsschwanz gar nicht erst auftauchen sehen, weil unter diesen Pflanzen unversöhnlicher Haß herrscht. Ist es nicht natürlicher, sein Feld mit Blumen zu heilen, als ihm auf Biegen oder Brechen chemische Pestizide einzuflößen?

Ich habe immer die Menschen mit Pflanzen behandelt, und sie fühlten sich meist sehr wohl danach. Warum sollte man nicht auch die Pflanzen mit Pflanzen behandeln? Wie unter den Menschen und Tieren, so findet man auch unter den Pflanzen Liebe und Haß. Es gibt Pflanzen, die einander lieben, und andere, die einander zerstören. Will man das verlorene Paradies wiedererschaffen, so muß man die Neigungen und Gelüste unserer pflanzlichen und tierischen Hausgenossen kennen, wie ja auch unter den Menschen die guten Ärzte mit ungeheurer Sorgfalt auf die Gefühle ihrer Patienten eingehen.

Um es richtig zu machen, müssen wir also die Natur bis in ihre kleinsten Eigenheiten zu erforschen trachten. Als ich ein Kind war, habe ich sehr oft die Schule geschwänzt und bin in der freien Natur umhergestrolcht. Sie ist die beste Lehrmeisterin.

Schelten Sie daher Ihre Kinder nicht, wenn sie abends spät und schmutzig nach Hause kommen, weil sie sich im Gestrüpp mit den Ameisen unterhalten haben. Denn was sie dort in der Höhlung einer Hecke gelernt haben, wird ihnen das ganze Leben von Nutzen sein, weil es genauso wichtig ist wie das auf harten Schulbänken mühsam erlernte Einmaleins.

Und weil ich hier so auf der Weisheit der Kinder bestehe, die instinktiv, also naturgemäß handeln, möchte ich von einer Initiative berichten, die mich sehr gerührt hat. Auf meinem „Umweltverschmutzungskongreß" in Fleurance, auf dem die verschiedensten Gruppen vertreten waren, hat Madame Loyen, Präsidentin des „Lehrerverbandes zum Schutz von Tier und Natur, Haute-Garonne", das Wort ergriffen, um die Aktion der Kinder im Kampf gegen die Umweltverschmutzung bekanntzumachen. Bereits in der Schule weckt man in ihnen das Interesse für diese Probleme, für die sie sich leidenschaftlich einsetzen. Sie meinen es durchaus ernst, wenn sie beschließen, sich dieses Problems selbst auch anzunehmen und gegen diesen Feind zu Felde zu ziehen. Einige Kindergruppen haben Resolutionen verfaßt:

„Wir verpflichten uns, mit gutem Beispiel voranzugehen und die Natur mit all ihren Tieren und Pflanzen zu achten.

Wir werden mit unseren Eltern darüber sprechen, damit diese ihre Nachbarn von unserer Kampagne unterrichten.

Die Jugend muß aufs Land hinausziehen und gemeinsam die Natur rings um die Dörfer saubermachen, denn sie arbeitet damit für ihre eigene Zukunft..."

Andere Kinder wiederum, die Schüler von Castelsagrat (Tarn-et-Garonne), haben ein Flugblatt verteilt:

„Sie alle, die Sie morgen unsere Strände, unsere Wälder, unsere Dörfer, unsere öffentlichen Parks und unsere Flüsse aufsuchen, Sie bitten wir, die Kulturen, die Bäume, die Wiesen, die Tiere und das Hab und Gut anderer zu achten und mitzuhelfen, daß auch andere es nicht beschädigen.

Hinterlassen Sie keine häßlichen Spuren Ihres Aufenthalts. Atmen Sie die gute Luft und verpesten Sie sie nicht. Entspannen Sie sich im Wasser, aber verschmutzen Sie es nicht. Machen Sie kein Feuer in den Wäldern. Benehmen Sie sich überall gut, dann werden Sie überall gut aufgenommen werden. Schützen Sie die Schönheit unserer Heimat und achten Sie ihre Vergangenheit. Danke."

Die Natur war schon immer die beste Freundin der Kinder, und daher ist es ganz natürlich, daß sie sie verteidigen.

Ich habe Mitleid mit den Stadtkindern, die die Freude nicht kennen, die die Natur zu schenken vermag. Aber auch ihre Eltern sind zu bedauern, weil sie sich diese tausend kleinen Freundschaftsbande, die uns mit dem Land verbinden, nicht bewahrt haben. Allen, die die Freundschaft der Natur verloren oder nie besessen haben, rufe ich zu: „Zieht auf die Felder hinaus!"

Jeder Mensch sollte sich in seinem Herzen ein kleines Fleckchen Land bewahren und sich in irgendeiner Weise an das bäuerliche Leben gebunden fühlen. Gottlob haben viele Menschen eine Großmutter, eine Tante oder gute Freunde, die auf dem Land leben. Andere haben vielleicht eine Zweitwohnung auf dem Lande, ein kleines Haus zwischen den Feldern, in dem sie ihren Lebensabend zu verbringen gedenken. Und all den anderen bleiben immer noch die Ferien auf dem Lande, in kleinen Dörfern, die viel billiger sind als Meer und Gebirge und die so viel Kraft zu spenden vermögen. Die Reisebüros werden sie gern beraten.

So wird der Städter mit dem Bauern erneut Freundschaft schließen. Ich wünsche mir die Versöhnung dieser beiden Menschentypen, die schon lange so tun, als kennten sie einander nicht und von denen sich jeder in vornehme Abgeschiedenheit zurückzieht. Dabei könnten sie durch näheres Kennenlernen nur gewinnen. Der Städter ist gar nicht so snobistisch wie er aussieht. Hinter seiner würdevollen Fassade verbirgt sich oft die Demut der Tiere, die sich verstecken, wenn sie leiden. Ich erkenne das sofort, wenn sie mich aufsuchen. Vor der Sonne kneifen sie die Augen zusammen, und der geringste Luftzug läßt sie erschauern. Und wenn ich ihnen dann rate, Blumen pflücken zu gehen, erröten sie wie Schulbuben, so einschüchternd wirkt die Natur auf sie.

Der Bauer wiederum ist genauso verklemmt. Natürlich hat er den Kontakt mit dem Land bewahrt, aber von den Sitten und Gebräuchen der Städte, wo ihm alles fremd ist, fühlt er sich irgendwie ausgeschlossen. Sobald ein Bauernsohn mit seinem Land bricht, zerstört er jedes Band zu seiner Familie und verleugnet sie.

So entstand nach und nach die Kluft zwischen dem Bauern und dem Städter. Ich möchte alles daransetzen, um diese Kluft wieder zu schließen oder zu überbrücken. Dieses Buch möge ein Bindeglied werden zwischen dem Stadtmenschen und dem Landmenschen. Die Zeit der Versöhnung ist gekommen; der eine würde Gesundheit und Glück, der andere Wohlstand und menschliche Aufwertung erfahren.

3

Hausfrauen, entscheidet!

Das Ziel dieses Buches wäre verfehlt, wenn ich dem Leser nur Unruhe und Alpträume einflößte, anstatt ihm Lösungen für die Probleme vorzuschlagen.

Häufig sagt man zu mir: „Aber wenn alles, was man in den Geschäften sieht, vergiftet ist, wenn man nur mit Antibiotika behandelte Hühner, mit Insektiziden bestäubten Porree und krebsfördernde Bonbons findet, wie soll ich denn dann meine Familie noch ernähren können?"

Darauf antworte ich jedesmal: „Man findet in den Geschäften, was man verlangt. Es liegt nur an Ihnen, verehrte Hausfrau, Ihre Wünsche durchzusetzen!"

Der Verbraucher darf sich eben nicht tyrannisieren lassen. Er hat ja schließlich das Geld, und das gibt den Ausschlag. Der Händler wird schon alles tun, um ihm entgegenzukommen. Dieses Entgegenkommen besteht bis heute noch darin, die schönsten und billigsten Produkte anzubieten. Aber wenn die Kriterien sich nun ändern würden? Wenn der Verbraucher sagt:

„Ich pfeife auf den äußeren Anschein, die Farbe und die schöne Aufmachung. Was ich will, ist Qualität, ist Reinheit! Und ich bin bereit, dafür zu bezahlen."

Dann wird der Händler, der ja auch nicht dumm ist, sich sagen: „Meine Kunden verlangen Naturprodukte. Wenn ich sie ihnen nicht anbiete, werden es meine Konkurrenten tun. Und schon habe ich meine Kundschaft verloren. Also werde ich besser versuchen, sie zufriedenzustellen."

So werden Änderungen erreicht. Denn die Freiheit, zu kaufen, ist auch die Freiheit, zu handeln. Und es ist schon sehr selten, daß der Verbraucher nicht das letzte Wort hat.

Dieser Kampf – denn es ist ein Kampf, bei dem das Leben auf dem Spiel steht – wird in drei Runden stattfinden. In der ersten Runde geht es darum, den Verbraucher zu bewegen, seine Ernährungsgewohnheiten umzustellen, sein Budget besser aufzuteilen, nicht mit den Preisen zu knausern und eher auf einen neuen Anzug oder ein neues Auto zu verzichten, um dafür seine Familie besser zu ernähren. Diese erste Etappe ist verhältnismäßig einfach. Denn der Verbraucher ist schon zur Hälfte überzeugt, weit mehr, als er zugeben möchte. Natürlich hat er noch einige Widerstände, denn es ist immer ärgerlich, zugeben zu müssen, daß man auf dem Holzweg ist; und das sind wir, alle, wie wir da sind, und schon seit langer Zeit.

In der zweiten Runde muß der Verbraucher vom Händler die Qualität fordern, die er wünscht. Alle Methoden sind erlaubt: Charme, Erpressung, Untreue. Hausfrauen, da verlasse ich mich ganz auf Sie! Versuchen Sie zuerst, Ihrem Metzger oder Lebensmittelkaufmann schöne Augen zu machen, damit er unter allen Umständen das gute Fleisch und die herrlichen Eier vom Bauernhof auftreibt, nach denen Sie so lechzen. Sollte er aber Ihren Verführungskünsten widerstehen, dann zögern Sie nicht: betrügen Sie ihn! Und sagen Sie es ihm frei heraus: „Wenn das so ist, dann gehe ich mal zu Herrn X., Ihrem Konkurrenten." Und tun Sie es auch. Geben Sie ja nicht nach. Gehen Sie zur Konkurrenz auf der gegenüberliegenden Straßenseite und beginnen Sie dieselbe Verführungsszene, mit Erpressung und – wenn nötig – mit Türenknallen...

Sobald eine, zehn oder fünfzig Hausfrauen in dieser Weise das ganze Stadtviertel aufgewiegelt haben – nach Möglichkeit während den Hauptbetriebszeiten –, dann wäre es möglich, daß man, zunächst vielleicht schüchtern, dann aber provozierend (um die Konkurrenz auszustechen), in den Auslagen einige neue Nahrungsmittel auftauchen sähe, die draußen auf einem Plakat oder einer Schiefertafel angekündigt werden: „Unsere Waren sind garantiert naturrein..."

Bravo, verehrte Hausfrauen, Sie haben diese Runde gewonnen! Mit einem bergeversetzenden Glauben muß dieser Kreuzzug geführt werden, denn es handelt sich um eine hehre Sache. Eine kleine Schäferin aus dem Dorf Domrémy hat nicht gezögert, die etablierte Ordnung zu durchbrechen, weil sie Stimmen vernommen hatte und wußte, daß sie im Recht war. Und Jeanne d'Arc hat gegen jede Logik den Feind aus Frankreich vertrieben. Heute kann eine einfache Familienmutter, mit einem Einkaufskorb und einem unerschütterlichen Glauben ausgerüstet, die Umweltverseuchung aus ihrem Stadtviertel verjagen. Und ihr Beispiel wird Schule machen.

In der dritten Runde muß dann der Verkäufer handeln. Er wird sich an seinen Lieferanten halten, seinen Fabrikanten, Züchter oder Bauern: „Ich will eure chemisch behandelten Erzeugnisse nicht mehr", erklärt er ihm, „denn ich kann sie einfach nicht mehr absetzen. Meine Kunden weisen sie zurück. Wenn Sie aber gute, naturreine Produkte hätten... Und wenn Sie keine haben, hole ich sie mir eben woanders!"

Das muß sich nun der Lieferant hinter die Ohren schreiben. Wie soll er es anstellen, diesen neuen Markt zu beliefern? Denn wenn die Nachfrage dahingeht, muß er wohl mitmachen. Und avantgardistische Fabrikanten kommen der Nachfrage sogar zuvor. Dies ist das Ziel einer neuen Technik, des Marketing, die darin besteht, durch Motivstudien des Verbrauchers und des Händlers den kleinsten Wunsch im Flug zu erhaschen, noch bevor er ausgesprochen ist. Hellhörige Produzenten haben daher von der Sache schon Wind bekommen und bringen neue Artikel auf den Markt, die dem augenblicklichen Geschmack entgegenkommen und auf Reinheit und Qualität der Ware Wert legen. Aus diesem Grunde schießen auch plötzlich überall Reformhäuser aus dem Boden.

Monsieur Goulard, der Präsident des „Nationalen Diät-Verbandes", hat mir mitgeteilt, daß in einem Jahr der Umsatz der Reformhäuser um etwa 30 bis 40 Prozent gestiegen ist, und zwar im Anschluß an verschiedene Anti-Umweltverschmutzungs-Kampagnen, die in Frankreich durchgeführt worden waren. Das bedeutet, daß sich der Verbraucher diesen Problemen gegenüber sehr aufgeschlossen zeigt; aber das ist noch nicht genug. Wir wollen in *allen* unseren Kaufhäusern naturreine Erzeugnisse neben den gängigen Waren sehen.

Der Kampf muß also in allen Geschäften weitergehen.

Natürlich ist eine solche Schlacht nicht an einem Tag zu gewinnen. Der von seiner Kundschaft gedrängte, von seinen Lieferanten aber gebremste Händler kann natürlich nicht von heute auf morgen seinen ganzen Laden umkrempeln und sein Lager vernichten. Aber da er ja nicht dumm ist, wird er mit Umsicht vorgehen. Er wird vielleicht beginnen, *neben* anderen Erzeugnissen wirkliche Naturprodukte zu führen. Dann wird er seine Kunden beobachten. Er wird feststellen, daß die Naturprodukte sich trotz ihres höheren Preises gut verkaufen. Daraufhin wird er ein wenig mehr Naturprodukte und etwas weniger von den anderen bestellen ... Und dann schließlich wird er alles daran setzen, um unter allen Umständen neue Vorratsquellen zu erschließen.

Nur wenn Sie ihm das Messer ansetzen, wird auch der Industrielle seine Vorstellungen über den Haufen werfen. Erst an dem Tag, an dem seine Ware auf dem Markt nicht mehr gefragt ist, wird er sich gezwungen fühlen, seine Fabrik teilweise umzugestalten und einige seiner Herstellungsverfahren zu verbessern oder zu ändern. Der Direktor einer sehr großen und in Frankreich sehr bekannten Wurstkonservenfabrik hat mich bereits angerufen und um Rat gefragt: „Ich möchte meinen Katalog um eine Reihe von Naturprodukten bereichern. Seien Sie mir bitte behilflich, diese zu finden."

Es versteht sich von selbst, daß dieses Unternehmen nicht von heute auf morgen sein ganzes bisheriges Konservenangebot aufgeben wird, aber es wird *auch* Naturprodukte führen und anbieten, und das ist schon viel.

Genauso ist es mit den Herstellern, Züchtern und Bauern, mit denen man erst einmal brutal verfahren muß, um wirkungsvolle Ergebnisse zu erzielen.

Sei mir nicht böse, Bauer, mein Freund, wenn ich für dich wie für alle anderen sage: „Wenn er Widerstand leistet, schlagen Sie ihn k. o.!"

Wenn ich diese Probleme mit den Landwirten von Gavarret oder Umgebung, die alle auf dem Markt von Fleurance verkaufen, bespreche, seufzen sie:

„Herr Bürgermeister, wir sind verraten und verkauft; jahrelang hat man uns eingetrichtert: ‚Mit der Landwirtschaft von Anno dazumal ist's jetzt endgültig aus. Wenn du dich nicht umstellst, bist du erledigt. Dann kannst du gleich abkratzen.' Also haben wir mitgemacht. Haben dicke Bücher über die Intensivkultur und die Massenviehzucht gelesen. Haben Geld in neue Maschinen gesteckt. Haben chemischen Dünger, Pestizide und all so'n Kram angeschafft. Und jetzt heißt's auf einmal: ‚Du bist auf dem Holzweg, mein Freund, schmeiß das mal alles schön weg. Treib wieder Ackerbau wie Anno dazumal, sonst werden dich die anständigen Leute als Verbrecher bezeichnen und deine Ernten verbrennen!...'"

Da es mir nicht liegt, Theorien aufzustellen, ohne sie auf ihre Durchführbarkeit zu prüfen, habe ich selbst ein Experiment gemacht; ich habe meinen Kampf in drei Runden durchgefochten und gewonnen.

Es handelt sich um einen Test im Kleinformat. Aber so macht man es in der Forschung. Ein Test wird im Labor durchgeführt, und wenn er positiv läuft, wird er anderswo wiederholt. So soll also das Experiment von Fleurance als ein Beispiel dienen; man braucht nur die entsprechenden Folgerungen daraus zu ziehen! Ich bin überzeugt, daß überall auf der Welt ähnliche Experimente gelaufen sind. Aber wer wird je davon erfahren, wenn die Experimentierer stumm bleiben? Ich bin kein Geheimniskrämer und teile der Öffentlichkeit mit Freude alles mit, was ich weiß: die positiven und negativen Ergebnisse meiner Experimente, meine Gesundheits-, Schönheits- und Lebensfreude-Rezepte.

Nun gut, die Landwirte – das muß ich trotz aller Liebe zu ihnen zugeben –, diese Landwirte haben sich nun mal geirrt wie alle anderen auch. Sie sind einer Bewegung gefolgt, weil es einfach war und natürlich auch aus finanziellen Überlegungen. Ihnen gegenüber werde ich mich genauso wenig zurückhalten wie bei anderen und mir keineswegs jedes Wort der Kritik verkneifen, ohne daß ich ihnen deshalb meine Zuneigung auch nur im geringsten entzöge.

Da mir die Gesundheit meiner Mitmenschen sehr am Herzen liegt, habe ich mich zunächst um mein geliebtes Städtchen Fleurance gekümmert, das ich als Versuchsterrain ausgewählt hatte. Es war meine Pflicht als Bürgermeister und als Mensch, den Bewohnern von Fleurance zu einem gesünderen Leben zu verhelfen.

Bürgermeister zu sein, das bedeutet für mich nicht, im Büro zu sitzen und in Papieren zu kramen. Gewiß ist das „Gemeindehaus" von Fleurance ein ehrwürdiges Gebäude, ist der Schatten dort, in diesem warmen gascognischen Land, süß und sanft und der Blick vom Balkon auf die Straße und die Häuser in höchstem Maße angenehm. Aber ich bin kein Mann, der auf Balkons herumsteht. Deshalb bin ich auf die Straße hinuntergestiegen und habe die Einwohner von Fleurance gefragt, ob sie glücklich sind.

„Wir sind halt nicht reich", haben sie mir geantwortet. „Es fehlt uns schon recht an so manchen Annehmlichkeiten. Wir verlangen ja nicht viel."

Unter den Sorgen, die die Bürger meiner Stadt täglich im Rathaus abluden, kehrten einige immer wieder:

„Wir haben Angst, vergiftet zu werden. Das Wasser im Kanal ist ganz schlammig, und auch unsere Flüsse und Weiher stinken."

„Wir werden mit Abfall überschüttet, die städtische Müllabfuhr kommt da gar nicht mehr nach. Wie soll man sich diese Verseuchung nur vom Halse halten?"

„Unsere Schlachthöfe sind uralt. Ob die Hygiene dort noch ausreichend ist? Und werden die Kontrollen ernsthaft genug durchgeführt? Wir wollen doch gutes Fleisch."

Die Verschmutzungsquellen in einer Stadt zu verringern, ist die große Sorge jeder Stadtverwaltung. Sie muß sich so viel wie möglich damit beschäftigen.

Die „Liga zum Schutz der Natur" lenkt immer wieder die Aufmerksamkeit der Bürgermeister auf die Notwendigkeit, die Verseuchung auf lokaler Ebene zu kontrollieren. Sie verteilt Rundschreiben, in denen sie die Landwirte vor bestimmten Erzeugnissen, insbesondere Pestiziden, warnt. Diese Produkte sind nicht verboten – noch nicht –, aber ihre Schädlichkeit ist bekannt, und sie werden augenblicklich gründlichen Untersuchungen unterworfen. Daher ersucht die Liga ausdrücklich alle Bürgermeister, eine wirksame Kontrolle in ihrem Gebiet durchzuführen und zu gewährleisten:

„Die Liga fordert die Bürgermeister auf, in einer Verfügung den Landwirten vorzuschreiben, sich mit der Stadtverwaltung vor einer Anwendung von Antiparasiten-Mitteln zu beraten, damit zumindest die vorgeschriebenen Mengen nicht überschritten und die wichtigsten Vorsichtsmaßnahmen getroffen werden."

Die Bürgermeister haben mehr Macht als sie denken. Kurz nach meiner Ernennung im Februar 1971 habe ich hierüber Informationen eingeholt. So entdeckte ich also, daß der Artikel 81 des Gemeindeverwaltungsgesetzbuches den Bürgermeister bevollmächtigt, mit Hilfe eines Erlasses die notwendigen Maßnahmen zur Anwendung seiner Gemeindepolitik zu ergreifen.

Ich bin überzeugt, daß die Aktion der Stadtverwaltungen in bezug auf den Kampf gegen die Umweltverseuchung sehr wirksam sein kann. Leider fehlen in den meisten Fällen die Gelder, um großangelegte lokale Aktionen zu unternehmen – so war es in Fleurance –, und hinzu kommt noch, daß man nicht recht weiß, wie man den Erzeuger daran hindern soll, alles zu tun, was zu seinem Wohlstand beiträgt.

In diesem Dilemma befand ich mich – aber ich war entschlossen, es zu lösen. Erstes Postulat: Wenn meine Mitbürger glücklich sein sollen, müssen sie zunächst einmal wohlhabend sein. So mußte ich also gleichermaßen für ihren Wohlstand und für ihre Gesundheit sorgen, um sie glücklich zu sehen, und durfte ihnen keineswegs alles verbieten, was zu ihrem materiellen Wohlbefinden beitrug, ohne ihnen im Austausch dafür etwas anderes zu bieten. Und das machte mir große Sorge. Es ist nicht leicht, einer kleinen Stadt, die auf eine lange Geschichte von Armut, Hungersnöten und Epidemien zurückblickt, zu Reichtum zu verhelfen. Es gibt einen alten Spruch:

> Verliert Lectoure seinen stolzen Mut,
> Fleurance seine Armut,
> Gimont seinen guten Wein
> und Beaumont sein gutes Brot,
> dann ist die Welt bald tot.

Eine traurige Prophezeiung. Aber in der Gascogne besingt man sogar das Elend. Der Wohlstand kam erst im 18. Jahrhundert nach Fleurance, mit den kleinen Handwerkern und Kaufleuten.

Sie meinen wohl, ich hole ziemlich weit aus, um die

Anfänge einer Stadt darzulegen, aber genauso muß man die Dinge angehen. Denn in der Vergangenheit findet man die Gegenwart wieder. Eine Stadt gleicht in vieler Beziehung einem menschlichen Wesen. Man muß bis in ihre Kindheit zurückgreifen, um sie zu verstehen und sie nicht in ihrem Innersten zu verletzen.

Unter dem Kaiserreich also gelangte Fleurance, dank seiner Handwerker, zu einer gewissen Hochblüte, und ihr Motto lautete: „Fleurance hat geblüht, blüht und wird immer blühen" (Florentia floruit, floret, semperque florebit). Daher habe ich meinen Kampf gegen die Umweltverschmutzung mit Blumen begonnen. Anfangs lächelten meine Mitbürger über all meine Blumentöpfe:

„Das ist das Steckenpferd des Bürgermeisters", witzelte man. Weniger liebenswürdig war die Reaktion meiner Gegner, der früheren Stadtverwaltung, die mir vorwarfen, die ohnehin so geringen Gelder der Stadt in dieser Weise zu verschleudern: „Und die Löcher in unseren Straßen? Und die alten Schlachthöfe? Und die verseuchten Gewässer?" mahnten sie.

Aber bereits vor zwei Jahrhunderten hatte Fleurance auf Blumen gesetzt, und so müssen auch nun bei jeder Gelegenheit Blumen vorhanden sein. Übrigens ist die Blume ein von mir empfohlenes Heilmittel: „Stellen Sie eine Blume an das Kopfende Ihres Bettes", sage ich den Kranken; aber auch den Gesunden rate ich: „Stellen Sie eine Blume auf Ihren Tisch. Selbst wenn die Fleischbrühe dann dünn ist, wird sie Ihnen herrlich schmecken." Und ich wiederhole für alle: Man soll nie auf eine Blume verzichten, weil man angeblich zu arm dafür ist. Man hat zwar nicht immer das Geld, sich ein schönes Haus zu leisten, aber für eine schöne Blume – für eine einzige – reicht es doch immer. Im Notfall holt man sie sich von der Mauer des Nachbarn herunter, wie ich es tat, als ich noch ein Kind und sehr arm war.

Und so kramte ich also weiterhin in der Vergangenheit meiner Stadt. Nach den Blumen kam dann der Handel – ein spärlicher Handel. Also mußte man den Händlern Mut machen. Übrigens befinden sie sich alle unter den Arkaden rings um das Rathaus, so daß ich das Haus nicht verlassen konnte, ohne auf die erste Metzgerbank zu stoßen:

„Na, gehen die Geschäfte gut?"

„Pah, es geht so..."

Und dann erzählten sie mir von ihren Sorgen:

„Ach, die Ware ist nicht mehr so wie früher. Wir versuchen Qualität zu verkaufen. Aber man findet einfach kein gutes Fleisch mehr wie früher oder naturreine Früchte und Gemüse... Und die Leute sind ja auch so oberflächlich; es geht ihnen nur um den äußeren Anschein der Ware, sie kaufen mit den Augen."

Aber machen die Händler es sich nicht auch etwas leicht? Bei dieser Bemerkung erntete ich natürlich nur empörte Zurückweisung. Im übrigen war ihr Ehrgeiz recht bescheiden. Fleurance zählt nur etwa fünftausend Einwohner, und man hatte es bereits aufgegeben, hier zu Geld zu kommen. Warum?

„Weil wir den Touristen nichts zu bieten haben. Sie halten ja nicht einmal hier. In Lectoure natürlich schon oder in Auch, da haben sie historische Bauten, Schlösser, Museen, Dome; hier bei uns gibt es doch nichts Interessantes."

Im übrigen hat das ganze Departement Gers die Kurve der industriellen Revolution nicht ganz gekriegt, es hat seinen nie gebohrten Pyrenäen-Kanal verpaßt, sein brachliegendes Eisenbahnnetz verpaßt, und bei diesem ewigen Verpassen ist es zu einem der ärmsten Departements Frankreichs geworden. Sein Prozentsatz an Landbevölkerung gehört augenblicklich zu den höchsten der Welt (75 Prozent der arbeitenden Bevölkerung), was nicht gerade ein Zeichen für Wohlstand ist.

Aber als ich so um mich blickte, dachte ich, es sei eigentlich recht bedauerlich, daß meine Mitbürger so kapitulierten, obwohl sie doch über einen seltenen Schatz verfügten: sie hatten sich den Sinn für Glück bewahrt. Man braucht nur ein ganz klein wenig an der Oberfläche zu kratzen, um sofort auf die Weisheit unserer Väter zu stoßen.

Manchmal unterhalte ich mich mit einem meiner Freunde, Doktor Ortholan, der seit sechsundzwanzig Jahren in Fleurance als Arzt tätig ist, über die Gesundheit meiner Mitbürger. Auf meine Frage:

„Wie kommt es, daß die Leute hier trotz der verheerenden Umweltverseuchung so gesund sind?", antwortet er:

„Hör mal, Maurice, die Bauern hier sind doch nicht dumm.

Sie mästen die Kälber und Hühner vielleicht mit chemischem Futtermehl – aber doch nur zum Verkauf! Und auf dem gleichen Hof halten sie sich daneben eine andere Zucht von Hühnern, die Korn picken, und von Schweinen, die frei herumlaufen und Suppe fressen. Ich sehe doch, wie sie leben, unsere Bauern, wenn ich meine Krankenbesuche mache. Die richten sich das schon genau ein: auf der einen Seite die Geldbörse (sie liefern die Ware entsprechend den augenblicklichen Gepflogenheiten), auf der anderen Seite aber ihr Tisch, der nicht ärmlich bedacht sein soll. Und was sie nicht aus Diätgründen tun, machen sie bestimmt aus Freude am guten Essen."

Während meiner Kampagne stieß ich tatsächlich weniger auf entgegengesetzte Überzeugungen, als vielmehr auf finanzielle Probleme. So wurde ich immer wieder daran erinnert, daß man bei dieser Aktion den realistischen Aspekt nicht außer acht lassen und niemals die Interessen der einen oder der anderen verletzen durfte. Wenn es mir gelang, beide zu vereinen, war mir der Sieg gewiß.

Kurz nach meiner Wahl zum Bürgermeister begann ich also eines Tages mit meiner Kampagne. Ich suchte zwölf Metzger und Wurstmacher auf und erklärte jedem frei heraus:

„Entweder du verkaufst jetzt Fleisch ohne chemische Zusätze, oder du läufst Gefahr, weniger zu tun zu haben als bisher."

Das gab ein allgemeines Gezeter.

„Herr Bürgermeister, wie können Sie uns das antun, wo wir Sie doch gewählt haben! Sie wollen uns wohl ruinieren..."

Ich mußte das neue Programm Punkt für Punkt mit ihnen besprechen. Zunächst mußte ich sie aber davon überzeugen, daß sie keinen Pfennig einbüßen würden. Ganz im Gegenteil:

„Du wirst schon sehen", sagte ich zu dem einen. „Natürlich mußt du dein Fleisch etwas teurer verkaufen, aber draußen vor deiner Tür wirst du ein Schild anbringen: ‚Hier werden nur Naturerzeugnisse verkauft, ohne jeden chemischen Zusatz.' Und ich verspreche dir, die Kundschaft wird kommen. Sie ist bereit, die Differenz zu bezahlen. Ich weiß es, denn man hat es mir gesagt."

„Und wo soll ich diese natürlich gefütterten Tiere auftreiben?" fragten sie mich. „Ich kenne zwar noch ein paar

Bauern, die eine natürliche Aufzucht in kleinem Rahmen betreiben, aber das reicht nie, um den ganzen Bedarf von Fleurance zu decken."

„Dann machst du es eben genauso wie ich. Du sagst ihnen brutal ins Gesicht: ‚Ich will das natürlich gefütterte Vieh, oder es ist aus zwischen uns.' Und wenn ihr das alle zwölf macht, dann garantiere ich euch, daß die hiesigen Züchter sich auf die Socken machen werden."

„Und wie soll ich wissen, ob sie nicht mogeln?"

„Du besuchst sie eben von Zeit zu Zeit, um dir die Tiere anzusehen, die da heranwachsen und die du eines Tages kaufen wirst. Und sobald du einen gewissenhaften Züchter gefunden hast, bleibst du ihm treu. Und dann wirst du mit ihm machen, was ich jetzt mit dir vorhabe: du wirst eine unterschriebene Garantieerklärung von ihm verlangen."

„Herr Bürgermeister, das wollen Sie mir doch nicht antun?"

„Doch."

Am 15. April erschienen nach langem Murren meine zwölf Metzger und Wurstmacher in meinem Büro im Rathaus und überreichten mir ihre einstimmige Erklärung:

„An den Bürgermeister der Stadt Fleurance. In Beantwortung Ihres Aufrufs haben die unterzeichneten Metzger und Wursthersteller von Fleurance die Ehre, sich hiermit zu verpflichten, in ihren Geschäften und soweit es in ihrer Macht steht, nur mehr Kälber, Rinder, Hammel und Schweine zu verkaufen, die frei auf Bauernhöfen aufgewachsen und ohne chemische, der Gesundheit abträgliche Futtermittel gemästet worden sind."

Es folgten zwölf sorgfältig aneinandergereihte Unterschriften. Aber auch andere Erklärungen trafen ein. Eine von ihnen, datiert vom 15. April 1971, stammte von der „Fleischhauerinnung Gers, Schlachthof Fleurance".

„An den Herrn Bürgermeister,

mit Wirkung dieses Tages verpflichte ich mich, nur mehr Fleisch von Tieren, die ohne chemische Futtermittel aufgezogen wurden, zum Verkauf anzubieten. In diesem Sinne werde ich auch von allen Züchtern eidesstattliche Erklärungen verlangen."

Das Schriftstück war von dem Großhändler unterzeichnet,

der direkt vom Züchter kauft und an die Einzelhändler in ganz Frankreich weiterverkauft.

Am 22. September 1971 fand ich auf meinem Schreibtisch eine weitere Erklärung vor:

„Herr Bürgermeister,

als Lieferant für die Schulkantine von Fleurance verpflichte ich mich hiermit, den Pensionatszöglingen nur mehr Fleisch von Kälbern zu liefern, die mit Muttermilch aufgezogen wurden."

Es war auch höchste Zeit, denn die Schule hatte gerade wieder ihre Pforten geöffnet, und ich wollte um jeden Preis verhindern, daß die Kinder in der Kantine leukämieverseuchtes oder mit Antibiotika vergiftetes Kalbfleisch zu essen bekämen. Ich wußte jetzt, daß ihre Mütter ihnen daheim nur gutes Fleisch vorsetzten, da ich mich auf meine zwölf Metzger verlassen konnte. Aber in der Schulkantine? Ich finde es beschämend, daß gerade unsere Kinder so häufig Opfer der Nachlässigkeit oder der Unehrenhaftigkeit werden. Von nun an werden die Kleinen in Fleurance auch in der Schule nur gesundes Kalbfleisch zu essen bekommen (d. h. Kalb, das mit Muttermilch und nicht mit schädlichen Breis aufgezogen wurde).

Und so konnte man in Fleurance beobachten, wie nach und nach Schilder aus dem Boden wuchsen, die die Aufmerksamkeit der Durchreisenden anzogen: „Hier gibt es nur biologisches Gemüse" stand beim Gemüsegärtner, oder „Hier wird nur mit Naturprodukten gekocht" war in manchen Hotels auf der Speisekarte oder bereits auf dem Hinweisschild am Straßenrand zu lesen.

Ich wußte auch, daß hier nicht gemogelt wurde. Die Gemüse wurden wirklich nur mit Naturdünger (Misthaufen, Kompost) behandelt; sie kamen aus der nächsten Umgebung. Was das *Hôtel du Relais* betrifft, so hatte ich als echter Gascogner und somit als Feinschmecker des öfteren Gelegenheit, dort zu Abend zu essen und mit dem Besitzer zu plaudern. Als Freund empfahl er mir Kaninchen nach Art des Hauses, Gänsepastete, von der Hausfrau selbst zubereitet, Ringeltaubenragoût und etliche hausgemachte Pasteten zur Auswahl... Und ich konnte zusehen, wie der Wirt selbst seinen Wein abzapfte.

Ich wußte auch, daß das Kaninchen aus dem Stall gegenüber

stammte, wo es mit Klee und Hafer und nicht mit Granulat aufgezogen worden war. Schon mehrfach hatte ich die Hotelbesitzerin beobachtet, wie sie dem Nachbarn durchs Küchenfenster einen Korb voll Kartoffelschalen und Brotkrusten reichte und als Austausch den lebendigen Hasen entgegennahm. Direkt vom Hersteller zum Verbraucher!

Ich wußte, daß die Gänse und Schweine immer bei demselben Nachbarn lebend gekauft wurden und daß sie mit gutem Futter ernährt worden waren.

Ich wußte auch, daß der Chef des Hauses Jahr für Jahr sein Faß Wein beim selben Weinbauern, nicht weit von Fleurance, abholte und mit Aufmerksamkeit den Zustand dieses Weinberges beobachtete.

Aber so einfach es für die kleinen Händler und Hoteliers war, die Qualität ihrer Waren zu überwachen, so schwierig war es für die großen. Und dennoch ist uns in Fleurance ein für meine Begriffe großartiges, vielleicht sogar einzigartiges Experiment gelungen, nämlich in einem *Supermarkt* Waren garantiert ohne chemische Zusätze zum Verkauf anzubieten.

Der Chef des Supermarktes Alfa, Louis Gilles, ein intelligenter Mann, war von der Überlegenheit der Naturprodukte bereits überzeugt. Daher waren Diskussionen zu diesem Thema überflüssig. Er war sofort einverstanden, diesen Kreuzzug mitzumachen, obwohl er genau wußte, daß seine Lieferanten ihm Schwierigkeiten machen würden. Meine Aufgabe bestand also darin, ihm unter die Arme zu greifen und schließlich seine Siege zu zählen, was ich — ebenso wie er — mit großem Vergnügen tat.

Bei jedem meiner Besuche schwenkte er triumphierend neue Garantieerklärungen:

„Hier, sehen Sie sich das an. Ich habe wieder ein paar positive Antworten."

Und er hielt mir die Briefe hin:

„Die Unterzeichneten ... bestätigen, daß die in ihrem Hause hergestellte Zichorie ausschließlich von Zichoriewurzeln gewonnen wird, die unter strengster Kontrolle ausgesucht werden. Wir garantieren hiermit, daß im Herstellungsverfahren und in der Zusammensetzung keinerlei chemische Substanz verwendet wurde."

Ein anderer Brief:

„Die Unterzeichneten bestätigen, daß die von der Konservenfabrik X an den Supermarkt Alfa in Fleurance gelieferten Waren Naturprodukte und frei von chemischen Zusätzen sind."

Und weiter:

„Die Milchgenossenschaft X bestätigt, daß die Gesamtheit ihrer Produktion an Joghurt, Desserts, frischen Käsen und Sahne frei von künstlichen chemischen Zusätzen ist..."

Einige Lieferanten erwähnten ihre eigenen Forschungen in bezug auf die Reinheit ihrer Produkte, wie z. B. folgende Milchgenossenschaft:

„Wir verfügen in unserer Firma über ein perfekt ausgestattetes Laboratorium, das Tag für Tag unsere Produktion überwacht... Ein Teil unserer Fabrik besteht aus einem medizinischen Labor, das der Aufsicht unserer Pharmazeuten sowie der Kontrolle des Gesundheitsministeriums untersteht."

„Haben denn alle Ihre Lieferanten freiwillig diese Garantieurkunden unterschrieben?" fragte ich ihn.

„Natürlich nicht. Einige haben kategorisch abgelehnt, sich in irgendeiner Weise schriftlich zu verpflichten."

„Und was haben Sie dann gemacht?"

„Ich habe sie fallengelassen."

„Und sind Sie sicher, daß all jene, die ihre Unterschrift geleistet haben, ehrlich sind?"

„Sie können nicht anders. Eine Kontrolle ist sehr leicht durchzuführen, und anschließend könnte ich sie verklagen. Außerdem können ja einzelne Fabrikanten mir ihre Naturprodukte verkaufen und anderswo den Rest absetzen. So bekomme ich zum Beispiel nur den Naturjoghurt und die anderen den Joghurt mit chemischen Farbstoffen, den sie natürlich noch nicht aus ihrer Produktion gestrichen haben, weil ja immer noch Kundschaft dafür da ist."

All diese Garantiescheine sind im Supermarkt Alfa an einer Tafel ausgehängt, und die Kunden bleiben davor stehen, um sich zu informieren, bevor sie ihre Körbe füllen. Einige dieser Schreiben kommen von großen staatlichen Firmen, die nicht gescheut haben, sich hier öffentlich festzulegen. Andere, handgeschriebene, stammen von kleinen Produzenten, die mit Stolz die Qualität ihrer Eier, ihrer Hühner oder ihres Honigs garantieren.

Am Fleischstand des Supermarktes wachen die Soubirous, Vater und Sohn, über die Qualität des Fleisches – was in den Supermärkten eine Seltenheit ist –, und dort haben sie eine Tafel aufgehängt: „Nur mit Muttermilch aufgezogenes Kalb."

Im Vorübergehen bleibe ich an ihrer Fleischbank stehen, denn mit dem Vater bin ich zur Schule gegangen:

„Servus, Soubirous, bist du sicher, daß es auch wirklich mit Muttermilch aufgezogen wurde, dein Kalb?"

„Na, und ob! Weißt du, wenn ich in den Bauernhöfen nachschaue und im Stall nur zwei oder drei Kälber herumtollen sehe, dann weiß ich gleich, daß sie von ihrer Mutter aufgezogen werden. Aber sobald ein Züchter zur Massenzucht übergeht, erfahre ich es als erster, und schon hat er mich gesehen!"

Tag für Tag verfolgte ich die Kampagne der Händler in Fleurance. Ich hatte ihnen Wohlstand versprochen, wenn sie sich an meine Ratschläge hielten. Ich war überzeugt, daß das Ansteigen der Preise ihnen keine Kundeneinbuße bringen würde, im Gegenteil. Daher machte ich regelmäßig meine Runde:

„Na, geht das Geschäft?"

Im Supermarkt war ein „Boom" zu verzeichnen. „In wenigen Monaten habe ich meinen Umsatz verdoppelt", erklärte mir eines Tages Louis Gilles. „Jetzt kommen sie nämlich schon von weit her, von Rabastens, von Agen oder Toulouse und kaufen hier in Fleurance ein."

Meinen Metzgern ging es auch nicht schlecht. „Hier, Maurice, da hast du einen Schinken; ich schenk ihn dir", sagte eines Tages einer von ihnen.

„Du, der Geizhals von Fleurance?" entgegnete ich. „Was ist denn mit dir los?"

„Na ja, am Anfang war ich ja von deiner Kampagne nicht so recht überzeugt, aber jetzt verkaufe ich so viel, daß ich die Nachfrage schon nicht mehr decken kann."

Ende des Sommers betrete ich ein Wurstwarengeschäft gegenüber dem Rathaus. Der Laden ist völlig leer, und ich frage nach dem Grund:

„Was ist denn mit Ihnen los? Hat man bei Ihnen eingebrochen?"

„Weiß Gott nicht, ich habe alles verkauft. Wir hatten einen solchen Touristenansturm. Die haben den ganzen Schinken und sämtliche Würste mitgenommen. Jetzt mache ich zu und fahre mit meiner Frau in die Ferien. Das haben wir uns schon ewig nicht mehr leisten können!"

Über diese Neuigkeit war ich um so glücklicher, als dieser Bursche, ein überzeugter Anti-Mességué, Mitglied der früheren Stadtverwaltung gewesen war.

Immer wieder hörte ich:

„Herr Bürgermeister, die Touristen sind in diesem Jahr schlimmer als die Heuschrecken. Sie haben alles verschlungen, alles aufgekauft. Wir haben nicht einmal mehr Schinken für uns selbst. Und am Kiosk an der Ecke ist keine Ansichtskarte von Fleurance mehr übrig."

Daraufhin haben die Fleurantiner wie die Ameisen gearbeitet. Nun war der Absatz gesichert, und man mußte Qualität erzeugen.

Da erschienen elf dynamische Männer bei mir und brachten mir eine weitere gute Neuigkeit:

„Wir haben die Absicht, eine Verteilerkette für Naturprodukte ins Leben zu rufen und sie ‚Maison de Fleurance' zu nennen. Alle von uns getesteten und empfohlenen Waren bekommen das Qualitätszeichen ‚Maison de Fleurance'. Natürlich werden wir in erster Linie die lokalen Produkte verteilen, für die wir hundertprozentig garantieren können, gedenken aber auch Artikel von anderswo aufzunehmen, unter der Bedingung, daß sie sich unseren Forderungen unterwerfen."

Im Herbst 1971 öffnete die „Maison de Fleurance" ihre Pforten. Dort findet man alles, norwegischen Lachs, auf Holzkohle (und nicht auf Heizöl) geräuchert, reinen Bienenhonig aus allen Gebirgen Europas, fernab von jeglicher Verseuchung, unverpanschte Landweine, Schinken, Pasteten, wie man sie auf dem Land macht, etc. etc.

Oft lädt mich der Direktor, Jean Jacques Castel, der ein guter Freund von mir ist, zu einer Kostprobe ein.

„Probier das mal, glaubst du, daß es für die ‚Maison de Fleurance' geeignet ist?"

Denn nichts scheint ihm gut genug für das Qualitätszeichen, das er verleiht. Es genügt ihm nicht, den schriftlichen Beweis für die Reinheit der Ware in Händen zu haben, auch der Gaumen muß im höchsten Grade seine Befriedigung finden.

Es freut mich sehr, dieses Unternehmen aufblühen zu sehen, das ja genau im Sinne meiner Kampagne arbeitet, und oft unterhalte ich mich mit meinem Freund Castel über die „Maison de Fleurance":

„Weißt du", sagt er zu mir, „daß es nur so Aufträge regnet? Mit Hunderten von Reformhäusern im In- und Ausland haben wir bereits Verträge abgeschlossen. Aber ein großes Problem haben wir noch, Maurice."

„Und das wäre?"

„Die Versorgung. Wir schreiben Briefe über Briefe, um gute Ware zu bekommen. Meine Leute und ich durchkämmen die Dörfer, um Züchter und Landwirte, die unseren Vorstellungen entsprechen, anzuwerben, aber bald geht uns das Material aus. Du mußt uns helfen, Maurice."

„Und was kann ich für euch tun?"

„Überall die Leute überzeugen, daß Qualität sich bezahlt macht."

Ich wollte mich selbst vergewissern und begleitete meinen Freund Castel auf einer Rundfahrt durch die Dörfer. An diesem Tag hatte er eine Verabredung mit einem Landwirt aus der Gegend, der ein beachtliches Gut leitete und mit dem er ins Geschäft zu kommen hoffte. Mit dem Bleistift in der Hand habe ich der Diskussion der beiden Männer beigewohnt. Es war ein einfaches Rechenexempel, wie man es in der Schule anstellt.

„Wieviel bringt dir ein Hektar Weizen ein?" fragte Castel.

„Soundsoviel pro Jahr."

„Gut. Ich notiere. Und wenn du nun auf demselben Hektar im nächsten Jahr Tomaten anbaust und nur mit Mist oder Kompost düngst, und wenn ich dir dazu noch garantiere, daß ich sie dir für soundsoviel verkaufe (der Preis lag über dem üblichen Kurs), wieviel bringt dir das dann ein?"

Wir machten uns alle drei an die Rechnung…: es bringt also mehr ein.

„Ich unterschreibe dir jetzt ein Papier", schloß Castel, „und wenn du zufrieden bist, machen wir im nächsten Jahr zwei Hektar."

Das Experiment verläuft positiv, der Bauer ist keinesfalls der Verlierer, ganz im Gegenteil. Man verlangt ja auch nicht von ihm, all seine Gewohnheiten von heute auf morgen über den Haufen zu werfen. Nur einen Hektar Tomaten. Oder einen Wurf Schweine. Eine einzige Entenbrut. Nur eine Kiste Obst...

Bei dieser Kollekte von Naturerzeugnissen ist uns gottlob die Landwirtschaftskammer behilflich. Die „Maison de Fleurance" verfügt nicht über die Mittel, Kontrolleure zu den Lieferanten zu schicken, aber die regionale Landwirtschaftskammer ist bereits bei der Auswahl behilflich. Außerdem entsendet diese Organisation Fachkontrolleure und beratende Veterinäre aufs Land, wodurch den Bauern die Einarbeitung in neue biologische Techniken erleichtert wird. Nachdem sie durch den Mißbrauch chemischer Produkte allzu lange verbildet worden sind, haben sie nun vieles neu zu lernen. Und der gute Wille allein genügt da nicht.

„Sie genießen voll und ganz unsere Unterstützung bei Ihrer Kampagne für Qualitätserzeugnisse", erklärte in aller Öffentlichkeit M. Fontan, der Präsident der Landwirtschaftskammer Midi-Pyrénées.

Kurze Zeit später, gegen Ende 1971, erfuhr ich von der Gründung einer weiteren Verteilerkette von Naturprodukten in meiner Stadt: „Fleurance chez soi" (Fleurance daheim) verkauft direkt an den Verbraucher.

Meine Kampagne rollt also dahin wie ein Schneeball. In Valence d'Agen (Tarn-et-Garonne) hat Mme Baylet, die Bürgermeisterin und Besitzerin der „Dépêche du Midi", den Geflügelmarkt in zwei Hälften geteilt. Auf der einen Seite gibt es künstlich gemästete Hühner, Enten, Puten und Gänse, auf der anderen Seite die gleichen, jedoch mit Korn gefütterten Tiere. Das war ein ausgezeichneter Einfall, den ich sofort aufnehmen wollte. Und nun hat auch Fleurance seinen zweigeteilten Geflügelmarkt.

Als Vizepräsident des „Verbandes französischer Bürgermeister" bemühe ich mich, diese Erfahrungen überall bekannt zu machen, damit sie, den lokalen Gegebenheiten entsprechend, Nachahmung finden mögen.

Außerdem habe ich meinen Pilgerstab ergriffen und bin in die Städte gezogen, um Vorträge zu halten: „Gegen die

Umweltverseuchung und die Leichtfertigkeit". Dabei erzähle ich von einer Stadt, die so aufgeblüht ist, daß man von überall herbeiströmt und dort Blumen niederlegt, und diese Stadt ist die „Blumenstadt" Fleurance im Gers.

Übrigens hatte schon ein Prophet von Rang und Würde diese Gesinnungsänderung angekündigt, ohne zu ahnen, daß sie bereits begonnen hatte. Am 18. Oktober 1971 erklärte Jérôme Monod, der Generalbevollmächtigte der französischen Raumplanung, auf dem „Salon zum Schutz der Natur" in Rouen:

„Die mittleren Städte Frankreichs werden die privilegierte Umgebung sein, in der die Menschen besser leben werden können."

Aber das Unternehmen von Fleurance darf nicht vereinzelt bleiben. Was wir im Gers versucht haben, kann in allen als „arm" bezeichneten Gegenden Frankreichs nachgeahmt werden, in Aveyron, Lozère etc. Wir aus dem Gers behaupten nicht, ganz Frankreich ernähren zu können; wir überlassen Brie und Beauce, den weiten, reichen Ebenen, die Produktion von Quantität, wir aber, wir liefern Qualität!

Unser Departement Gers wird die Lunge Frankreichs sein, da die Luft dort so wenig verpestet ist, es wird der Ziergarten sein, in dem man sich die Zeit nimmt, die Blumen wachsen zu sehen, aber es wird auch Frankreichs Gemüsegarten und Schatzkammer sein.

Ich glaube, daß es höchste Zeit ist, überall in der Welt „Qualitätszentren" zu schaffen, weil sie dem Menschen in seinem rasanten Wettlauf um den Fortschritt die Möglichkeit bieten, wieder zu Atem zu kommen. Wie man in Ballungszentren Grünflächen und öffentliche Gärten ausspart, um den Menschen zu Atem kommen zu lassen, so müßte jedes Land sich Nationalparks, Tierreservate und vor allem Bauerngüter wie in der guten alten Zeit bewahren.

Diese zu Unrecht „arm" genannten Gegenden halte ich für reich, reicher als die Industriegebiete, da sie dem Menschen etwas geben, was sich nicht messen läßt, nämlich Glück.

Natürlich kann nicht die Rede davon sein, wieder von vorne anzufangen und alle Errungenschaften des 20. Jahrhunderts in Industrie und Landwirtschaft aufzugeben. Meine Fleurantiner Erzeugnisse können keine Welt ernähren, die immer reichere Nahrungsmittel wie Fleisch- und Milchprodukte konsumiert. Sie sollen nur einen „Luxus" mehr darstellen.

Wie die Haute Couture neben der Konfektionsmode besteht, so sollten auch die natürlichen, nicht künstlich behandelten „Luxusnahrungsmittel" ihren Platz in der modernen Wirtschaft finden. Der einzelne soll dann je nach Geschmack und finanziellem Vermögen aus der großen Skala des Angebots seine Auswahl treffen. Das wäre dann die Freiheit des Verbrauchers.

Jahr für Jahr verringert sich im Familienbudget der Anteil für Nahrungsmittel, aber der für Wohnung, Kleidung und Freizeit steigt erheblich. Wir wohnen schöner, kleiden uns besser und amüsieren uns mehr. Warum sollen wir dann nicht auch besser essen, wenn wir wollen – vor allem, wenn unsere Gesundheit dabei auf ihre Kosten kommt?

Natürlich ist das Familienbudget nicht unbegrenzt dehnbar, aber es soll richtig aufgeteilt werden und vor allem – in Kenntnis der Sachlage und nach bestimmten Kriterien – vom einzelnen selbst und nicht von einer starren statischen und verknöcherten Nationalwirtschaft.

Daher werde ich in allen Betrachtungen, die die Wirtschaft, die Landwirtschaft, die Industrie, den Handel und die Medizin betreffen, die Wörter *neben* und *parallel* und nie *anstatt* gebrauchen.

Die Qualität der Nahrung soll der höchste Luxus der reichen Länder sein, aber sie kann niemals die Massenproduktion in einer Welt, in der so viele Münder zu stopfen und so viele Leben zu bewahren sind, ersetzen.

4

Von der Kunst, Gemüse zu pflanzen

„Ich habe nichts dagegen, daß der Tod mich bei der Gartenarbeit überrascht, aber er soll mich nicht schrecken; und noch weniger soll es mich traurig machen, daß ich mit dem Garten nicht fertig geworden bin."

Auch diese weise Philosophie habe ich von Montaigne entlehnt. Sie findet sich in den Abzählversen unserer Kinder wieder, die, „um zu pflanzen den Kohl, wie man's bei uns tun soll" die Gesten des Gärtners nachahmen, wie er in der Hocke vorwärtsgeht und unermüdlich Löcher gräbt.

Wenn Montaigne manchmal seinen elfenbeinernen Turm verließ, erachtete er es nicht als zu gering, in den Gemüsegarten hinunterzusteigen und nach seinen Kohlköpfen zu sehen. Der Philosoph hat Ehrfurcht vor den niederen Diensten. Auch Candide bestellte seinen Garten. Leider haben die Menschen des 20. Jahrhunderts ihre Gärten gegen Bürgersteige ausgetauscht und dabei ihre Philosophie eingebüßt.

Ich möchte die Gemüsegärten rehabilitieren. Wer auf dem Land lebt oder ein Wochenendhaus hat, möge doch ein Stückchen Land der Gemüse- und Kräuterkultur abtreten. Natürlich hat auch ein Ziergärtchen vor dem Haus seinen Reiz, es schmeichelt dem Auge und dem Geruchssinn. Aber hinter dem Haus sollten Sie einem Salatbeet ein Plätzchen reservieren. Und wenn Sie keinen Garten haben, verzichten Sie doch auf einen Urlaub am Meer und kaufen Sie dafür am Rande Ihrer Stadt ein Gärtchen.

In großem Maßstab ist es schwierig, Kulturen anzulegen und dabei völlig auf chemische Düngemittel und Pestizide zu verzichten. Aber im kleinen Rahmen ist das durchaus zu machen. Nützen Sie diese Gelegenheit und ziehen Sie für Ihre Familie natürliches Gemüse. Fragen Sie Ihre Eltern, wie sie es früher gemacht haben. Die alten Leute sind immer glücklich, wenn die Jüngeren sie um Rat fragen. Verwenden Sie Naturdünger (Mist, Seetang, Algen...). Bei mäßigem Gebrauch sind auch Pottasche, Kalk und Schwefel nicht gefährlich. Aber vermeiden Sie auf jeden Fall synthetische Produkte. Es macht ja nichts, wenn Sie keine Höchsterträge erzielen. Vergessen Sie nicht, daß es Ihnen ja in erster Linie um Qualität geht, die Ihrer Gesundheit und der Ihrer Familie dienen soll.

Also, Gärtner, greift zum Spaten! Und kaufen Sie sich ein paar alte Bücher, aus denen Sie die Geheimnisse der Erde, der Aussaat und des Mondwechsels lernen werden. Wenn Sie schon an den Umgang mit Blumen gewöhnt sind, wenn Sie „grüne Hände" haben, die Pflanzen wachsen lassen können, dann besteht kein Grund zur Befürchtung, daß die Gemüse sich Ihnen gegenüber störrisch verhalten werden. Ihre Kohlköpfe werden genauso pausbäckig sein, wie Ihre Rosen schön sind.

Entschließen Sie sich also, ein Stückchen Land für die wichtigsten Gemüse zu reservieren (Karotten, Kohl, Tomaten, Salat, Knoblauch, Zwiebel, Sellerie, Porree...). Wenn Sie über kein großes Feld verfügen, verzichten Sie lieber auf Kartoffeln, die viel Platz in Anspruch nehmen. Sie können in Ihrem Garten auch Obstbäume pflanzen und Erdbeeren, Johannisbeeren oder aromatische Kräuter – und warum sollten Sie sich nicht gern als Imker versuchen?

Ein wohlgeordneter Gemüsegarten mit sorgfältig aufgereihten Beeten ist so schön anzusehen wie ein gepflegter Park. Aber auch die Natur hat ihre Regeln, die nicht immer mit denen der Gartenbauarchitekten übereinstimmen. Brennesseln am Fuße einer Hecke geben dem Garten zwar ein etwas verwildertes Aussehen, verstärken aber in hohem Maße die wohltuenden Essenzen der aromatischen Kräuter, die neben ihnen wachsen.

Was die Regeln der guten Nachbarschaft betrifft, so sind sie genauestens zu beachten, denn die Gemüse haben eigene Meinungen und Vorlieben, wenn sie uns auch noch so wenig mit Verstand begabt erscheinen. Einige Gemüse vertragen sich gut miteinander: Zwiebeln und rote Rüben, Porree und Sellerie, Karotten und Erbsen, Tomaten und Petersilie... Andere stehen auf Kriegsfuß miteinander: Tomaten und Fenchel,

Tomaten und Kohlrabi... Andere wiederum sind sehr leicht zu beeinflussen, wie der Rettich, und nehmen den Geschmack ihres nächsten Nachbarn an. So würden die Rettiche eines von verschiedenen Pflanzen umgebenen Rettichbeets auf jeder Seite einen anderen Geschmack und Geruch haben. In der Nähe der Kresse werde Sie den besten Rettich ziehen. In der Nähe des Kerbelkrautes wird er sehr scharf und anderswo, aus Mangel an Nachbarschaft, äußerst fad sein.

Aber auch Obstbäume und Beerensträucher muß man mit Vorsicht setzen. Es ist darauf zu achten, daß ihre Ausmaße den Gemüsen nicht die Sonne wegnehmen. Und auch hierbei müssen Sie auf Vorlieben Rücksicht nehmen. Und vergessen Sie nicht, daß einige Stauden Minze, Geranien, Kapuzinerkresse, Zwiebeln und Tomaten ausreichen, um Parasiten abzuhalten. Da Sie auf chemische Insektizide verzichtet haben, müssen Sie daran denken, Ihren Garten auf natürliche Weise zu schützen.

Nun sind Sie – nach dem lieben Gott – Herr über Ihren Gemüsegarten! Lernen Sie, ihn zu hegen und zu pflegen und ihn gegen Unbilden zu schützen. Widmen Sie ihm sorgfältigste Aufmerksamkeit. Reißen Sie mit viel Geduld Unkraut aus und erhalten Sie sich die guten Kräuter. Gießen, jäten und harken Sie und geben Sie sich viel Mühe. Dann werden Sie Schätze ernten.

Aber was werden Sie mit Ihrer Ernte anfangen? Zunächst müssen Sie lernen, sie zu dosieren. Natürlich muß Ihr Kohlbeet größer ausfallen als Ihre Petersilienreihe. Ihre Ernten sollen ja Ihrem Verbrauch entsprechen. Aber regen Sie sich nicht auf, wenn diese in manchen Jahren Ihre Vorstellungen übertreffen. Sorgen Sie vor für schlechtere Zeiten, wie die Ameisen, und machen Sie Obst, Marmeladen und Säfte ein. Kommt aber ein mageres Jahr und sind die schönsten Gemüse schon verspeist, dann begnügen Sie sich mit den bescheideneren: Brennesseln, Portulak, Löwenzahn, Malven, Kapuzinerkresse, Rettichkraut und Karotten gebührt auch ein Platz auf Ihrem Tisch. Und vergessen Sie nicht, daß eine Handvoll Rettichblätter in Ihrer Suppe mehr wert ist als das schönste, chemisch gedüngte Gemüse vom Markt.

Sind Sie ein Pflanzenliebhaber, dann werden Ihnen unzählige

Varianten einfallen, mit denen Sie Ihre Familie erfreuen können. Am Schluß dieses Buches finden Sie altmodische und moderne Rezepte, die Ihnen helfen werden, aus den bescheidensten Pflanzen größten Nutzen zu ziehen. Aber schon jetzt sollten Sie wissen, daß die Suppenschüssel auf dem Familientisch allen Medikamenten dieser Erde ebenbürtig ist. Sie ist der Quell der Gesundheit. Man könnte fast behaupten: „Sage mir, was du in deine Suppe tust, und ich sage dir, wer du bist." Es ist schade, daß die Gewohnheit, ein gutes Süppchen zu essen, sich verliert, vielleicht aus Zeitnot, vielleicht aber auch aus mangelnder Liebe zu den Pflanzen.

Natürlich will ich den Nährwert der reichen Nahrungsmittel wie Fleisch, Milch, Eier und Käse in keiner Weise leugnen, aber unsere Vorfahren räumten seit eh und je den pflanzlichen Nahrungsmitteln einen besonderen Platz ein. Und sie hatten recht damit. Einige äußerst kalorienarme Nahrungsmittel sind reich an vielerlei Vitaminen. Und auch ihre heilende Wirkung darf nicht vergessen werden.

Leider neigt die moderne Medizin in ihrem Stolz auf ihren außerordentlichen Fortschritt und ihre Herrschaft über so manche Viren dazu, die früher so hochgeschätzten „Hausmittelchen" zu verachten. Im Arzneibuch des 20. Jahrhunderts findet man gewiß sehr wirksame Spezialitäten, die aber leider auch sehr teuer sind und – wenn man Mißbrauch mit ihnen treibt – ganz besonders gefährlich und schädlich werden können.

Eigentlich sollte in den Apotheken Gemüse verkauft werden. Aber sagen Sie mal einem Apotheker, der Sie würdig im weißen Kittel empfängt, er solle in seinen Auslagen doch Karotten, Kohl und Petersilie anbieten. Sie würden mitleidige Verachtung ernten. Der Gemüsehändler ist nebenan. Und dennoch taucht ab und zu, in der koketten Verpackung irgendeiner großen pharmazeutischen Firma, ein gewisser Knoblauchextrakt, Efeu- oder Preiselbeersaft auf. Ein großes holländisches Laboratorium scheute sich nicht, eine Tablette aus Kohlsaft auf den Markt zu bringen.

In Wirklichkeit gibt es nämlich viel mehr Pillen aus pflanzlichen Extrakten in den Apotheken zu kaufen, als die Öffentlichkeit ahnt. Ein Arzt, der auf sich hält, würde nicht wagen, seinem Patienten Gemüse zu verschreiben, und wenn er noch so sehr von der Heilkraft gewisser Pflanzen überzeugt wäre. Jedoch ein Wunderpülverchen macht sich auf dem Rezept ganz fabelhaft. Leider muß der Arzt auch manchmal so handeln, um den Wünschen seines Patienten gerecht zu werden. Denn dieser würde erbost aus der Praxis rennen, wenn der Arzt ihm als einziges Heilmittel verschrieben hätte:

„Essen Sie Karotten", oder: „Essen Sie Kohlsuppe."

Hippokrates jedoch, der Fürst der Ärzte, scheute sich nicht zu sagen: „Es gibt Krankheiten, die nur durch richtige Ernährung geheilt werden können."

Der Kranke will in erster Linie ernst genommen werden. Er glaubt, daß die Wirkung des Medikaments sich proportional zu dessen Preis verhält, was völlig irrig ist. Gewiß gibt es großartige Medikamente, die sehr teuer *und* sehr wirkungsvoll sind. Aber es gibt auch anspruchslosere Heilmittel, die sehr billig und ebenfalls sehr wirksam sind.

In Rußland, wo die Volksmedizin ihren Platz neben der offiziellen Medizin behauptet hat, sieht es ganz anders aus. Die Medizin basiert ebensowenig auf Gewinn wie die nationalisierte pharmazeutische Industrie, die vom Staat subventioniert wird. Die „Volksärzte", die mit althergebrachten Methoden behandeln, stellen also kein lästiges Konkurrenzunternehmen dar. Daher werden sie gehört und ihre Experimente in den Arbeiten der medizinischen Forschung zitiert. Die sowjetischen Apotheken sind außerdem sehr nüchtern ausgestattet. Es gibt dort keine aufdringliche Reklame oder Luxusverpackungen. Es wird auch nicht zum Verbrauch animiert.

Kurz gesagt, jedes leichtfaßliche und für alle erschwingliche Arzneibuch ist willkommen. Und so lebe denn auch der Kohlsaft, wenn er nur heilt! Das Ergebnis allein zählt. Seit dem Beginn des 20. Jahrhunderts hat die Gesundheit der Sowjetbürger große Fortschritte gemacht und haben die Lebenserwartungen erheblich zugenommen. Und auch die medizinische Forschung wird in diesem Land hoch in Ehren gehalten.

Ich will die Errungenschaften der Medizin und modernen Pharmazie absolut nicht schmälern, sondern nur dazu beitragen, Ihnen, lieber Leser, Ihre Gesundheit durch eine Ernährungshygiene, in der die Pflanzen eine wichtige Stellung einnehmen, zu bewahren. Und notfalls, wenn kleine Störungen unsere organischen Funktionen durcheinanderbringen, durch ganz einfache und für alle erschwingliche Methoden das Gleichgewicht wiederherzustellen.

„Wer die Natur kennt, dürfte nie krank sein", heißt ein russisches Sprichwort. Daran kann kein Zweifel bestehen. Würden Sie alle Kräfte des dicken Kohlkopfs, der in Ihrem Garten wächst, kennen, dann würde Sie schon der Gedanke, daß er bald auf Ihrem Tisch und in Ihrem Magen sein wird, ganz glücklich machen. Wie ich früher schon bat, den Menschen und Tieren Liebe entgegenzubringen, so muß ich jetzt hinzufügen, daß wir auch den Pflanzen Liebe entgegenbringen sollten, denn sie vergelten es uns auch.

Man hält die Gemüse allgemein für dumm, also für wenig liebenswert. Aber das ist falsch. Sie haben ein zartes Herz und ein kurzes Leben, aber einen sehr komplexen und empfindlichen Organismus, den man sorgfältig studieren muß. Wie bei den Menschen, so darf man auch bei ihnen nicht nach dem äußeren Schein gehen. Das schönste Gemüse ist nicht immer das beste. Sondern das, welches man am meisten geliebt und gehegt und verhätschelt hat, erweist sich als das tugendreichste. Haben Sie nur Vertrauen zur buckeligen Tomate und zum grünen, zähen Salat Ihres Gartens, sie haben mit inneren Werten und Lebenskräften aufzuwarten, die denen ihrer Treibhausbrüder weit überlegen sind.

Und schälen Sie nicht die fleckigen Früchte, die Ihre Bäume Ihnen schenken. Ihre häßlich gesprenkelte Haut ist voll von Sonne und viel gesünder als die glatte Seidenhaut jener Früchte, die mit Insektiziden, Reifemitteln und Konservierungsstoffen behandelt wurden. Der Präsident des Obstzüchterverbandes Gers erklärte mir eines Tages:

„Ich persönlich mußte mich bereits dreimal vor Gericht verantworten, weil ich Obst mit kleinen Flecken verkauft hatte. Diese Früchte waren vom gesundheitlichen und geschmacklichen Standpunkt aus vollkommen, nicht aber für das Auge. Also wurde ich wegen groben Vergehens verurteilt."

Meiner Meinung nach ist das jammerschade! Da Sie also gesprenkeltes Obst ja doch nicht verkaufen können, essen Sie es doch selbst! Oder machen Sie Marmelade daraus, und Sie werden dafür belohnt werden: denn diese Früchte wollen Ihnen nur Gutes.

Wenig wäre nötig, um das fleckige Obst wieder in Mode zu bringen. Schließlich haben ja auch unsere jungen modebewußten Mädchen die Sommersprossen, die ihre Großmütter zur Verzweiflung brachten, rehabilitiert. Und da ich mich mit der Schönheit der Frauen ebenso befasse wie mit der Gesundheit aller Menschen, ist mir natürlich nicht entgangen, daß die kühnsten unserer Mädchen mit dem Stift sogar ein wenig nachhelfen und auf ihre Näschen Tupfen zeichnen, die Mutter Natur ihnen verweigert hat. Es stimmt, auch ihre Großmütter mogelten schon, als sie Schönheitspflästerchen als Blickfang in ihre Mundwinkel setzten.

Da die Moden einander also ablösen und die menschliche Eitelkeit dafür sorgt, daß sie befolgt werden, könnte man ja vielleicht in absehbarer Zeit auf unseren Märkten Äpfel und Birnen mit falschen Schönheitspflästerchen auftauchen sehen. Es würde mir Spaß machen, eine solche Initiative zu provozieren. So exzentrisch Moden auf den ersten Blick wirken mögen, so besteht ihr Ziel doch darin, nach gewissen Exzessen das Gleichgewicht wiederherzustellen. An dem Tag, an dem die Hausfrauen einen schrumpeligen Apfel oder eine fleckige Birne hochschätzen würden, wäre das Ende der Schönen von gestern gekommen. Dann würde wieder Qualität gefragt sein auf unseren Märkten, und nicht mehr der bloße schöne Schein. Gemüse- und Obstgärten könnten ihre Adelsbriefe entgegennehmen. Sie wären nicht mehr die armen Vettern der Landwirtschaft, sondern vielmehr die Onkel aus Amerika, die aus dem Nichts angefangen und jetzt den Reichtum aller gemacht haben und ein phantastisches Erbe hinterlassen werden. In alten Überseekoffern findet man Schätze, in alten Töpfen kocht man gute Suppen und in alten Gärten à la Großmama erntet man die besten Früchte und Gemüse.

Spazieren wir also gemeinsam von Beet zu Beet in einem dieser Gemüsegärten der guten alten Zeit und verweilen wir bei jeder Pflanze, um ein wenig mit ihr zu plaudern und ihr auch ein ganz klein wenig den Hof zu machen. Oh, wenn diese Pflanzen sprechen könnten, wieviel an Weisheit hätten sie uns mitzuteilen!

DER KNOBLAUCH

Beginnen wir mit dem Knoblauch, weil er meinem Herzen am nächsten steht und in meiner Pflanzenheilkunde die wichtigste Rolle spielt. Ich weiß gar nicht einmal mehr, welches von beiden früher da war, meine Liebe zu ihm oder meine Erfahrung mit ihm.

Für mich ist der Knoblauch untrennbar mit Vitalität verbunden. Bei uns in der Gascogne zerreibt man bei einer Taufe eine Knoblauchzehe auf der Zunge des Täuflings und gießt ein Tröpfchen Armagnac nach. So ist er für alle Wechselfälle des Lebens gerüstet.

Auch Heinrich IV. wurde auf diese Weise getauft, und im Sinne dieser Tradition versäumte er es nie, bei großen Gelegenheiten eine Knoblauchzehe zu kauen und einen Schluck Armagnac nachzutrinken. Solche große Gelegenheiten boten sich „unserem Heinrich" recht häufig bei der Eroberung der holden Weiblichkeit. Und da es eine ganze Menge Frauen in seinem Leben gab, hat er eine erhebliche Anzahl Knoblauchzehen verspeist!

Bei mir daheim habe ich Schürzenjäger gekannt, die nach dem Beispiel des guten Königs Heinrich jeden Morgen beim Aufwachen eine Knoblauchzehe kauten, um so für die Beutezüge des Tages Vorsorge zu treffen. Dabei fällt mir auch ein gewisser Kavallerieoffizier ein, der auf hundert Meilen im Umkreis nach Knoblauch stank. Aber welchen Ruf genoß er in der Damenwelt! Seine Rivalen erbleichten vor Eifersucht. Und er starb erst in einem hohen Alter.

Wenn ich das Geheimnis der Vitalität mancher Männer zu ergründen suchte, bin ich sehr häufig auf den Knoblauch als des Rätsels Lösung gestoßen. Und das sogar bei Tieren. Ich weiß noch sehr gut, wie ich einmal bei einem Besuch auf den Antillen einen einheimischen „Hexenmeister" traf, der durch die Siege seiner Kampfhähne berühmter geworden war als durch all seine Wundermittelchen. Aus purer Neugierde hatte ich ihn aufgesucht. Mit seinen barbarischen Praktiken war ich nicht so sonderlich einverstanden:

„Ich habe viele Menschen auf dem Gewissen", sagte er mir, „aber ich töte nur die bösen."

Außerdem kann ich Hahnenkämpfe nicht leiden, denn ich liebe die Tiere viel zu sehr, um sie als Schauspiel darzubieten. Aber die Vitalität dieser Hähne war doch nicht ohne Eindruck auf meine stets wache Neugierde geblieben. Es gingen die seltsamsten Gerüchte über die Schwarzen Messen um, die er abhielte, damit seine Kampfhähne stets unbesiegt blieben. Bei diesem großen Hexenmeister war ich daher auf einige Überraschungen gefaßt.

„Pah!" sagte er zu mir, „Sie sind ja kein Konkurrent, und im übrigen verstehen Sie nichts von Hahnenkämpfen und wohnen so weit weg. Ich werde Ihnen zeigen, wie ich meine Hähne in Form halte."

Und er ließ mich in eine kleine Scheune in der Nähe seines Hauses eintreten, wo Berge von Knoblauch aufgetürmt waren.

„Das mische ich unter die Körner", sagte er. „Fast halb und halb. Aber sagen Sie es keinem!"

Ich habe herzlich gelacht. Das also war das Geheimnis des großen Zauberers. Auch die Antillen-Hähne verdankten ihre Kampfkraft dem Knoblauch! Wenn ich hiermit das Geheimnis des Zauberers enthüllt habe, so hoffe ich doch, daß er mir nicht böse sein wird. Mein Versprechen liegt nämlich schon viele Jahre zurück und müßte eigentlich verjährt sein. Im übrigen habe ich später erfahren, daß auch die alten Römer dem Futter ihrer Kampfhähne Knoblauch beimischten und die Ägypter ihn den Sklaven einflößten, die ihre Pyramiden erbauten. Es ist also gar nicht meine Erfindung, wenn ich meinen Sportlern, den Radrennfahrern und anderen, Knoblauch verschreibe.

Der Knoblauch hat also allerseits Referenzen aufzuweisen. Er gehört zur Geschichte, aber auch zur Geographie, weil man ihm unter allen Himmeln, unter denen er gedeiht, wundersame Tugenden zuschreibt. Wie die Antillen-Hähne, so verdanken ihm auch einige Greise der Sowjetunion ihre Vitalität. Die Volksärzte verschreiben einen Knoblauchlikör, mit dem man jedes Jahr eine Kur machen muß: Schütten Sie in eine Literflasche ein Drittel zerstampften Knoblauch und zwei Drittel Alkohol. Lassen Sie diese Mischung vierzehn Tage in der Sonne stehen, denn die Sonne wirkt Wunder. Passieren Sie dann Ihren Knoblauchlikör und beginnen Sie Ihre Kur mit zwei oder drei Tropfen in ein Glas warmen Wassers vor dem

Mittagessen. Diese Dosis steigert man täglich bis zu fünfundzwanzig Tropfen; dann geht das Ganze wieder in umgekehrter Richtung, indem man Tag für Tag die Dosis um einen Tropfen verringert. Diese Kur kann auch mehrmals im Jahr, im Abstand von einigen Wochen, durchgeführt werden.

Ebensogut kann man zwei oder drei Knoblauchzehen in Weißwein zerdrücken, einige Tage auslaugen lassen und dann jeden Morgen vor dem Frühstück einen Löffel von diesem Trank schlucken.

Aber die angenehmste Verwendung findet der Knoblauch sicherlich doch in der Küche – vorausgesetzt, daß man den Geschmack mag. Im Süden erfreut er sich größter Beliebtheit und taucht in fast allen Rezepten auf. Für die Kleinen gibt es „Kindersuppe" aus gekochtem Knoblauch; sie wirkt gegen Würmer. Wollte man früher Würmer von den Kleinen fernhalten, hängte man den Babys Ketten aus Knoblauchzehen um den Hals. Das galt als äußerst wirksames Mittel.

Zur Erhaltung der Virilität wurde Knoblauch äußerlich angewendet: man rieb die Wirbelsäule mit Knoblauchzehen ein.

Mir waren diese dicken Bauernbrotkanten am liebsten, die tüchtig mit Knoblauch eingerieben wurden und die man uns Kindern immer nachmittags gab. Damit die Kruste schön glänzte, rieb man sie anschließend mit einigen Tropfen Olivenöl ein. Und nun noch etwas Salz und schöne, von der Sonne vergoldete Weintrauben dazu... Meine ganze Kindheit hindurch war diese gesunde und stärkende Brotzeit mein höchster Genuß.

Knoblauch kann also ruhig in jeder Form verzehrt werden. Wer den starken Geschmack dieser Pflanze nicht mag, kann den rosafarbenen Schlangenknoblauch oder „Rockenbollen" kaufen, der milder ist; man kann aber auch den stark säurehaltigen Keim abmachen, dem man die Intensität des Knoblauchs verdankt.

Sollten Sie Knoblauch mögen, aber der Überzeugung sein, daß er jedes intime oder gesellschaftliche Zusammensein beeinträchtigt, so sollen Sie wissen, daß ein Petersilstängelchen oder ein paar nach dem Essen zerkaute Kaffeebohnen den Knoblauchgeruch völlig absorbieren. Oder Sie essen ihn ganz einfach nur abends vor dem Schlafengehen – sofern Ihr Partner nichts dagegen einzuwenden hat.

In den Apotheken gibt es inzwischen auch schon Knoblauchextrakt zu kaufen. Wird eine Pflanze in Apotheken verkauft, so hat sie damit die letzte Sprosse ihrer Karriere erreicht. Meinem Freund, dem Knoblauch, ist dieser Aufstieg also gelungen. Ich freue mich für ihn, denn er hat es sich ehrlich verdient. Seine Ruhmestaten sind wirklich zahlreich und auch allgemein anerkannt.

Abgesehen von seinen altbekannten wurmtreibenden und stärkenden Eigenschaften, weiß man heute, daß Knoblauch abführend, harntreibend, antiseptisch, antibakteriell, lösend, auswurffördernd, fiebersenkend ... etc. wirkt. Er enthält starke Antibiotika. Auf Grund seines Schwefelgehalts ist er ein gutes Lungenantiseptikum. Früher trugen die Ärzte bei Pestepidemien knoblauchgetränkte Masken, wenn sie sich den Kranken näherten. Und heute beweisen die Statistiken, daß Krebs in Gegenden, wo viel Knoblauch gegessen wird, weniger Schaden anrichtet als in anderen. Natürlich kann man ebensogut die Meinung vertreten, daß es sich hierbei um arme Agrarländer handelt, die automatisch weniger unter Industrieverseuchung und chemischen Nahrungsmitteln leiden.

Meine eigenen Statistiken sind bescheidener. Aber ich vermag in voller Überzeugung eine Schlußfolgerung zu ziehen:

Überall dort, wo ich Knoblauch fand, fand ich auch Gesundheit.

Dasselbe gilt auch umgekehrt: Überall dort, wo ich Gesundheit antraf, aß man auch Knoblauch.

So ist es mir auch gelungen, meinen Vetter Michel Descamps zu überreden, auf seinem Land in Gavarret einen Hektar besten Knoblauch anzubauen und nicht mit chemischen Düngemitteln zu behandeln. Meine agrarischen Experimente führe ich immer mit Michel durch. Als schlauer Bauer macht er zunächst seine Rechnung, überlegt und gibt mir anschließend seine Antwort:

„Weißt du, Maurice, deinen Knoblauch ohne chemische Düngemittel müßte ich um 20 oder 30 Prozent teurer verkaufen als den anderen. Denn pro Hektar wird er weniger Ertrag bringen und mich viel mehr Arbeitskraft kosten, da er ständig mit der Hand geharkt und ausgejätet werden muß."

„Trotzdem, Michel. Ich will, daß man auf dem Markt von Fleurance wenigstens naturreinen Knoblauch kaufen kann. Außerdem wirst du Bestellungen von der ‚Maison de Fleurance' bekommen. Du wirst schon sehen, im nächsten Jahr baust du nicht mehr einen Hektar Naturknoblauch, sondern mindestens zwei an."

Schon heute träume ich von Kisten guten Knoblauchs, die in alle Himmelsrichtungen geschickt werden – sogar ins Ausland, und denen man Rezepte beilegen wird. Warum verschenkt man eigentlich nie diese appetitlichen, fleischigen Knoblauchzwiebelchen säuberlich aufgereiht in schönen Packungen – wie Pralinen? Das wäre doch ein nettes Weihnachtsgeschenk und viel gesünder als all die unverdaulichen Süßigkeiten. Im Augenblick bleibt das zwar leider ein Wunschtraum. Aber ich gebe die Hoffnung nicht auf. Seien Sie also nicht erstaunt, wenn Sie auf Ihrem nächsten Weihnachtstisch ein hübsch verpacktes Knoblauchpäckchen vorfinden werden. Halten Sie es nicht für einen schlechten Scherz, sondern sagen Sie sich: „Endlich ein Freund, der mir wohlgesonnen ist."

DIE ZWIEBEL

Der Knoblauch und die Zwiebel, „la cebo", wie man sie bei uns daheim nennt, sind Geschwisterkinder. Sie haben vieles gemeinsam. Daher kann man sie auch in der Küche abwechselnd gebrauchen, es sei denn, man hat eine stark ausgeprägte Vorliebe für eines von beiden.

Die Zwiebel ist weniger kräftig im Geschmack als der Knoblauch, die rote Zwiebel ist sogar recht süß. Im Gegensatz zu vielen anderen Gemüsen, die beim Kochen bekanntlich einen großen Teil ihrer Wirkstoffe einbüßen, setzt die gekochte Zwiebel in großem Maße Vitamine frei. Aber Vorsicht, fritieren sollte man sie nämlich nicht! Sie gehört in die Suppe oder in den Backofen.

Wenn Sie sie aber gern roh essen, dann halten Sie sich nur

nicht zurück! Vor dem Krieg kannte ich einen Champion der „Tour de France", der vor jeder Etappe eine rohe Zwiebel kaute. Später, als ich dreißig und er fünfzig war, kam er zu mir in Behandlung. Er erzählte mir von seinen sportlichen Leistungen und fügte stets hinzu:

„Für mich ist die Zwiebel reines Dynamit; sobald ich eine gegessen habe, haue ich ab wie 'ne Bombe."

Zur selben Zeit hat mir ein Boxer erzählt, daß auch ihn die Zwiebeln erst so richtig in Schwung bringen.

Die Bauern bei mir daheim nehmen immer eine dicke rohe Zwiebel mit aufs Feld, die sie zur Zeit der schweren Arbeiten (wie Ernte, Heuen, Weinlese) mit einem Kanten Brot verzehren. Danach sind sie gleich wieder ganz bei der Sache, behaupten sie.

Man spricht der Zwiebel auch eine aphrodisische Wirkung zu, und es ist durchaus richtig, daß die Zwiebel der Liebe förderlich ist, da sie auf Grund ihrer blutreinigenden Eigenschaften den Damen einen hübschen Teint verleiht. Aber gerade dies irritiert die schönen Frauen: einen guten Teint, das schon ... aber nach Zwiebel riechen? Sie können jedoch ganz beruhigt sein, denn es gibt heute unzählige Möglichkeiten, den Atem mit Mentholsprays zu erfrischen; man kann aber auch ganz einfach, wie beim Knoblauch, Petersilie oder Kaffeebohnen kauen. In jedem Fall ist es schön, die häßlichen Pickel, Hautausschläge und Ekzeme verschwinden zu sehen und zu wissen, daß die Magen- und Darmwände genauso sauber, glatt, geschmeidig und gut durchblutet sind wie die Wangen. Außerdem zerstört die Zwiebel Darmparasiten und leistet hartnäckigen Verstopfungen Abhilfe.

Sie ist ein sehr wirksames Diuretikum, bekämpft Harnverhaltung und fördert die Ausscheidung von Harnstoff und Natrium. Selbst bei äußerlicher Anwendung steigert sie die Ausscheidung. Man braucht nur eine saftige Zwiebel in zwei Hälften zu schneiden und sich damit die Nieren einzureiben, und schon steigt die Harnabsonderung um 25 Prozent. Diese Zwiebelmassage sollte man auch bei Ischias anwenden.

Roh gegessen, fördert sie die Transpiration und ersetzt eine gute Sauna. Rheumakranke sollten diese Ausscheidung durch die Haut einmal versuchen. Sie wirkt Wunder!

Bei Schnupfen und Angina sollte man zu Zwiebelsaft greifen. Es gibt auch „Zwiebelwein" – hier das uralte Rezept: Füllen Sie in eine Literflasche 100 oder 150 Gramm geriebene Zwiebel und 100 Gramm Honig, und füllen Sie mit einem guten Weißwein auf. Lassen Sie die Mischung etwa zwei Wochen ziehen und filtern Sie sie anschließend. Nun trinken Sie täglich drei oder vier Löffel von diesem Zwiebelwein, der zwar einen merkwürdigen Geschmack, aber eine diuretische und äußerst stärkende Wirkung hat.

Faßt man also die Eigenschaften der Zwiebel zusammen, so kann man sagen, sie ist anregend, infektionshemmend, diuretisch, wurmtreibend, skurbutheilend, rheumalindernd... und ebenso wie der Knoblauch ein wirksames Antibiotikum. Man entdeckte aber auch eine gewisse Antidiabeteswirksamkeit, da die Zwiebel Glucokinin enthält, das den Zuckergehalt im Blut senkt. Und kürzlich haben englische Forscher in der Zwiebel einen Wirkstoff entdeckt, der die Blutgerinnselbildung verhindert. So ist sie nun zum besten Vorkämpfer gegen kardiovaskuläre Krankheiten, die Geißel unserer Zeit, aufgerückt! Französische Pferdezüchter, denen diese wohltuenden Eigenschaften der Zwiebel schon seit langer Zeit bekannt sind, mischen ihren von Glieder-Thrombose befallenen Hengsten aus diesem Grund Zwiebeln ins Futter.

Die Verdienste der Zwiebel sind so zahlreich wie die des Knoblauchs, daher könnte man sie ebensogut an die erste Stelle in der Reihe der Gesundheitspflanzen setzen.

Dazu muß man aber noch sagen, daß Gewächse der gleichen Familie, die Liliaceen, wie Lauch, Schalotten, Schnittlauch und Zipolle, fast dieselben, wenn auch vielleicht weniger ausgeprägten Eigenschaften haben. Daher kann man auch sie abwechselnd verwenden, in Suppen mitkochen (Lauch z. B.) oder kleingehackt in die Salatsoße mischen (Schalotten, Schnittlauch und Zipolle). Im Geschmack sind sie milder als die Zwiebel und auch nachsichtiger mit Ihren Augen. Aber sagen Sie sich immer, daß es nicht so schlimm ist, beim Zwiebelschälen drei Minuten lang Tränen zu vergießen und dafür den Rest seines Lebens mit strahlend gesunden Zähnen zu lachen.

Häufig berichten mir Patienten und Leser von ihren persönlichen Erfahrungen, die ich dann ergänzend meinen eigenen hinzufüge. So erhielt ich kürzlich einen Brief von Mme. E. G. aus Lavrester, Morbihan; sie sandte mir ein „Rezept" ihres Vaters, in dem die Zwiebel einen Ehrenplatz einnimmt. Hier ein Auszug:

„In Ihrem Buch ‚Von Menschen und Pflanzen' erwähnen Sie ein Heilmittel nicht, das wir seit vielen Jahren anwenden: mein Vater hat es von einem ‚Quacksalber'. Es handelt sich um einen Zwiebelumschlag bei Typhus.

Vor mehr als 70 Jahren war Lorient, meine Heimatstadt, von Sümpfen umgeben, und der endemische Typhus richtete große Verheerungen an. Die Einheimischen überstanden ihn meistens, aber viele Fremde fielen ihm zum Opfer. Ich kann Ihnen nicht sagen, wie viele Menschen durch Zwiebelumschläge gerettet werden konnten.

Man hackt etwa 2 kg rohe Zwiebeln klein und breitet sie auf einem dünnen Tuch aus, mit dem man dann die Füße des Kranken umwickelt. Dieser Umschlag muß die ganze Nacht, also mindestens 8 Stunden, einwirken. Man muß nur darauf achten, das Bett vorher zu schützen, denn erstens erzeugt dieser Umschlag sehr viel Saft und zweitens ruft er ein solches Wasserlassen hervor, daß der Kranke es meist gar nicht in der Gewalt hat. In drei Tagen aber ist die Krankheit vorbei. Nur bei zwei Menschen hatten wir Mißerfolge zu verzeichnen: bei meiner Schwester und einem ihrer Söhne. Das ist schon 35 Jahre her, und obwohl der behandelnde Arzt die Symptome des Typhus genau zu erkennen glaubte, ergab eine Analyse, daß sie wahrscheinlich beide an einer anderen Krankheit litten. Damals waren wir mit Doktor D. gut bekannt, der das Marinekrankenhaus leitete. Ich erzählte ihm vom Zwiebelkataplasma; er war ein intelligenter Mann, und anstatt mich auszulachen, probierte er das Rezept aus, und solange er der Leiter der Anstalt war, wurden alle Typhuskranken dort mit ‚Zwiebelchen' behandelt. Ich erinnere mich auch noch an einen anderen Fall, der etwa 50 Jahre zurückliegt. Es handelte sich um ein kleines Mädchen, die Tochter des Bahnhofvorstehers von Lorient. Die Kleine bekam Scharlach, und da ihr Zustand immer bedenklicher wurde, wollte man sie schon aufgeben. Da hatte mein Vater die Idee, es doch auch hier mit Zwiebelumschlägen zu versuchen – auch diesmal wirkte die Behandlung Wunder!

Wahrscheinlich erzähle ich Ihnen hiermit nichts Neues, Monsieur Mességué, aber das sind zumindest Erfahrungsberichte von Augenzeugen."

DER KOHL

Als eines der ältesten Gemüse der Welt (es gibt ihn seit viertausend Jahren) ist der Kohl auf Grund seiner Größe der König des Gemüsegartens, und wie jeder gute König ist auch er sehr großzügig. Eine gute dampfende Kohlsuppe ist bei großer Kälte eine wahre Wohltat. Sie könnte Tote zum Leben erwecken. Die Bauern essen sie zum Frühstück, bevor sie aufs Feld gehen.

In der Gascogne ruft man sich morgens zu:

„Adichats, as déjunat?"

„Servus, hast du gefrühstückt?" Und damit meint man: Hast du eine gute Suppe im Magen? Damit sie noch etwas herzhafter ist, fügt man den letzten Löffeln, direkt in die Suppenschale, ein paar Schluck Rotwein hinzu. Das nennt man *„faire chabrot"*.

Empfindliche Mägen haben allerdings ein wenig Schwierigkeiten, Kohl zu verdauen. Aber er wird vor allem schwerverdaulich, wenn er in Wasser gekocht wird. Essen Sie ihn daher lieber gedämpft oder roh (Weiß- und Rotkohl) als Salat. Natürlich ist er knusprig, und man muß ihn geduldig zerkauen, aber die Mühe lohnt sich. Besser ist es noch, wenn Sie sich den Fortschritt zunutze machen und in der Saftpresse Saft bereiten, den sie eventuell mit einer Zitronenscheibe abschmecken können.

Was sind nun die Verdienste des Kohls? Sie sind so zahlreich, daß man sie kaum alle aufzählen kann. In der Antike betrachteten die griechischen und römischen Ärzte den Kohl bereits als Allheilmittel. Sie verwendeten ihn wahllos extern und intern, und in lokaler Anwendung sogar gegen die Pest.

Im Laufe der Jahrhunderte begann man nach und nach, die

vielen Vorteile, die man ihm zuschrieb, zu differenzieren. Ich glaube, daß der Kohl jenes Gewächs ist, dem die Ärzte die meisten Doktorarbeiten und ernsthaften Werke gewidmet haben. Sie verwenden ihn auch von allen Gewächsen am meisten. Viele berühmte Ärzte haben sich nicht gescheut, auf besonders häßliche Wunden einfach ein Kohlblatt zu legen, auch wenn sie dabei Gefahr liefen, für Scharlatane gehalten und ausgelacht zu werden. Das Ergebnis war jedoch immer eindrucksvoll.

Als ich selbst das erste Mal Kohl verwendete, wußte ich das alles noch nicht. Ich war noch ein ganz junger Kerl und von meinem ersten Patienten, einem berühmten Mann, schrecklich eingeschüchtert. Ich wußte nur, was mein Vater alles mit Kohl angefangen hatte. Unzählige Male hatte ich ihn in den Garten gehen sehen, um für einen seiner Patienten einen Kohlkopf zu holen. An jenem Tag ging also auch ich auf den Markt, kaufte einen Kohlkopf, ein Büschel Kresse und ein Ei und präsentierte mich dann, den Kohl in Zeitungspapier gewickelt, unter den Arm geklemmt, bei jenem großen Herrn, der an einer schlimmen Periarthritis in der Schulter zu leiden hatte.

Als ich meinen Kohl auspackte und nach einem Hackbrett fragte, glaubte ich, er würde mich eigenhändig hinausschmeißen. Dann aber wurde sein Blick sanfter, und ich las in ihm jene Demut, die man in den Augen jener findet, die leiden, und er ließ mich meinen Kohlverband anlegen.

Und an jenem Tag hat mein Kohl Wunder gewirkt. Ich bin ihm heute noch dankbar. Hätte er mich damals im Stich gelassen, so hätte ich vielleicht aus Enttäuschung meinen Beruf aufgegeben, den ich so liebe. Aber der Kohl versagte nicht. Erst später habe ich erfahren, warum.

Kapitän Cook machte einst eine Seereise von drei Jahren, ohne einen einzigen Mann seiner Besatzung durch Krankheit zu verlieren. Man behauptet, daß dies auf eine Ladung Kohl zurückzuführen sei, die er mitgeführt hatte, sowie darauf, daß er alle Verwendungsmöglichkeiten des Kohls kannte, unter anderen eben auch seine Wirkung gegen Skorbut, der damals das Schreckgespenst aller Mannschaften auf langen Schiffsreisen war.

Was mich betrifft, so weiß ich heute, nach einem eingehenden Studium aller dem Kohl gewidmeten Werke, warum er mit Recht „der Armendoktor" genannt wird.

Zunächst einmal gehört er in den Erste-Hilfe-Koffer zur Behandlung von dringenden Fällen. Für gewisse Verletzungen hat man nicht immer die geeigneten Spezialmedikamente dabei, aber manchmal kann man sich einen dicken Kohlkopf aus dem Garten (oder beim nächsten Gemüsehändler) besorgen, der Wunder wirken kann.

Bei Verbrennungen und Insektenstichen vermag ein zerriebenes und als Pflaster aufgelegtes Kohlblatt den Schmerz sofort zu lindern und die Heilung zu beschleunigen. Genauso kann man bei allen anderen äußerlichen Wehwehchen verfahren, bei Hautrissen, nässenden Wunden, Nagelgeschwüren, Abszessen, Furunkeln etc.

Denn der Kohl zieht alle giftigen und schwärenden Säfte, die das Fleisch ätzen, nach außen. Anschließend braucht man nur noch die Wunde mit abgekochtem Salzwasser auszureiben, um den nun reichlich fließenden Eiter herauszuwaschen, und dann immer neue Kohlkataplasmen aufzulegen, bis alles gut verheilt ist.

Bei besonders tiefen und schmerzenden Wunden ist es anzuraten, die Kohlblätter vor ihrer Verwendung einige Minuten in kochendes Wasser zu legen, um sie weicher zu machen. Ich selbst habe häufig ein Verfahren angewendet, das meine Patienten belustigte. Ich bat um ein Bügeleisen und bügelte, nachdem ich den harten Mittelstrunk entfernt hatte, geduldig mein Kohlblatt glatt, bis es samtweich geworden war. Man kann das Blatt auch eine Stunde lang in Olivenöl ziehen lassen, dann wird es weich, haftet besser und entwickelt antitoxische Eigenschaften.

Als man unser heutiges Hansaplast noch nicht kannte, benützte man sehr oft ein Kohlblatt, weil es elastisch war und gut haftete.

Gewisse tiefsitzende Krankheiten wie Krampfadern, Geschwüre, Tumore, Gürtelrosen, Hämorrhoiden und Gangräne vernarben wunderbar nach der äußerlichen Anwendung von Kohlblättern, die nach oben zitierten Verfahren präpariert werden.

Alle Muskelschmerzen wie Ischias, Neuralgien und Rheumatismus können durch Kataplasmen mit heißem gehacktem Kohl, der in Zellstoff gewickelt und auf die schmerzende Stelle aufgelegt wird, gelindert werden. Meine Großmutter, die an Arthrose litt, tat in ihren wollenen Kniewärmer immer ein großes Kohlblatt. Und wie oft habe ich in meiner Heimat gesehen, wie die alten Leute ein Kohlblatt in den Flanellwickel steckten, mit dem sie sich im Winter die Nieren warm hielten.

Ich empfehle auch warme Kohlblätter in Form von Kompressen für alle schmerzenden Organe, bei Leberkrisen, Bauchschmerzen, Durchfall, Ruhr, Menstruationsbeschwerden, auf die Stirn bei Migräne, auf Brust und Hals bei Schnupfen und Asthma.

Gegen Angina benütze ich Kohlsaft, der im Entsafter leicht herzustellen und zum Gurgeln besonders gut geeignet ist, da er eine adstringierende Wirkung besitzt. Hat man keine Stimme mehr, kann man diesen Kohlsaft auch langsam, mit Honig vermischt, trinken.

Bei innerer Anwendung entfaltet der Kohl ebenfalls zahlreiche wohltuende Eigenschaften; er ist zu empfehlen bei Leberzirrhosen (besonders wenn sie übermäßigen Alkoholgenuß zur Ursache haben), Ruhr und allen Darmerkrankungen, bei Anämie, Arthritismus, Gicht...

Man tut also nur gut daran, Kohl in all seinen Erscheinungsformen zu sich zu nehmen, als Saft, Rohkost, gedünstet und sogar als Sauerkraut, unter der Bedingung, daß man diesem äußerst gesunden Gemüse nicht allzu viele fette Würste hinzufügt.

Ich empfehle den Kohl sogar abends als Heiltrank, als Tee, gemischt mit Salbei. In dieser Form hilft er vor allem Menschen, die nachts von Alpträumen gequält werden.

Von der nahrhaften Morgensuppe des Bauern, der aufs Feld hinaus muß, bis zum Abendtrunk des nervösen Städters hat der Kohl den ganzen Tag über seinen Platz auf unserem Tisch – und ein Leben lang als Wundpflaster für unseren Körper.

DIE KAROTTE

Für ihren Ruf braucht man nicht mehr zu sorgen. Sie ist bereits ein privilegiertes Gemüse in unseren Gärten, weil sie – wie man sagt – „liebenswürdig macht". Das ist schon wahr, denn gibt es irgend etwas Liebenswürdigeres als einen gesunden Menschen?

Sie macht aber auch die Frauen schön, weil sie ihnen – so berichtet die Überlieferung – rosenfarbene Schenkel verleiht. Nur die Kinder maulen oft:

„Schon wieder Karotten!"

In der Tat setzt man ihnen von der Wiege an dieses Gemüse recht häufig vor. Aus Karotten bereitet man das erste Süppchen, das man abwechselnd mit Milch dem Säugling ins Fläschchen tut. Und die Karotte ist ein Wundermittel für Säuglinge, die Durchfall haben. Wenn Ihr Baby von Erbrechen gequält und von starkem Durchfall ganz ausgelaugt wird, stürzen Sie in Ihren Garten und pflücken Sie ein Bündel schöner Karotten, aus denen Sie dann sofort ein Süppchen kochen, das Sie durch den Mixer passieren. Nach zwei oder drei Tagen, wenn sich der Durchfall beruhigt hat, mischen Sie in die Fläschchen noch weiterhin halb Milch, halb Karottenbrei (oder geben Sie sie abwechselnd).

Auf dem Land ist die geschälte rohe Karotte das erste Spielzeug der Babys. An ihr werden die ersten Zähnchen gescheuert, denn sie schmeckt angenehm, fühlt sich fest an und hat eine so schöne, für zarte Säuglingsaugen verführerische Farbe.

Wächst das Kind heran, soll die Karotte ihm weiterhin Gesellschaft leisten, denn sie fördert sein Wachstum, stärkt den Knochenbau und schützt vor Anämie. Ihr Gehalt an Vitaminen und Mineralsalzen ist groß. Im Jahre 1939 machte man sogar Karottenmehl, das eine Reihe nicht verfügbarer nahrhafter Lebensmittel ersetzen sollte. Man sagt auch, daß sie den Ammen Milch spendet.

Man weiß auch, daß man, wenn es einem schlecht geht, wenn die Leber rebelliert, immer auf die Karotten zurückgreifen soll. Deshalb braucht man sie aber nicht gleich mit Verachtung zu strafen, wenn es einem gut geht. So oft wie möglich soll sie in irgendeiner Form auf dem Familientisch erscheinen, roh und gerieben, gekocht in Suppen, gebraten... Man kann auch einen köstlichen Karottensaft bereiten. Ich empfehle wärmstens alle frischen Gemüsesäfte vor dem Essen oder noch besser auf nüchternen Magen am Morgen zu trinken. Der Karottensaft, mit einem Scheibchen Zitrone gewürzt, hat dabei noch den Vorteil, besonders angenehm und gut zu schmecken.

Wenn man es richtig machen will, dürfte man die Karotten nicht schälen, da ihre Schale viele und ihr holziges Herz nur wenige Vitamine enthält. Wenn man sie zu viel schält, behält man nur den holzigen Strunk. Früher habe ich immer meiner Großmutter zugesehen, wenn sie mit einer Wurzelbürste die Karotten unter fließendem Wasser abschrubbte. Das war alles. Wenn Sie also Karotten im eigenen Garten haben, die nicht chemisch gedüngt wurden, können Sie sie ruhig nur geschrubbt und gewaschen verspeisen. „Unbekannte" Karotten jedoch sollte man vorsichtshalber etwas gründlicher säubern.

Werfen Sie die Blätter der Karotten nicht weg, denn man kann sie gut zu Gemüsesuppen verwenden; sie sind sehr reich an Mineralsalzen.

Und schließlich sind die äußerlichen Anwendungsmöglichkeiten der Karotte recht vielfältig. Wenn sie auch weniger stark ist als der Kohl, so kann sie doch gerieben als Kataplasma auf alle Wunden, Verbrennungen und Abszesse aufgetragen werden. Ihre Blätter haben eine antiseptische Wirkung und eignen sich daher als Absud sehr gut zu Mundspülungen bei Mundfäule.

Was mich betrifft, so benütze ich die Karotte in all meinen Schönheitscremes und -masken, und daher wird sie im Kapitel „Schönheit" wieder auftauchen. Mein Vater, der einen Schönheitskult trieb, behandelte die Karotte wie seine Blumen mit äußerster Zartheit, denn er sprach ihr eine wohltuende Wirkung auf empfindliche Haut zu.

Auf den Feldern findet man auch wilde Möhren und Pastinaken, die man beim Spaziergang einsammeln kann. Früchte und Wurzeln, die zwar härter sind als bei der Gartenkarotte, ergeben einen hervorragenden diuretischen Arzneitee. Man braucht sie nur zu trocknen, nachdem man die Wurzeln in Ringe geschnitten und die Körnchen abgezupft hat.

DER SELLERIE

> „Wüßte die Frau, was der Sellerie tut ihrem Mann,
> ging' sie einen suchen, von Paris bis nach Rom."

Wenn Sie einen dieser alten Bauernsprüche hören, spitzen Sie die Ohren! Vor allem wenn das Thema wiederkehrt. Denn anderswo singt man auch:

> „Wüßte der Mann, was der Sellerie wert ist,
> füllt' er mit ihm sein ganzes Gärtchen."

Über welche Tugend verfügt nun der Sellerie, daß er auf die Menschen eine so große Anziehungskraft ausübt? Er ist ein Aphrodisiakum, das die Geschlechtsdrüsen anregt. Es wird behauptet, dies sei der Grund, warum die Amerikaner so gern Sellerie knabbern und zum Cocktail seine Stengelchen büschelweise anbieten.

Die Legende will aber auch, daß der Liebestrank von Tristan und Isolde eine beträchtliche Dosis Sellerie enthalten habe. So manche andere, mit Weisheit ausgesuchten Ingredienzen vervollkommneten diesen Trank: die Hoden eines zweijährigen weißen Hahns, Wein und frische Alraunenblüten, dazu Trüffel, Krebse, roter Piment, schwarzer Pfeffer, Kümmel, Thymian und Lorbeerblatt. So befand sich der Sellerie, unser ganz und gar anspruchsloses Gartengemüse, also in recht guter Gesellschaft.

In Wirklichkeit hat der Sellerie aber noch viele andere gute Eigenschaften. Besonders empfehlen kann ich ihn allen, die abnehmen wollen. Meinen um ihre Linie besorgten Patientinnen rate ich immer, zwischen den Mahlzeiten rohe Selleriestiele zu knabbern; sie stillen den Hunger und fördern die Entschlackung. Seine Zellulose macht aus ihm einen vorzüglichen Darmbesen.

Dank seiner blutreinigenden Qualitäten ist er auch für Diabetiker, Gicht- und Rheumakranke besonders empfehlenswert.

Ich rate ferner zu Selleriesaft, der sich gut mit Karottenoder Tomatensaft mischen läßt. Bei Rheumaanfällen wirkt ein Glas reinen Selleriesafts pro Tag wahre Wunder. In Japan machen Rheumakranke Selleriekuren. Einen Monat lang essen und trinken sie ausschließlich Sellerie in allen möglichen Zubereitungsformen.

Und schließlich ist die Wirkung des Sellerie auf das Nervensystem seit langem bekannt. „Bei zerrütteten Nerven sei Sellerie Ihre Nahrung und Ihr Heilmittel", sagte schon Hippokrates vor fast zweitausendfünfhundert Jahren. Heute weiß man, nach vielen Forschungen, daß er in der Tat ein ausgezeichnetes Nerventonikum ist. Ich verordne ihn daher auch den Übernervösen.

Der Knollensellerie hat dieselben Eigenschaften wie der Stengelsellerie. Man kann ihn ebenso roh oder gekocht essen. Obwohl er das ganze Jahr über auf Märkten oder im eigenen Garten zur Verfügung steht, läßt er sich auch gut einlagern, so daß man immer welchen zur Hand hat. Eine Handvoll getrockneter Sellerieblätter gibt der Suppe ein wundervolles Aroma.

DIE KRESSE

Es ist schwierig, sie im eigenen Gemüsegarten zu ziehen, es sei denn, es führt eine Quelle oder ein Bach durch den Garten, denn die Kresse wächst nur in sandigem und feuchtem Boden. Trotz ihrer unzähligen Qualitäten meiden viele Leute sie, weil sie Träger einer häßlichen Krankheit sein kann, nämlich des Leberwurms. Daher muß man die wilde Kresse äußerst sorgfältig waschen (wie alle Salate, deren Herkunft man nicht kennt) oder sie gekocht in der Suppe essen. Die Zuchtkresse jedoch ist völlig ungefährlich.

Jedenfalls soll man deswegen nicht auf die Kresse verzichten, denn sie ist besonders reich an Vitaminen (vor allem an Vitamin C) und Mineralsalzen. Sie ist noch eisenhaltiger als Spinat, ohne jedoch dessen Oxalsäure zu enthalten, die den Spinat manchmal unverträglich macht. Da sie besonders reich an Spurenelementen und an Jod ist, wirkt sie auch wunderbar blutreinigend.

Ich empfehle sie daher immer bei Kreislaufbeschwerden,

bei Lebererkrankungen, bei allerlei Hautkrankheiten und bei Anämie, da sie appetitanregend ist.

Ein Glas Kressesaft morgens nach dem Aufwachen stärkt und regt alle Körperfunktionen an. Der Organismus setzt sich in Bewegung. Ist einem der Geschmack ein wenig zu stark, fügt man andere frische Gemüsesäfte hinzu. Mit einer ausgepreßten Zwiebel gemischt ist sie ein Wundermittel für den weiblichen Teint!

Ich empfehle sie auch wegen ihrer auswurffördernden Eigenschaften bei Lungenerkrankungen und chronischer Bronchitis. Auch bei Angina pectoris ist sie angeraten. In diesen Fällen sollte man sie als Suppe oder als Tee zu sich nehmen.

Bei Schwindelanfällen, deren Ursache meistens unbekannt war, wurde man früher auf strenge Kressediät gesetzt, und das Gleichgewicht stellte sich in wunderbarer Weise wieder ein.

In äußerlicher Anwendung benütze ich Kresse für verschiedenste Leiden. Wie ich im Kapitel „Kohl" schon berichtet habe, gehörte die Kresse zu den Ingredienzen des Umschlages, den ich meinem ersten Rheumapatienten anlegte. Für Gicht- und Rheumaleidende ist Kresse in der Tat ein kostbares Gemüse, da es innerlich als Saft, Salat oder Suppe, äußerlich als Umschlag auf die schmerzenden Stellen angewendet werden kann.

Anderseits kann Kressesaft auch mit Watte auf gereizte, von Akne befallene Hautpartien oder bei Dermatosen aufgetragen werden, auch auf Sommersprossen – sofern man diese beseitigen will, was heute absolut nicht mehr erforderlich ist. Wollen Sie einen lilienweißen Teint haben, setzen Sie auf Grün, so paradox das auch klingt – innen und außen auf Grün!

DER KOPFSALAT

Damit sind wir nun bei den Salaten angelangt. Müssen wir also wie das liebe Vieh grasen oder nicht? Zwei Parteien stehen einander gegenüber: die einen rühmen die Wohltaten alles Grünen, weil es, zu Beginn der Mahlzeit genossen, den Magen öffnet und vitaminreich ist. Die anderen verachten diese magenfüllenden, voluminösen und wenig nahrhaften Gerichte. „Wir sind doch keine Kühe“, sagen sie, „die Nahrung des Menschen muß kompakter sein.“

Wie immer liegt auch hier die Wahrheit in der Mitte. Ein nur mit Salat großgezogenes Kind bekäme keinen gesunden Knochenbau. Personen, die an Ödem und Harnverhaltung leiden, sollten mit Salat mäßig umgehen, aber für alle anderen, die Gesunden, ist jeder Salat, und insbesondere der gängigste, der Kopfsalat, nur zu empfehlen.

Man muß jedoch alle Salate sehr sorgfältig vorbereiten. Da Salate meist roh gegessen werden, muß man sie mit größter Sorgfalt waschen, denn sie könnten vom Wasser und verwendeten Düngemitteln angesteckt sein. Sie sind manchmal Träger von Typhusbazillen, Hepatitisviren und Amöben, die Ruhr hervorrufen können. Waschen Sie all Ihre Salate und Gemüse, die Sie roh essen wollen (es sei denn, sie kämen direkt aus Ihrem Garten) mit ein wenig Permanganat. Oder lassen Sie sie eine Stunde im Wasser liegen, dem Sie ein wenig Zitronensaft oder einen Schuß Essig beigefügt haben; beides wirkt desinfizierend.

Der so geschätzte Kopfsalat verdient seinen Spitznamen „Kraut der Weisen“. Warum? Weil man durch Grasfressen weise wird? Vielleicht, aber wohl vor allem auf Grund seiner beruhigenden, ja betäubenden Wirkung. Unsere „Nervenbündel“ sollten jeden Abend Salat essen, dann hätten sie eine gute Nacht.

Auf diese Weise habe ich eine schwerreiche Amerikanerin geheilt, die seit Jahren an Schlaflosigkeit litt und vergeblich alle verfügbaren Medikamente ausprobiert hatte. Als sie bei mir auftauchte, war sie mit den Nerven völlig am Ende. Ich verschrieb ihr als tägliches Abendbrot drei Köpfe gedünsteten Salats. Warum gedünstet? Weil das weniger aufreibend ist, als drei frische Salatköpfe vertilgen zu müssen; das ist nämlich eine riesige Menge. Wenn Sie ihn aber lieber roh essen, ist mir das auch recht.

Meine Patientin fuhr also wieder nach Hause und nahm Unmengen von Salatsamen mit, denn, wie sie sagte, „das gibt es nicht in den Vereinigten Staaten“. Diesen Salat ließ sie in ihrem herrlichen Ziergarten aussäen – sie besaß einen wundervollen Landbesitz – und begann mit ihrer Salatdiät. Und seit fünfzehn Jahren schickt sie mir getreulich ihre Weihnachtswünsche und schreibt: „Ich schlafe, ich schlafe...". Ihr Beispiel hat Schule gemacht, denn sie hat ihre Salatsamen verteilt und auch ihre Freunde zu Salat bekehrt. Überall in ihrer Nachbarschaft tauchten Salatbeete auf. Und seitdem verlöschen in ihrem Wohnviertel abends früh die Lichter: alle können schlafen.

Der Kopfsalat, der also mit Schlaflosigkeit und Alpträumen fertig wird, hat aber auch einen beruhigenden Einfluß auf übertriebene sexuelle Wünsche. Früher nannte man ihn „Eunuchen-Kraut". Vielleicht steht das gar nicht im Gegensatz zu seinem anderen Spitznamen „Kraut der Weisen". Auf jeden Fall kann man mit gutem Gewissen allen sexuell Überreizten – Kopfsalat vorsetzen!

Diese Eigenheit soll aber die Kühnen nicht davon abhalten, Salat zu essen, denn – auf Grund der in der Natur so häufigen Widersprüchlichkeit – ist er ebenso die Pflanze der Fruchtbarkeit. Er ist nämlich reich an Vitamin E, dem Fortpflanzungsvitamin, das die Eireifung herbeiführt. Dank dem Salat kann man also gleichzeitig erholsamen Schlaf finden und schöne Kinder hervorbringen – wenn das kein rühmenswerter Rekord ist!

DIE GURKE

In unseren wohlhabenden Ländern wird sie ein wenig verachtet. Man wirft ihr vor, nur aus Wasser zu bestehen und kaum Geschmack zu haben. Da sie aber viele gute Eigenschaften hat, wird sie in manchen Gegenden, vor allem dort, wo grünes Gemüse seltener ist, hochgeschätzt.

Man salzt die Gurken ein und bewahrt sie in Fässern auf für die „tote Zeit". Das Wasser, das sie im Salz ausscheidet, wird sorgfältig aufgefangen und ebenfalls verwendet. Auch mir tut es immer weh, wenn ich sehe, wie bei uns manche Hausfrauen, in der Meinung, richtig zu handeln, den kostbaren Gurkensaft wegschütten. Für mich ist das dasselbe, als ob man Orangensaft fortschütten würde. Ich rate auch, Gurken nicht zu schälen, denn unter der Schale sitzen die meisten Vitamine!

Hier die erste gute Eigenschaft der Gurke: sie wirkt diuretisch und fördert daher vorzüglich die Ausscheidung von Giftstoffen und die Erhaltung der schlanken Linie. Essen Sie abends einen Gurkensalat mit Knoblauch und Petersilie, Olivenöl und Zitronensaft. An Zellulitis leidende Frauen schätzen diese Diät sehr!

Die Gurke löst aber auch Harnsäure und überflüssige Fette auf. Wer einen empfindlichen Magen und Darm hat, kann sie gekocht, in kochendem Wasser pochiert oder in Gemüsesuppen essen. So ist sie leichter zu verdauen. Oder fügen Sie Ihrem frischen Gemüsesaft einfach ein paar zarte Gurkenscheiben hinzu.

Die Wohltaten ihrer äußerlichen Anwendung brauchen nicht mehr bewiesen zu werden. Viele Hersteller von Schönheitsprodukten verwenden die Gurke für Cremes und Masken. Ich übrigens auch. Schätzt man die fertigen Schönheitspräparate nicht, kann man sich selbst mit Gurken aus dem Garten einen hervorragenden Hautbalsam bereiten. Er ist dann bestimmt frisch und frei von chemischen Zusätzen.

Den gesalzenen Saft, den Sie soeben wegschütten wollten, sollten Sie lieber aufheben, denn während Sie Ihre Sauce rühren, können Sie ganz diskret mit Hilfe eines Wattebäuschchens ihr Gesicht damit betupfen. Und Sie werden sehen, Ihre Gäste werden ganz erstaunt sein, die Köchin trotz der Hitze ihres Herdes so frisch und blühend anzutreffen!

Auch bei Verbrennungen und Sonnenbrand wirkt frischer Gurkensaft (oder Scheibchen) Wunder!

DIE TOMATE

Sie hat die Farbe des gesunden Aussehens. Seit langem kennt man sie aber auch unter dem Namen „Liebesapfel". Dieses Gemüse aus Peru schmeichelt dem Auge und dem Gaumen. Und doch zögern manche Menschen, Tomaten wegen ihrer Säure zu essen.

Aber gerade diese Säure und ihr Reichtum an Vitaminen und Mineralsalzen verleihen ihr die Kraft, wirksam gegen Magensäure, Verstopfung, Viskosität des Blutes, Harnstoff, Steine, Gicht, Arthritismus etc. vorzugehen.

Ich empfehle also ganz besonders allen Gicht- und Rheumakranken, täglich ein großes Glas frischen Tomatensaft zu trinken, vor allem im Sommer, wenn die Tomaten schön reif sind. Um den Geschmack zu verbessern, kann man etwas Selleriesaft hinzufügen.

Wußten Sie auch, daß das stark riechende Tomatenblatt Insekten fernhält? Im Gemüsegarten spielt die Tomatenstaude daher die Rolle der Polizei. Aber auch im Haus können Sie ein getrocknetes Büschelchen in jedem Zimmer aufhängen, wie ich es oft auf dem Lande gesehen habe. Dann werden Sie weder Wespen noch Schnecken oder Spinnen haben. Und das ist viel natürlicher, als überall Insektizide zu versprühen.

Aus demselben Grund zieht das Tomatenblatt auch Insektengift aus der Haut. Sind Sie also Opfer eines Insektenstichs geworden, laufen Sie schnell in den Garten und reiben Sie die schmerzende Stelle sofort mit einem Tomatenblatt (oder mit Petersilie) ein.

DER SPINAT

Seine energiespendenden Kräfte, die auf den hohen Eisengehalt des Spinats zurückzuführen sind, sind allgemein anerkannt.

Spinat ist in der Tat besonders reich an Chlorophyll, Vitaminen und Mineralsalzen. Ich empfehle ihn daher wärmstens bei Anämie, für Kinder in der Wachstumsperiode und all jenen, die an Leber- oder Magenbeschwerden leiden.

Man kann Spinat roh gehackt, als Salat, essen oder den frischen (vielleicht mit Kresse gemischten) Saft trinken, um dem Körper Mineralstoffe zuzuführen.

Aber Vorsicht: Gicht- und Rheumakranken ist Spinat absolut untersagt. Er enthält eine Oxalsäure, die kontraindiziert ist. Gemüse kennen heißt, genau zu wissen, was man von ihnen an Gutem – aber auch Schlechtem – zu erwarten hat.

Was für die einen gut ist, ist es nicht unbedingt auch für die anderen. Das Wichtigste ist, seine Ernährungsweise zu überdenken und sie im Hinblick auf die eigenen Bedürfnisse – aber auch unter Berücksichtigung der eigenen schwachen Punkte – auszupendeln. Ein Verbot für die einen bedeutet noch keineswegs ein Verdammungsurteil des betreffenden Gemüses für alle.

DER SAUERAMPFER

Er hat genau dieselben Eigenschaften wie der Spinat. Auf die einen wirkt er in Form von gekochten Salaten oder in Suppen ungeheuer belebend, den anderen, den Gicht- und Rheumakranken, ist er absolut zu untersagen.

Da es selten geschieht, daß alle Mitglieder einer Familie gleichzeitig an Gicht leiden, pflanzen Sie ruhig ein Beet Sauerampfer in Ihrem Garten an und lassen Sie vor allem ihre Kinder tüchtig davon essen, auch wenn der Großvater darauf verzichten muß.

DIE ENDIVIE

Auf dem Land nennt man sie „das häßliche Entlein", weil sie ganz verschrumpelt ist. Sie ist wirklich keine hübsche Pflanze. Und dennoch ist die Blüte der wilden Endivie die erste, die morgens um fünf Uhr auf den Feldern erwacht (mit Ausnahme von Regentagen), und ich selbst habe sie zu dieser frühen Morgenstunde oft begrüßt. Denn sie verdient einen ehrerbietigen Gruß: wie bei den Frauen, so haben auch die bescheidensten Pflanzen oft viele verborgene Eigenschaften.

Alles ist gut an der Endivie; die Blätter ebenso wie die Wurzel. Man kennt vor allem die kultivierten Arten: den Kraussalat, die Endivie und die Chicoreestangen. Sie haben alle dieselben Eigenschaften, die jedoch schwächer ausgeprägt sind als bei der wilden Endivie.

Ich kann es mir sparen, hier die Endiviensalate zu lobpreisen, da sie ja recht beliebt sind, obwohl die grünen (die reichsten) Blätter meist entfernt werden. Wenn Sie sie roh nicht mögen, essen Sie sie doch gekocht, aber essen Sie sie! Werfen Sie sie auf keinen Fall weg, denn sie haben eine ausgezeichnete Wirkung auf die Leber und die Gallensekretion. Bei Gelbsucht ist Endivie anzuraten. In jedem Fall wirkt sie stärkend, harnabsondernd, blutreinigend und leicht abführend.

Die wilde Endivie kann man Diabetikern wärmstens empfehlen. Man kann sie als Tee oder als frischen Saft trinken (vielleicht mit Kressensaft vermischt).

Und schließlich kennt jeder die Eigenschaften der Zichorienwurzel. Früher ersetzte getrocknete Zichorie den Frühstückskaffee. Und heute noch mischen kluge Hausmütter dem Kaffee ein paar Zichorienkörner bei. Das ist besonders gut für Kinder und Leberkranke. Einige Marken von sofortlöslichem Kaffee fügen ihrer Mischung ebenfalls Zichorie bei. Die dabei angewandten Verfahren entziehen allerdings der Zichorienwurzel einen Teil ihrer Wirkstoffe. Ich empfehle Ihnen daher, daheim lieber reine Zichorie zu trinken. Das ist ein Stärkungstrank für alle, der viel bekömmlicher ist als Kaffee.

DER LÖWENZAHN

Ich weiß nicht recht, ob ich ihn zu den Kräutern oder zu den Gemüsen zählen soll. Er hat den wilden Charakter der einen und die anerkannten Tugenden der anderen, was ihn eher für unseren Tisch als für die Apotheke prädestiniert. Und da er auf Grund seiner Ausmaße Ihre Salatschüssel vorteilhaft füllt (mit Speckstückchen verziert), rechnen wir ihn also zu den Gemüsen.

Wie bei der Endivie, so verwendet man auch beim Löwenzahn alles, Blätter und Wurzeln. Die Tiere suchen ihn sich sogar selbst auf den Feldern, denn sie kennen seine Eigenschaften. Für jene aber, die nie aufs Feld hinauskommen, die Stallhasen zum Beispiel, bringt man riesige Körbe voll mit, die sie mit Wohlbehagen verzehren. Mit dem Frühling kommen auch die Städter wieder auf die Felder hinaus; überall sieht man sie, mit dem Messer in der Hand und einem Korb am Arm: sie suchen jungen Löwenzahn, und sie tun gut daran.

Der Löwenzahn ist ein ausgezeichnetes Diuretikum. Er ist ein Freund der rebellischen Leber. Aber auch bei Diabetes, Zellulitis, Dermatosen, Gicht und Rheumatismus ist er zu empfehlen.

Man kann mit Löwenzahn einen köstlichen Salat bereiten, ihn aber auch zu Arzneitee aufkochen, indem man drei oder vier Stiele (mit Wurzeln) in einen Topf voll Wasser gibt. Wenn man die Wurzel auspreßt, gewinnt man aber auch einen Saft, den man mehrmals täglich trinken sollte – löffelchenweise, da es – so sagt man – besser ist, den „Löwenzahn bei der Wurzel anzuknabbern", solange man noch auf der Erde ist, anstatt abzuwarten, bis man ihn von unten betrachtet.

Die Löwenzahnwurzel kann genau wie die Zichorienwurzel verwendet werden; nach dem Abblühen im Herbst wird sie geerntet, in Scheibchen geschnitten, im Backofen getrocknet und als heißes Getränk verzehrt. Sie hat auch dieselben stärkenden, abführenden und harntreibenden Eigenschaften wie die Zichorienwurzel.

Der weiße Saft, der aus den Stielen läuft, wenn man sie abpflückt, kann direkt auf Warzen aufgestrichen werden. Man benützt ihn auch als Augentonikum, einen Tropfen in jedes Auge, um die Hornhaut zu stärken.

DER RETTICH, ROSA ODER SCHWARZ

Recht häufig ist das kleine rote, knusperige und recht milde Radieschen auf unserem Tisch anzutreffen. Danach kommt der schwarze Rettich oder der schärfere Meerrettich, der in Deutschland, Polen und Rußland sehr beliebt ist. Und schließlich gibt es noch einen wilden Meerrettich, „Pferderettich" oder „Kapuzinersenf" genannt, dessen positive – und negative – Eigenschaften zahlreich sind.

Sie alle haben einen pikanten Geschmack gemeinsam, der die Speichelbildung anregt und daher ein ausgezeichneter Appetitanreger ist. Ich empfehle ihn allen, die an Anämie leiden sowie schwächlichen Kindern. Wählen Sie also Radieschen als Vorspeise. Trinken Sie Meerrettichsaft, eventuell mit Karotten gemischt, wenn er Ihnen zu scharf ist. Geben Sie die Rettichblätter in die Suppe. Alle Zubereitungsarten sind wertvoll.

Für empfindliche Mägen kann ich ihn nicht empfehlen. Vor allem der in großen Mengen genossene Meerrettich kann auf Grund seiner Reizwirkung auf die Magenwände Erbrechen bewirken. In geringen Mengen verursacht er eine wohltuende Spannung in faulen Mägen (man nennt ihn auch den „Schleifstein" des Magens), in großen Mengen kann er diese aber auch völlig umkrempeln.

Seine brutale Wirkung kann aber in anderen Bereichen zur Anwendung kommen. Er rötet, d. h. er „zieht das Rot" aus allen Schleimhäuten, mit denen er in Berührung kommt. So auch aus Ihrer Kehle. Das wiederum kann sowohl gut wie schlecht sein. Es ist hervorragend bei Infektionen der Atemwege. Auch in den Apotheken findet man Sirup auf Meerrettichbasis gegen Husten. Aber in Sibirien, wo man keine Apotheken in greifbarer Nähe hat, stellt man einen bei Bronchitis sehr wirksamen hausgemachten Sirup her: ein Drittel Saft aus geriebenem Meerrettich auf zwei Drittel Honig; vor jeder Mahlzeit und vor dem Schlafengehen trinkt man einen Eßlöffel von dieser Mischung.

Um hartnäckiges Asthma loszuwerden, kann man sich selbst ein Präparat herstellen, das gekühlt sehr lange haltbar ist. Reiben Sie einen dicken Meerrettich sehr fein. Vermischen Sie mit diesem Fruchtfleisch den Saft einer Zitrone und trinken Sie davon täglich einen kleinen Löffel voll, lange vor oder nach den Mahlzeiten. Das ist das höchste, was Sie vertragen können. Es werden Ihnen zwar die Tränen kommen, aber trinken Sie ja kein Wasser nach, denn gerade dieses Brennen wird Ihnen helfen. Auf die Dauer gewöhnt man sich auch daran.

Unterlassen Sie jedoch diese Roßkur, sofern Sie an Stauungszuständen leiden, an Hämorrhoiden oder anderen Entzündungen, denn diese würden dadurch nur verschlimmert werden können.

Sollten Sie Rheuma oder Arthritis haben, unterstützen Sie

diese Kur noch. In diesem Fall können Sie sogar Umschläge mit frisch geriebenem Meerrettich um die schmerzenden Stellen machen, die dadurch angeheizt werden.

Und schließlich ist das langsame Kauen von Meerrettich (vor allem des wilden, stärkeren) wirkungsvoll, um ein von Arthritismus oder Geschwüren befallenes Zahnfleisch zu kräftigen und das Freilegen der Zähne zu verhindern.

Ich habe auch von einem Hausmittelchen gehört, das ich Ihnen hiermit ohne Garantie übermittle; sein Wert sei dahingestellt, aber unlogisch erscheint es mir nicht: Bei Schlaflosigkeit, unruhigem Schlaf und Alpträumen wickeln Sie um beide Waden einen Umschlag aus geriebenem Meerrettich. Somit wird das Blut in die Waden und aus dem Kopf gezogen, der dadurch erfrischt wird. Und dann müßte der Schlaf eigentlich kommen.

Sie sollen in jedem Falle wissen, daß Meerrettich Dynamit ist, und ihn daher mit Vorsicht genießen! Aber zugleich welch ein Feuerwerk!

DER FENCHEL

Über dieses Gemüse hat schon Rabelais seine groben Scherze gemacht. Die Wahrheit ist, daß es die Winde aus dem Darm treibt. Und das ist sehr wohl eine Tugend und kein Fehler. Daher ist der alte Brauch, einige wilde Fenchelblätter kleingehackt in schwerverdauliche Gemüse wie Bohnen, Kohl u. a. zu geben, durchaus sinnvoll. Der Fenchel fördert die Kontraktion der Darmmuskeln.

Ich bin glücklich darüber, daß der „milde" Fenchel in Italien sehr geschätzt ist und auch auf unseren Märkten seinen Platz gefunden hat. In warmen Gegenden kann er sehr leicht auf jedem Boden gezogen werden.

Man kann ihn roh als Vorspeise essen, indem man die Stiele knabbert wie beim Sellerie, oder ihn in frische Gemüsesäfte und Salate mischen, denen er einen angenehmen Anisgeschmack verleiht. Er ist aber auch gekocht in Suppen oder überbacken im Ofen vorzüglich.

In jeder Art der Zubereitung ist der Fenchel ein leichtverdauliches, mildes, leicht abführendes und harntreibendes Gemüse.

Außerdem vermag er unregelmäßige Menstruationen zu regulieren sowie allzu schwache anzuregen, eine Eigenschaft, die ihm den Ruf eines Abtreibungsmittels eingebracht hat, da er eine auslösende Wirkung besitzt. Aus dem gleichen Grunde ist übrigens auch die Petersilie zu diesem Ruf gekommen. Ich halte diese Interpretation für allzu schematisch. Wie so manche medizinische Beobachtungen erwiesen haben, begünstigt der Fenchel eher die Fruchtbarkeit der Frauen, die zu schwache Menstruationen hatten und deren Gleichgewicht er somit wiederherstellt, was man doch nur als eine günstige Einwirkung auf die weibliche Gesundheit werten kann.

Ich empfehle daher uneingeschränkt den Fenchel, der zudem noch milchtreibend ist, also den stillenden Müttern oder Ammen Milch gibt.

Wenn auch aus anderen Gründen wie der Kopfsalat, so erweist sich auch der Fenchel als ein Gemüse, das den Familienzuwachs fördert.

DER SPARGEL

Von Feinschmeckern besonders geschätzt und von den besten Köchen serviert, ist der Spargel zu Beginn der Mahlzeit appetitanregend und zum Schluß eines guten Essens laxativ und verdauungsfördernd.

Bei Leberinsuffizienz und Diabetes wirkt er ebenfalls wohltuend. Da er aber auch anregend ist, empfiehlt man ihn Intellektuellen, die eine gewaltige geistige Anstrengung zu vollbringen haben. Aus demselben Grunde sollten die Übernervösen und alle an Schlaflosigkeit Leidenden darauf verzichten. Anderseits wiederum beruhigt er Herzflimmern und andere Herzbeschwerden.

Und noch ein weiterer Widerspruch: im allgemeinen ist er Rheumakranken wegen seines Ausscheidungseffekts durchaus zu empfehlen, bei akutem Gelenksrheumatismus jedoch absolut zu untersagen. Das gleiche gilt für Erkrankungen der Harnwege, der Prostata oder bei Blennorrhoe.

Der Spargel ist also sozusagen ein „zweischneidiges" Gemüse, das man nicht unüberlegt zu sich nehmen sollte.

DIE STECKRÜBE UND DIE KOHLRÜBE

Leider rufen beide in uns sehr unangenehme Kriegserinnerungen wach. Sie sind das Symbol für Zeiten der Lebensmittelknappheit. Und außerdem ist der Begriff „Rübe" auch noch ein Synonym für Dummkopf geworden.

Das ist jedoch falsch, denn die Steckrübe hat sehr wohl ihre Qualitäten. Sie sollten sie weder in Ihrem Garten noch in Ihrer Gemüsesuppe vergessen und – wenn Sie können – sie auch in eine Bratensauce (z. B. einer Ente) hineinmogeln.

Denn die Steckrübe (ebenso wie die Kohlrübe und alle anderen Rübenarten) ist reich an Mineralsalzen, Zucker und Vitaminen. Sie ist zu empfehlen für Kinder, Blutarme, Fettleibige sowie bei Bronchitis, Angina oder Gicht.

Man kann einen sehr guten Bronchialtee herstellen, indem man sie reibt, mit Milch aufgießt, ziehen läßt und abschließend mit Honig süßt. Der Saft der gekochten Steckrübe ist auch zum Gurgeln geeignet. Wie sie einen anginageplagten Rachen heilt, so beruhigt sie auch Frostbeulen, Hautrisse oder Furunkel, wenn man sie direkt auf die kranke Stelle aufträgt. Es ist dabei ratsam, sie vorher im Backofen zu garen, damit sie mehr Saft hergibt. Und aus all diesen Gründen verdient sie es, rehabilitiert zu werden.

DER RHABARBER

Unsere Großmütter machten noch wunderbare Marmeladen und erfrischende Kompotte aus Rhabarber. Setzen doch auch Sie einige Stecklinge dieser schönen, aus dem Tibet stammenden Pflanze in Ihrem Garten an und pflücken Sie dann von

Zeit zu Zeit einige dicke, fleischige Stangen. Er ist ein starkes Abführmittel und daher mit Vorsicht zu genießen. Man sagt sogar, daß die Milch der Ammen, die Rhabarber gegessen haben, eine ungewollte Abführwirkung auf die Babys haben soll. Ein einfaches Rhabarberkompott vermag jedoch hartnäckigen Durchfall zu bremsen, da es ein für allemal die Ursachen dieser Plage herauswäscht.

In den Apotheken findet man alle Arten von Sirup und Zusammensetzungen auf der Basis von Rhabarberwurzeln, aber nichts kommt der frischen Pflanze gleich – vorausgesetzt, daß sie mit Verstand verwendet wird.

DIE ERDBEERE UND DIE HIMBEERE

In allen Gärten sollte die Erdbeerrabatte ihren Platz haben. Diese Pflanze ist leicht zu züchten, und alle ihre Teile haben eine wohltuende Wirkung.

Die Tugenden der Frucht brauche ich nicht mehr hervorzukehren noch ihren allgemein bekannten Vitaminreichtum. Sie enthält Eisen und stärkenden, remineralisierenden Phosphor, wodurch sie für Blutarme, Rekonvaleszente und alte Leute so wohltuend wird. Außerdem haben Erdbeeren eine nicht zu verachtende blutreinigende Wirkung. Und wenn manche Menschen nach Erdbeeren plötzlich eine Art Nesselausschlag auf ihrem Körper feststellen, so ist das meist nur auf eine überschnelle Entgiftung zurückzuführen, wobei die Gifte so rapide an die Oberfläche kommen, daß sie Hautpusteln hervorrufen, die jedoch absolut nicht beunruhigend sind. In den meisten Fällen handelt es sich nämlich nicht um eine echte Allergie.

Auf Grund ihrer starken blutreinigenden Wirkung ist die Erbeere also Leberkranken, Arthritis- und Rheumaleidenden zu empfehlen. Will man ihre Wirkung steigern, sollte man sie immer zu Beginn der Mahlzeit essen; besser noch wäre morgens auf nüchternen Magen. Machen Sie daher einen Spaziergang in Ihren Garten und pflücken Sie die ersten Erdbeeren des Tages. Wollen Sie ein gutes Diuretikum, ersetzen Sie Ihr

Abendessen durch ein Kilogramm Erdbeeren und gehen Sie anschließend zu Bett. Am nächsten Morgen werden Sie so viel Wasser lassen, daß Sie den Eindruck haben werden, innerlich gründlich gewaschen zu sein. Da die Erdbeere außerdem noch bromhaltig ist, wirkt sie beruhigend und garantiert Ihnen einen guten Schlaf.

Eine mehrtägige Erdbeerkur ist – ebenso wie die Traubenkur – für alle an Gicht oder Harngrieß leidenden Personen ratsam. Um die Erbeeren leichter verdaulich zu machen, fügen Sie einige Tropfen Essig hinzu. Dies erhöht ebenso wie ein Tropfen Zitronensaft ihren Geschmack.

Die Erdbeere ist eine der wenigen Früchte, die auch Diabetikern empfohlen werden kann, denn ihr Fruchtzucker, die Lävulose, wird mühelos wieder ausgeschieden. Wenn man die Erdbeeren nicht zuckert, sind sie zudem auch noch äußerst durststillend.

Die Erdbeerblätter sollte man ernten, trocknen und in großen Gefäßen aufbewahren. Auf dem Land benützt man sie zur Zubereitung von Tee, der diuretisch und blutreinigend wirkt.

Aber auch die im Frühling und im Herbst geernteten Erdbeerwurzeln ergeben einen sehr guten Tee gegen Durchfall und Gicht. Seien Sie nicht verwundert, wenn Urin und Stuhl sich rot färben, denn das ist eine – völlig harmlose – Eigenschaft dieser Wurzel.

Und schließlich wissen die schönen Frauen sehr wohl, daß es genügt, frische und reife Erdbeerstückchen einen Augenblick lang auf die Haut zu drücken, um einem müden Gesicht sofort ein strahlend frisches Aussehen zu verleihen, da die Haut sehr schnell die Feuchtigkeit der Erdbeere aufnehmen kann.

Die Himbeere hat dieselben stärkenden und diuretischen Eigenschaften wie die Erdbeere. Auch sie kann man Diabetikern gestatten und Rheumakranken empfehlen. Ihre getrockneten Blätter ergeben ebenfalls einen guten, leicht abführenden Tee. Erdbeeren und Himbeeren vermischen sich außerdem sehr gut in Obstsalaten und Marmeladen.

DIE SCHWARZE UND DIE ROTE JOHANNISBEERE

Vergessen Sie aber neben Ihren Erdbeerrabatten keineswegs jene roten und schwarzen Beeren, die zur Zierde Ihres Gartens und zur Güte Ihrer Marmeladen beitragen.

Sollten Sie in Ihrem Garten nur Platz für eine Frucht haben, dann reservieren Sie ihn für die schwarze Johannisbeere, weil sie am meisten Vitamin C enthält. Es heißt allgemein von Johannisbeersaft, -wein und -likör, sie seien die Elixiere für ein langes Leben, woraus sich die große Vielfalt der Zubereitungsarten erklärt. In Frankreich ist Dijon die Hauptstadt der Johannisbeerliköre, aber alle Hausfrauen besitzen in ihren alten Kochbüchern ausgezeichnete Rezepte für Saft und Liköre aus schwarzen Johannisbeeren, die daheim leicht herzustellen sind. Außerdem hat die schwarze Johannisbeere den Vorteil, daß ihr Vitamin C sich bei den verschiedenen Zubereitungsarten nicht zersetzt.

Schlemmen Sie also, indem Sie schwarzen Johannisbeersaft trinken, und sagen Sie sich, daß dieses wundervolle Getränk gegen Müdigkeit, Lebererkrankungen und Arthritismus vorgeht. Roher oder gekochter Johannisbeersaft ist ebenfalls gut gegen Schnupfen und Angina. Und der aus den Blättern der schwarzen Johannisbeere bereitete Tee wirkt gegen Rheuma und Blasenerkrankungen. Ernten Sie daher die Blätter vor oder nach der Beerenblüte (April oder August), auf keinen Fall aber während der Blütezeit, und legen Sie sich Reserven für den Winter an. Diese kleinen gezackten und wohlriechenden Blätter nehmen außerdem das schmerzhafte Brennen bei Insektenstichen. Man braucht den Einstich nur ein wenig damit einzureiben.

Die rote Johannisbeere und die Stachelbeere haben eigentlich dieselben guten Eigenschaften wie die schwarze Beere, nur in etwas schwächerer Dosierung.

Alle roten und schwarzen Beeren können zu Säften, Likören und Marmeladen gemischt werden. Früher kochte man im Sommer Vierfruchtmarmelade aus Erdbeeren, Himbeeren, roten und schwarzen Johannisbeeren (manchmal auch Kirschen), an der man sich das ganze Jahr über erfreute.

DIE BROMBEERE

Verlassen Sie nun Ihren Gemüsegarten und machen Sie einen kleinen Spaziergang. Sie brauchen nicht weit zu gehen. Fragen Sie nur Ihre Kinder; sie wissen sicher, wo die nächste Brombeerhecke zu finden ist.

Sie können Marmeladen oder Säfte aus Brombeeren machen. In Angers* wird Brombeerlikör hergestellt, der wenig Alkohol enthält und wunderbar schmeckt. Die reife Frucht ist abführend, die grüne stopfend, aber beide sind äußerst vitaminreich. Die schwarze Beere bekämpft also Verstopfung, während die grüne Durchfall bremst, was besonders günstig ist für Neugeborene, denen man Brombeersaft einflößen kann. Aber auch bei Angina und Lungenerkrankungen wirkt Brombeersaft erleichternd.

Ich persönlich halte die aggressiven Blätter der Brombeere für wirksamer als die Früchte, an denen ich mich als Kind so gütlich getan habe. Jetzt pflücke ich im Frühling die jungen Brombeerblätter und lege sie zum Trocknen aus. Später dienen sie mir auf verschiedene Weise. Als Tee wirken sie Wunder bei Durchfall oder Ruhr. Beim Gurgeln heilen sie Angina und Zahnfleischerkrankungen. Als innere Spülungen unterbindet Brombeerblätteraufguß jenen weißlichen Ausfluß, an dem manche Frauen leiden.

DIE BLAUBEERE

Sollten Sie Ihre Ferien im Gebirge verbringen, so nützen Sie die Gelegenheit, um Blaubeeren zu pflücken.

Sie können diese kleinen violetten Beeren frisch essen oder zu Sirup, Likör und Gelee verarbeiten. Sie wirken Wunder gegen Durchfall bei Kindern oder bei Ruhr und anderen Darmstörungen. Bei Laboruntersuchungen hat man sogar festgestellt, daß der Saft der Blaubeere gewisse gefährliche Bazillen tötet, woraus sich die Verwendung von Blaubeersaft bei hartnäckigen Kolibazillosen erklärt.

---

* Hauptstadt des Departements Maine-et-Loire

Die Blaubeeren wirken aber auch Kreislaufstörungen entgegen und verbessern die Sehschärfe, insbesondere bei Nacht. Daher verordnet man sie Flugzeugpiloten, die ja einen Adlerblick haben müssen, um die Wolken zu durchstoßen. Aber auch fanatische Nacht-Autofahrer nehmen Blaubeertabletten, um sich einen scharfen Blick zu erhalten.

Bei allen Wehwehchen des Mund- und Rachenraumes (Mundfäule, Bläschenerkrankungen) kann man entweder frische Blaubeeren kauen und die Haut ausspucken, oder aber mit Blaubeerabsud gurgeln, den man durch das Aufkochen der Beeren in Wasser gewonnen hat. Dieser gleiche Absud kann als Einlauf bei Durchfall oder als Umschlag bei Hämorrhoiden verwendet werden. Bei Diabetes hat sich der Absud der Blätter als sehr wirksam erwiesen.

DER APFEL

Kehren wir nun wieder in unseren Garten zurück. Sollten Sie nur einen einzigen Baum pflanzen können, dann muß es unbedingt ein Apfelbaum sein. Es gibt ein altes Sprichwort, das sagt sehr treffend: „Täglich einen Apfel, und du kannst dir den Arzt sparen."

Essen Sie den Apfel mit der Schale, wenn er aus Ihrem Garten kommt, denn nur dann verlieren Sie nichts von seinem Reichtum. Sollten Sie ihn allerdings auf dem Markt kaufen, ist es besser, ihn zu schälen. Leider ist es das Schicksal aller Früchte, daß ihre Schale, die früher das Beste an ihnen war, heute, infolge der Behandlung mit chemischen Präparaten, gefährlich geworden ist. Machen Sie aber auch Säfte aus frischen Äpfeln, reiben Sie Äpfel für Kleinkinder, kochen Sie Kompott oder machen Sie Bratäpfel.

Und haben Sie Vertrauen zu den häßlichsten Äpfeln, denn sie sind wenigstens nicht chemisch behandelt worden. Einige meiner Freunde, die in der Nähe von Paris wohnen und eine riesige Ernte fast wilder Äpfel hatten, konnten diese einfach nicht loswerden. Zunächst haben sie sie ihren Freunden angeboten, doch diese verzogen verächtlich das Gesicht: diese Äpfel hatten ja Flecken! Dann wollten sie sie den Vinzentinerinnen schenken, aber auch diese wiesen sie zurück. Welch unverzeihlicher Irrtum! Denn eine Apfelkur kann man nur jedem empfehlen, den Kindern, den alten Leuten, schwangeren Frauen, Dickleibigen, Leberkranken, Rheumaleidenden und in begrenztem Maße sogar Diabetikern. Der Apfel hat außerdem eine beruhigende Wirkung und heilt Migräne und Schlaflosigkeit.

Essen Sie einen Apfel vor dem Schlafengehen, dann werden Sie gut schlafen – und weiße, gesunde und kariesfreie Zähne haben, da er desinfiziert.

Kommen die Äpfel aus Ihrem Garten, dann heben Sie Schale und Kerngehäuse auf, denn sie sind kostbarer als das Fruchtfleisch. Trocknen Sie sie und machen Sie später Tee daraus. Dieser Absud aus Kerngehäuse und Schale ist ausgezeichnet für das Herz und gegen Gicht.

In der Normandie schreibt man dem Apfelwein, dem *Cidre*, dieselben Eigenschaften zu. Aber hier ist schon eher Mäßigkeit angebracht. Er verursacht sehr viel Säure und enthält außerdem Alkohol, weswegen man ihn Kindern nicht geben sollte.

Frischer Apfelsaft, auf der Haut angewandt, festigt das Gewebe. Wenn Ihr Apfelbaum im Frühling blüht und weiß ist wie Schnee, stehlen Sie ihm schnell ein paar Hände voll Blütenblättchen, die Sie zum Trocknen auslegen. Später können Sie dann Absud bereiten, der bei Halsschmerzen und Husten mildernd wirkt.

DIE KIRSCHE

Der zweite Baum in Ihrem Garten sollte ein Kirschbaum sein. Im Frühjahr machen Sie dann eine zwei- oder dreitägige Kur mit frischen Kirschen: sie wirkt ganz besonders blutreinigend. Auch Diabetiker brauchen nicht darauf zu verzichten, denn der Zucker der Kirsche, die Lävulose, wird vom Körper sehr leicht assimiliert. Auch die Dickleibigen können sich an Kirschen gütlich tun, da sie sehr kalorienarm sind... Nur

Personen mit empfindlichem Magen und Darm sollten lieber Kirschenkompott essen.

Die Eigenschaften der Kirschstiele sind allgemein bekannt. Bei allen Pflanzenhändlern findet man den stark diuretischen Tee aus Kirschstielen. Aber vergessen Sie nicht: wenn Ihre eigenen Kirschstiele nie mit chemischen Präparaten in Berührung gekommen sind, kann sich nichts mit ihnen messen! Allzu häufig erweisen sich gekaufte Tees, von denen wir uns so viel erhoffen, als gefährlich, weil sie infolge ihres Gehalts an Chemikalien (Insektizide, Konservierungsstoffe...) plötzlich unerwartete Reaktionen auslösen.

DER PFIRSICH, DIE APRIKOSE, DIE BIRNE

Ich kann hier nicht alle Früchte aus unseren Obstgärten behandeln, aber alle sind sie reich an Vitaminen und somit wesentlicher Bestandteil von Gesundheits- und Schönheitskuren. Zögern Sie also nicht, sie zu mischen und sich Ihren Lieblingscocktail herzustellen. Wissen sollen Sie nur noch, daß der Pfirsich harntreibend und abführend, die Aprikose nahrhaft, reich an Vitamin A, dem Wachstumsvitamin, für Sportler und Geistesarbeiter empfehlenswert, die Birne durststillend, blutreinigend und remineralisierend ist.

Natürlich könnte man noch die Vitamine der Orange, der Mandarine, der Zitrone, der Pampelmuse... aufzählen, aber da sie jedem bekannt sein dürften, lasse ich alle jene Früchte aus, die nicht Bestandteil unseres eigenen Gartens sind.

DIE PFLAUME

Der dritte Baum in Ihrem Garten schließlich sollte ein Pflaumenbaum sein. Die Pflaume verleiht Dynamik, Energie, regt die Nerven an und ist daher allen Personen, die in irgendeiner Weise übermäßig beansprucht sind sowie Hochleistungssportlern wärmstens zu empfehlen.

Der Saft der frischen Pflaume ist leicht abführend, mehr noch der der Zwetsche. Das ist wohl jedem bekannt. Ein Dörrpflaumenkompott zum Frühstück regelt sofort jegliche Verstopfung, die dann keine weiteren Medikamente mehr erfordert.

Dank einer gezielten Werbung erlebt die Zwetsche im Augenblick einen neuen Aufschwung. Ich bin sehr glücklich darüber, denn so erfahren wir alle neuen Rezepte und viele Arten der Zubereitung dieser Frucht. Ich empfehle Ihnen, so oft wie möglich diese schönen, sonnengereiften Früchte zu essen und – wenn Sie die Ausdauer dazu haben – die Zwetschen Ihres Gartens selbst zu trocknen, um eine Reserve für die tote Saison anzulegen.

Pflücken Sie aber auch die Blätter Ihres Pflaumenbaumes. Daraus können Sie einen Tee bereiten, der ebenso abführend und harntreibend wirkt wie die Früchte.

DIE TRAUBE

Als guter Franzose – und was noch wichtiger ist, als guter Gascogner –, als Bewohner einer Weingegend, habe ich der Traube natürlich einen Ehrenplatz eingeräumt. Wenn ich auch guten Wein in kleinen Mengen sehr zu schätzen weiß, so gehe ich doch eher vorsichtig mit ihm um. Im Gegensatz dazu werde ich jedoch nie aufhören, das Loblied der frischen Traube zu singen.

Im Herbst, wenn die Trauben schön reif und von Sonne getränkt sind, sollten Sie sofort mit Ihrer Traubenkur beginnen. Halten Sie aber eine oder gar zwei Wochen ohne Unterbrechung durch! Essen Sie ausschließlich Trauben, etwa ein bis zwei Kilo pro Tag. Sollten Sie bei sich daheim eine Weinernte haben wie wir hier bei uns, so zögern Sie keinesfalls, in Weintrauben zu schlemmen. Nach abgeschlossener Kur werden Sie eine ganz neue Leber und völlig durchgespülte Nieren haben und in Hochform den Unbilden des kommenden Winters entgegentreten können.

Versäumen Sie jedoch nicht, Ihre Trauben gründlich zu

waschen, um alle Chemikalien abzuspülen. Nur das seit eh und je benützte Sulfat ist ungefährlich im Gegensatz zu allen anderen chemischen Produkten.

Da die Traube außerdem noch reich an Naturzucker ist (der viel leichter vom Körper assimiliert wird als raffinierter Zucker), werden Sie sich durchaus gesättigt und absolut nicht geschwächt fühlen. Man vergleicht die Traube oftmals mit der Milch in bezug auf ihren Wert als pflanzliche Vollnahrung, die dem Wert der Muttermilch angeblich so gut wie gleichkommen soll.

Früher machte man auf dem Land Traubenmus (s. Rezepte) aus dem bei der Weinernte frisch gewonnenen Saft. Dieses Mus war die gesündeste aller Marmeladen.

Die ganze Traube oder auch Traubensaft ist also Kindern, schwangeren Frauen, Sportlern, aber auch Leber- und Rheumakranken sowie allen an hohem Blutdruck oder Hautkrankheiten leidenden Personen zu empfehlen. Nur die Diabetiker müssen darauf verzichten, da der Zuckergehalt der Traube für sie zu hoch ist.

Auch Rosinen sind Energiespender und haben einen günstigen Einfluß auf die Atemwege. Daher sollten Sie Ihren Kindern anstelle von Bonbons Rosinen geben. Sie werden viel gesünder sein.

Sollten Sie ein raffinierter Gastronom sein, verwenden Sie in der Küche grünen Traubensaft anstelle von Zitronensaft! Auch bei Angina kann er letzteren sehr gut ersetzen. Sie sollten auch gewisse Braten, wie Geflügel und Wild (s. Rezepte), mit Weintrauben umlegen; ebenso frische, im Ofen nach Gascogner Art gebratene Gänseleber. Die Trauben lösen Fette und erleichtern die Verdauung.

Aus Traubenkernen wird auch ein an Vitamin E reiches Öl hergestellt, das man allen empfehlen kann, die an Erhöhung des Cholesteringehalts oder Herzkrankheiten leiden. Aber die Feinschmecker kennen noch eine andere Verwendung der Weintraubenkerne: in gewisse sahnige Käse kann man sie einsetzen, und sie werden diesen einen ausgezeichneten Geschmack verleihen.

Auch das Blatt der Weintraube ist ein hervorragendes grünes Gemüse, das reich an Vitaminen ist und nicht nur köstliche griechische Spezialitäten zieren sollte. Man sollte Gemüse daraus kochen und wie Spinat essen.

Schließlich hat auch der Saft des Rebstocks, die „Tränen des Weinbergs", eine Wirkung: auf Wunden appliziert, fördert er deren Vernarbung.

Und nur der alte, knorrige Weinstock selbst sollte zu nichts nütze sein? Doch, er kann einen schönen Wanderstab abgeben für alle jene, die sich ihr Leben lang auf den Weinstock gestützt haben, um darin ihr Lebenselixier zu finden.

5

Im engsten Familienkreis der Heilpflanzen

Jetzt bergen also Obst und Gemüse keine Geheimnisse mehr für
Sie. Außerdem waren sie Ihnen ja schon hinlänglich bekannt.
Spricht man jedoch von Kräutern, so rührt man damit an ein
Reich voller Geheimnisse, in das viele Menschen nicht einzudringen wagen. Heute erscheint die Phytotherapie (Heilkunst
durch Pflanzen) wie eine merkwürdige, der Alchimie ver-
wandte Wissenschaft. Dabei gibt es nichts Einfacheres als den
Umgang mit jenen schlichten Wesen. Unsere Vorfahren kannten ihre Geheimnisse, ohne jemals Botanik oder Medizin stu-
diert zu haben. Diese einfachen Wahrheiten, die früher allen
Hausfrauen geläufig waren, die ihren Familien Heiltees, Gur-
gelessenzen und Umschläge bereiteten, müssen nur wieder-
entdeckt werden.

Machen wir uns also gemeinsam auf die Suche nach den
Heilkräutern. Einige akklimatisieren sich übrigens sehr leicht in
unseren Gemüsegärten; das sind die aromatischen oder Kü-
chenkräuter wie: Petersilie, Estragon, Thymian, Rosmarin,
Salbei, Basilikum, Bohnenkraut... Andere wiederum wachsen
wild in den Wiesen: Minze, Malve, Mohn, Wegerich, Schachtelhalm, Borretsch, Schöllkraut... Je nach ihrer Verwendung
haben sie auch poetische Namen: Fieberkraut, Kraut für verprügelte Frauen, Grindkraut, Kraut gegen Stürze, Zentauren-
kraut, Grünkraut, Eselskraut, Hühneraugenkraut, Blume der
Leidenschaft etc.

Mein Vater, der kein Gelehrter war, nannte sie nur bei
diesen Namen. Ich selbst kenne manchmal mehrere Namen für

ein und dieselbe Pflanze, aber bei ihrem lateinischen Namen würde ich sie nie im Leben nennen.

Auch in unseren Hecken wachsen Heilpflanzen (Weißdorn, Berberitze...), sie ranken auf unseren Mauern (Efeu), stehen auf den bebauten Feldern (Hopfen, Mais), in unseren Wäldern (Heidekraut, Ginster, Farn...) und unseren Ziergärten (Rose, Kapuzinerkresse und Ringelblume...).

Lehren Sie auch Ihre Kinder früh diese Namen. Früher legten Kinder Herbarien an. Das war ein hübscher Zeitvertreib. Schon die ganz Kleinen sah man durch die Felder wandern und triumphierend mit einer Handvoll Gräsern und Blumen zurückkommen. Dann trockneten sie sie, plattgedrückt zwischen Buchseiten. Abends dann, oder am Sonntag, suchte man dann gemeinsam mit den Eltern in einem Handbuch der Botanik nach den Namen dieser Kräuter und schrieb sie, fein säuberlich, mit der schönsten Feder und mit vor Anstrengung und Konzentration zerbissener Zunge, unter jedes Pflänzchen.

Das Herbarium meines Vaters – sein „Kräuterheft", wie er es nannte – war verziert mit Zeichnungen, Notizen und selbstverfaßten Gedichten. Von Zeit zu Zeit öffneten wir es gemeinsam, und er sagte zu mir:

„Siehst du, Kleiner, das ist mein goldenes Buch."

Das Anlegen eines Herbariums sollte daher Teil jeder gut geführten Hauswirtschaft sein. Mit ein wenig Geduld und viel Liebe kann jeder ein „Meister der Pflanzen" werden. Diesen Titel habe ich keineswegs mir selbst vorbehalten, obwohl die Post ihn mir offiziell zugedacht zu haben scheint, denn häufig erreichen mich Briefe aus dem Ausland, einzig und allein adressiert an den „Meister der Pflanzen, Paris, Frankreich".

Sollte es eines Tages Tausende von „Meistern der Pflanzen" überall auf der Welt geben, hätte die Post sicherlich einige Probleme mehr, aber die Menschen hätten vielleicht weniger. Als ich während meiner Militärzeit bei der Postkontrolle arbeitete, habe ich selbst unzählige Briefe in meinen Händen gehalten. Daher kann ich mir gut vorstellen, daß auch die Postbeamten von heute froh wären, ab und zu den Duft einer getrockneten Blume, eines Vergißmeinnichtsträußchens oder von ein paar Rosenblättchen durch die Briefumschläge hindurch einzuatmen, vielleicht aber auch ein Päckchen mit wilder Minze oder Lavendel zuzustellen, das eine sorgende Großmutter vom Lande ihrer Familie in der Stadt zugedacht hat.

Auf diese Weise unterhalte ich eine rege Korrespondenz mit mehreren meiner Freunde. So schicke ich etwa Päckchen mit meinen Lieblingskräutern an verschiedene afrikanische Staatschefs, die bei mir in Behandlung waren und die diese Kräuter in ihrer Heimat nicht bekommen können. Auch mit ausländischen Phytotherapeuten tausche ich Heilkräuter per Post aus. Noch kürzlich wandten sich die Professoren einer Universität in Kolumbien an mich – denn in Bogotá gibt es einen Lehrstuhl für Phytotherapie – und baten mich als Kollegen um einen Austausch von Rezepten.

Ich kann es nur bedauern, daß die Ausbildung zum Pflanzenkundler vom Programm unserer Fakultäten gestrichen worden ist. Der Beruf des Pflanzenkundlers scheint zugunsten jenes des Pharmazeuten zu verschwinden. Es war ein Traum meiner Großmutter Sophie, mich Apotheker werden zu sehen, während sich mein Vater für mich eine Beamtenkarriere und meine Mutter eine Laufbahn als Gendarm gewünscht hatte; ich selbst jedoch war in meinem Innersten immer schon Pflanzenkundler. Daher bin ich auch nirgends so glücklich wie in meinem „Pflanzenhaus" in Gavarret, wo ich ganze Arme voll wohlriechender Kräuter wie in einer Scheune lagere.

Seit Beginn unseres Jahrhunderts ist die Produktion an Heilkräutern in Frankreich merklich zurückgegangen. Man importiert aus dem Ausland, aus Ländern, in denen der Stundenlohn niedriger ist, denn bei uns hat niemand mehr die Geduld, Pflanzen zu sammeln, und die Liebe, daraus einen Beruf zu machen. Während des Ersten Weltkriegs hat dieser Zustand dem Staat große Sorgen verursacht, denn bei dem Mangel an pharmazeutischen Produkten wären die Heilkräuter sehr willkommen gewesen. Es wurden Aufrufe zum Sammeln von Pflanzen erlassen. So erzielte man plötzlich einen Überschuß, und Frankreich konnte seine Heilkräuter exportieren. Aber nach dem Krieg geriet die Pflanzenkunde wieder in Vergessenheit. Und heute ist es gar nicht mehr leicht, alle Heilpflanzen zu finden, die man brauchen könnte.

Daher schlage ich vor, daß sich jeder seinen eigenen Vorrat

an Heilkräutern anlegen sollte. Es genügt, einige von ihnen im eigenen Garten zu ziehen, andere auf den Feldern zu sammeln oder sie sich von befreundeten Bauern schicken zu lassen.

Sammelt man die Pflanzen selbst, weiß man, woher sie kommen und daß sie frisch sind. Das ist ein großer Vorteil, denn eine Pflanze ist äußerst empfindlich. Selbst getrocknet kann man sie nicht ewig aufbewahren. Sie nutzt sich ab und verliert viele ihrer guten Eigenschaften. Alte Lagerbestände an staubigen Pflanzen zu vertreiben, grenzt an Häresie. Selbst auf die Gefahr hin, meine Patienten zu enttäuschen, behandle ich gewisse Krankheiten nur zu bestimmten Jahreszeiten, wenn meine Lagerbestände frisch und überreich sind. Daher kann ich manchmal in dringenden Fällen nicht einspringen und beschränke mich auf chronische Leiden.

Mit den Schönheitscremes habe ich dieselben Probleme. Manchmal passiert es, daß bestimmte Cremes in meinem Geschäft ausgehen. Die Kundinnen sind sehr erstaunt, wenn man ihnen erklärt, daß der Bestand an Rosenblättern eben erschöpft ist. Ich verarbeite nämlich nur Blumen aus meinem Garten und meinen Feldern, denn sie kenne ich, von ihnen weiß ich, daß sie naturfrisch und frei von Chemikalien sind, und dies ist für mich die erste Bedingung für Qualität.

Machen Sie es ebenso. Pflücken Sie die Heilkräuter Ihres Gartens und Ihrer Felder, anstatt Päckchen voll unbekannter Pflanzen zu kaufen. Durchwandern Sie das Land, klettern Sie auf Hügel, aber pflücken Sie ja nichts am Rande von Verkehrsstraßen, wo die Pflanzen durch Autoabgase garantiert vergiftet sind.

Lernen Sie aber auch Phytosoziologie, also die Kunst des Zusammenlebens der Pflanzen. Denn eine Wiese ist eine Lebensgemeinschaft. Wollen Sie ein Stück Weide hinter Ihrem Haus bebauen, so müssen Sie die Gesetze der wilden, vielgestaltigen und vielfarbigen Wiese erst wiederherstellen. Sie brauchen große Pflanzen, die hoch in den Himmel ragen und ihre Wurzeln tief in die Erde graben, um aus ihnen die Nahrung herauszuziehen, und andere, ganz kleine, die sich in die mollige Feuchtigkeit schmiegen, in den Schatten der anderen, der großen, und sich von der Erdoberfläche ernähren; „Polizeipflanzen", die die Parasiten verjagen, und schüchterne, die auf den Schutz der anderen warten; stark duftende und neutrale Pflänzchen; Sonnenanbeterinnen und andere, die ihre Füße ins Wasser stellen wollen. Wie im Gemüsegarten, so vermischen und ergänzen sich auch hier die verschiedenen Arten. Das allerwichtigste ist eine gute Atmosphäre, ein Mikroklima.

Versuchen Sie nicht, ausländische Pflanzen zu akklimatisieren, sie werden im fremden Land nicht glücklich sein; nur glückliche Heilkräuter können auf andere Wesen einwirken und ihre Eigenschaften mitteilen (wie die Frauen). Wenn Sie alle Voraussetzungen beachten, kann Ihr buntes Wiesenstück eine wunderbare Hausapotheke für Sie werden.

Gehen wir nun ans Blumenpflücken! Für meinen Vater waren diese Ausflüge aufs Feld eine immer wieder neue Freude, und für mich bedeutete es ein Vorrecht, ihn begleiten zu dürfen. Manchmal kam auch noch ein Freund mit, ein „Eingeweihter". Sein Name war Caoulet, und von Beruf war er Glöckner der Kirche von Gavarret. Morgens, mittags und abends läutete er mit Vehemenz den Angelus. Den Rest des Tages hatte er für sich, und so war er stets bereit, mit uns zum Pflanzensammeln auf die Felder hinauszuziehen. Ich hatte Respekt vor ihm, denn er lebte in der Nähe des lieben Gottes. Aber als ich zum ersten Mal in sein bescheidenes Häuschen trat, war ich doch recht enttäuscht, auf dem Tisch als einzigen Schatz nur einen Krug Wasser, ein Büschel roter Zwiebeln und eine Handvoll Kräuter vorzufinden. Caoulet lebte sehr bescheiden, wurde aber sehr alt.

Auch heute begleite ich meine Kräutersammler manchmal aufs Feld. Ich habe den Wald von Lacassagne bei Gavarret noch hinzugekauft, denn ich habe nur zu den Kräutern Vertrauen, die ich seit Generationen kenne. Von diesen weiß ich, daß sie nie mit Chemikalien in Berührung gekommen sind. Für mich sind sie die sanftesten Gräser der Welt. Mit meinen Pflanzensammlern bin ich unerbittlich. Einer von ihnen wollte mich mit seiner überreichen Ernte bluffen und hatte, entgegen meinen Anordnungen, bestimmte Kräuter an vergifteten Stellen gepflückt, wo sie zahlreicher wuchsen als auf meinen Feldern. Als ich von diesem Betrug erfuhr, habe ich ihn sofort entlassen. Allen, die ich zur Hochsaison oder fürs ganze Jahr anstelle, schärfe ich unermüdlich ein:

„Ich bezahle Sie nicht nach Ihrem Ertrag, sondern pauschal. Sie werden tun, was Sie können, aber ich verbiete Ihnen, anderswo als auf meinem Gelände zu sammeln."

Serge, von meinen Sammlern als „Chef" anerkannt, arbeitet seit sechs Jahren für mich. In der Hochsaison springt auch seine Frau noch mit ein. Er weiß, daß ich in bezug auf meine Sammelprinzipien nicht mit mir spaßen lasse, und bemüht sich redlich, die anderen davon zu überzeugen. In der Hochsaison beschäftige ich manchmal zwanzig bis dreißig Sammler, und meine Mannschaft muß sehr gewissenhaft vorgehen.

Manchmal befällt mich jedoch Unruhe, denn die Arbeitskräfte sind nicht leicht zu finden. Und was meine Pflanzen aus Gavarret anbetrifft, so reichen sie nicht mehr aus, meinen Bedarf zu decken, obwohl in der Hochsaison fünfundzwanzig bis dreißig Säcke pro Tag gesammelt werden. Ob ich wohl ausziehen muß, das Schöllkraut auf den Pyrenäenhängen zu pflücken, wo es im Überfluß wächst? Ich hätte doch lieber mein Glück an Ort und Stelle gefunden. Mir wäre es lieb, wenn das ganze Land zwischen Gavarret und Fleurance ein einziges großes Naturgehege wilder Pflanzen würde, wo die Brennesseln im Überfluß wachsen könnten und auch die Blumen auf den Feldern.

Aber wenn ich einen solchen Plan nur erwähne, ernte ich von meinen Bauern böse Blicke. Ihre schön bebauten Felder den Brennesseln überlassen? Was für ein Abstieg! Wie für die Nahrungsmittelkampagne von Fleurance hoffe ich jedoch auch hier, auf die gleiche Weise zum Ziel zu gelangen. Von dem einen werde ich einen Hektar Wiese fordern, vom anderen ein Feld Brennesseln, vom dritten ein Stück Unterholz, wo Gundermann und Farn wuchern dürfen.

Ich will nicht, wie die meisten Pflanzenhändler, meine Heilkräuter aus Ungarn oder der Tschechoslowakei einführen. Ich brauche sie täglich frisch für gewisse Präparate oder eben an Ort und Stelle getrocknet, an der gesunden, frischen Luft meiner Heimat.

Bei den Kräutern darf man sich nie mit einfachen Lösungen zufriedengeben, sonst rächen sie sich mit Gleichgültigkeit. Manche Tees, die man in Päckchen kauft, sind längst abgestorben, weil sie in ihren sargähnlichen Verpackungen viel zu lange herumgelegen haben. Andere sind schädlich, weil sie an Straßenrändern oder auf chemisch gedüngten Feldern gesammelt worden sind. Meine erste Bedingung lautet also immer wieder: Überlassen Sie niemandem anders das Sammeln Ihrer Heilkräuter! Die einfachsten Lösungen sind selten die besten. Die Zukunft gehört jenen, die früh aufstehen, heißt ein Sprichwort. Ich füge noch hinzu: bei Morgengrauen aus dem Bett springen und auf die Felder oder in den Garten laufen, das ist eine Zukunft, die bestimmt, wenn vielleicht nicht gerade Glück, so doch Gesundheit einbringt!

Das Pflücken der Pflanzen ist eine Kunst, die Fingerspitzengefühl und Geduld erfordert, denn das Grundprinzip besteht darin, Blüte, Blatt oder Wurzel zu jener Stunde, an jenem Tag oder zu jener Zeit zu pflücken, wo ihre Wirkstoffe den Höhepunkt erreicht haben. Das nennt man die „Balsamzeit" der Pflanzen.

Die besten Tageszeiten sind für gewöhnlich der frühe Morgen und der späte Nachmittag. Der Tau muß trocken sein, aber die Sonne darf die Pflanze noch nicht zu sehr verbrannt haben. An Regentagen sollte man besser aufs Sammeln verzichten, denn die feuchten Gräser würden nur schimmeln.

Da die Blüte empfindlich ist, muß sie bald im Frühling gepflückt werden, vor der Befruchtung durch den Pollen. Manchmal braucht man nur die Blütenblätter (Rose, Mohn, Veilchen...), ein anderes Mal nimmt man die ganze Blüte, wenn sie sehr klein ist (Holunder, Ehrenpreis etc....). Manche Pflanzen haben eine sehr kurze Blütezeit. Andere wiederum blühen mehrere Monate lang – wie z. B. die Kamille – und lassen einem dadurch mehr Zeit.

Die Blätter nimmt man für gewöhnlich vor dem Auftreten der Blüten ab, denn diese schwächen den Rest der Pflanze. Die Größten reißt man am Stengel ab (Malve, Eibisch, Borretsch...), bei den Kleineren faßt man den ganzen Stiel, d. h. alles, was frisch ist, den „blühenden Gipfel" der Pflanze, wobei man den holzigen Teil des Stengels im Boden läßt. Bei den Aromaten und manchen Heilpflanzen hat man festgestellt, daß ihre Wirkung auch zur Blütezeit sehr stark ist. Daher kann man einige Aromapflanzen fast das ganze Jahr über pflücken: Petersilie, Thymian, Rosmarin, Lorbeer...

Die Stengel sind sehr saftreich im Herbst, wenn der Rest der Pflanze nicht mehr an ihnen zehrt. Das ist vor allem bei der Angelica der Fall.

Aber auch die Wurzeln sind fleischig und saftig im Frühling und im Herbst, wenn die Pflanze nicht den ganzen Saft hochpumpt. Das ist der Augenblick, wo man sie aus dem Boden holen muß, indem man an der Pflanze zieht.

Noch im Korb sortiere ich meine Pflanzen, indem ich die schlechten, deren Blüten verwelkt und deren Wurzeln verfault sind, wegwerfe und nur die gesunden Pflanzen aufbewahre. Anschließend lege ich sie auf geflochtenen Sieben aus, damit sie schön trocknen können. Immer, wenn ich Zeit habe, schüttele ich sie, damit die Luft an sie herankann.

Meine Weidensiebe habe ich im Freien, unter dem Dach eines Schuppens aufgestellt, andere stehen in meinem „Pflanzenhaus", um sie vor den Unbilden des Wetters zu schützen, aber immer an einem luftigen Platz. Wenn ich die Tür zu meiner Familienpension öffne, in der all meine Pflänzchen friedlich auf ihren übereinandergestapelten Bettchen miteinander leben, dann riecht es dort herrlich nach getrocknetem Heu.

Wenn Sie auch keinen Schuppen haben, so besitzen Sie vielleicht einen trockenen und luftigen Speicher. Und wenn auch der nicht vorhanden ist, dann können Sie die Pflanzen auch oben auf dem Schrank trocknen, auf den Sie Papier auslegen. Vor allem aber schieben Sie nie Ihre Kräuter in den Ofen, damit sie schneller trocknen. Das ist ein barbarisches Verfahren, das die Wirkstoffe der Pflanze tötet.

Wollen Sie mit Heilpflanzen umgehen, müssen Sie sie zuerst einmal lieben und nichts tun, was sie verletzt oder ihnen wehtut. Zupfen Sie die Blättchen mit der Hand ab. Messer und jede Berührung mit Metall sind ihnen unangenehm. Mischen Sie sie mit weiten Armbewegungen durcheinander, damit sie Luft bekommen. Widmen Sie aber auch ihrer Toilette Aufmerksamkeit: reiben Sie die Wurzeln vorsichtig, damit die getrocknete Erde abfällt. Pulverisieren Sie die getrockneten Gräser in der Hand und nicht auf dem Hackbrett. Sie werden Ihnen diese gute Behandlung danken!

Freunden Sie sich mit ihnen an, lernen Sie sie kennen und verstehen. Die Freundschaft der Pflanzen ist nicht leicht zu gewinnen. Bei der geringsten brutalen Berührung verschließen sie sich. Wenn Sie aber einmal ihre Freundschaft gewonnen haben, dann ist sie dauerhaft. Wie Sie sich Mühe geben, die Psychologie der Kinder zu erfassen, so müssen Sie sich auch um die Psyche der Pflanzen bemühen. Dann werden Sie nach und nach ihre Charakterzüge erkennen.

Früher konnten die Menschen die „Signatur der Pflanzen" entziffern, also ihre Eigenschaften an Hand ihrer Form, ihres Geschmacks und ihrer Farbe erkennen. Alle Pflanzen mit gelbem Saft – wie der Rhabarber – seien bitter, aber gut für die Leber, hieß es. Dunkelrot sei ein Zeichen für adstringierende Wirkung; das trifft für die rote Rose zu. Weiß sei das Zeichen für geringe Heilwirkung, Schwarz oder Dunkelbraun kündeten Gefahr oder Gift (Belladonna).

Heute ordnet man Kräuter und Gemüsepflanzen nach Familien und Gattungen ein, denn für gewöhnlich haben Pflanzen derselben Familie auch dieselben Heilwirkungen. So sind die Kürbisgewächse (Schlangengurke, Essiggürkchen und kleine Speisegurken) abführend; die Kreuzblütler (Karotten und Pastinaken...) stimulieren und verhindern Skorbut; die Rosengewächse (alle Arten...) wirken adstringierend und stärkend; die Lippenblütler (Minze, Melisse, Thymian...) sind anregend und schweißtreibend etc. Was aber nicht heißen soll, daß man alle Pflanzen, die mit einer anderen, die man kennt, Ähnlichkeit haben, pflücken soll. Denn Vorsicht ist schon geboten beim Schierling, der der Petersilie täuschend ähnlich sieht und absolut giftig ist!

Ich kann Sie natürlich nicht alles über alle Pflanzen lehren. Wenn Sie nur eine kennen, pflücken und essen Sie sie! Und wenn Sie dann nach und nach vertrauter geworden sind mit einigen einheimischen Pflanzen, dann lernen Sie, was man alles mit ihnen machen kann.

Aber wie man die Fehler und Schwächen seiner Freunde sehr wohl kennt, so werde ich Ihnen auch nicht die Probleme verheimlichen, die man im Umgang mit einigen besonders kapriziösen Pflänzchen haben kann. So darf zum Beispiel das hübsche gelbblütige Schöllkraut, das auf Grund seiner starken Wirkstoffe in homöopathischer Dosis in vielen meiner Präparate enthalten ist, niemals innerlich angewendet werden.

Mein Vater beobachtete mit größter Aufmerksamkeit die Tiere, denn sie kennen die Pflanzen und gehen sofort zur Grünzeugdiät über, sobald sie Verdauungsstörungen haben. Sogar unsere verwöhnten Katzen gehen auf die Felder, wenn sie das Gefühl haben, eine gründliche Reinigung der Innereien sei mal wieder nötig. Müde Tiere suchen sich bittere und stärkende Kräuter: Löwenzahn, Kornblume, Pimpernell. Die kräftigen, vollblütigen Tiere aber meiden diese Kräuter. Die Milchkühe wie auch die Jungtiere zur Brunftzeit fressen fröhlich Bockshornklee, wilden Fenchel und Herbstzeitlose, weil diese die Geschlechtsdrüsen anregen.

Die guten Weiden enthalten daher auch alle Arten von Gräsern, damit die Tiere je nach ihrer physischen Konstitution frei wählen können. Die Hecken spenden ihnen dazu noch ergänzende Ingredienzen. Die Landtierärzte wenden in richtigem Wechsel Pflanzen an, um das gestörte Gleichgewicht der Tiere wiederherzustellen, wohingegen ihre Stadtkollegen von dieser klugen Phytotherapie immer mehr abgehen und sich mehr und mehr den Medikamenten zuwenden.

Die alten Bauern verstehen es sehr wohl, ihre Tiere mit allem, was ihnen zur Verfügung steht, zu behandeln. Um der Kuh das Kalben zu erleichtern, flößen sie ihr einen Aufguß von Salbei und Wacholder ein. Einem Tier, das Verdauungsschwierigkeiten hat, bringen sie Arme voll Ginster, einem Pferd, das an Blutarmut leidet, geben sie ein Büschel Stechginster zu fressen, und für ein an Gallensteinen erkranktes Tier holen sie von weit her Quecke, die sie auf ihrer eigenen Weide vielleicht nicht finden können.

Warum sollten die Mütter nicht dasselbe tun für ihre bleichen oder fiebernden Kinder, wenn die alten, von den Jahren und der schweren Arbeit gebeugten Bauern nicht zögern, es für ihr Vieh zu tun? Das schließt ja nicht aus, daß bei schweren Fällen noch der Arzt oder der Veterinär hinzugezogen werden.

Als erstes muß aber die heilende Geste wieder erlernt werden. Ich glaube, daß ein Kind seiner Mutter für eine Tasse dampfenden Tees dankbarer ist als für ein Medikament, das sie einer Schachtel oder Büchse entnimmt. Auch der müde Ehemann wird sich an einem Teller voll appetitlich angerichteter „Gesundheit" mehr erfreuen als an Vitamintabletten, die zu

Beginn der Mahlzeit neben seinem Teller liegen. Die Dankbarkeit des Herzens richtet sich eher an jene, die schlichte, aber gesunde Genüsse liebevoll reichen als an jene, die mit Tablettenröhrchen winken. Und gerade diese Herzensdankbarkeit bewirkt bei vielen Behandlungen den Heileffekt. Selbst wenn die Heilkräuter nur die Tugend besäßen, Auge, Nase, Lippen und Herz zu erfreuen, dann wäre das schon sehr viel und brächte uns dem Sieg ein gutes Stück näher!

Aber die guten Eigenschaften der Pflanzen gehen ja noch viel weiter, und daher verdienen sie unser Vertrauen. Den Beweis ihres Könnens müssen sie aber noch liefern, daher wollen wir sie schön nacheinander, einzeln an uns vorbeimarschieren lassen. Und da es keinen Lehrstuhl für Pflanzenkunde mehr gibt, weil es an Pflanzenkundigen mangelt, soll also jedes Pflänzchen hier seine innersten Tugenden und Eigenschaften selbst vor uns darlegen.

DIE PETERSILIE UND DER KERBEL

Die römischen Gladiatoren aßen Petersilie vor dem Kampf, wodurch sich angeblich ihr Bizeps unverzüglich vergrößerte.

Heute erfreut sich die Petersilie der allgemeinen Gunst. Will der Gemüsehändler Ihnen eine Freude machen, offeriert er ihnen ein Sträußchen Petersilie; das ist das hübscheste Geschenk: ein Sträußchen Gesundheit. Ich möchte mich heftig gegen jene Angewohnheit verwehren, die aus der Petersilie nur eine Verzierung oder Augenweide machen will. Es mag noch hingehen, daß uns Kalbsköpfe mit Petersilie in den Ohren aus den Schaufenstern heraus anschauen, aber in den Restaurants dekoriert man die Platten büschelweise mit Petersilie, damit sie schön aussehen, was aber automatisch dazu führt, daß niemand davon nimmt. Das ist ein grober Fehler: man muß die Petersilie winzig klein hacken, damit *jeder* davon ißt!

Da die Petersilie sehr leicht zu ziehen ist, sollten Sie nicht versäumen, sie in Ihrem Garten auszusäen; sie ist eines der wichtigsten Nahrungsmittel. Vergessen Sie auch den Kerbel nicht, ihren Bruder, der ihr äußerlich gleicht und dieselben

Tugenden besitzt. Manche Leute ziehen den Kerbel der Petersilie sogar vor, da er weniger leicht mit dem gefährlichen Schierling zu verwechseln ist. Trotz der äußeren Ähnlichkeit gibt es eine ganz einfache Methode, die gute von der schlechten Pflanze zu unterscheiden: der krausblättrige Schierling hat einen sehr unangenehmen Geruch.

Geben Sie also immer Petersilie (oder Kerbel) in Ihre Salate, Omeletten und Suppen. Damit sie auch im Winter Ihre Speisen mit Petersilie garnieren können, trocknen Sie sie und heben Sie sie gut auf. Von allen Pflanzen enthält die Petersilie am meisten Vitamin C. Daher wirkt sie stimulierend. Sie ist zu empfehlen bei Gelbsucht, allen Lebererkrankungen, Zellulitis, Gicht und Rheumatismus.

Abgesehen von ihrer Verwendung in der Küche kann man sie auch in warmer Milch ziehen lassen oder als Teeaufguß verwenden. Meine Großmutter Sophie servierte stets Petersilientee im Anschluß an üppige Festessen. Ich erinnere mich noch gut, wie sie für das Dorffest eine Schlemmermahlzeit zubereitete: gekochtes Huhn (da war schon ein üppiges Petersiliensträußchen in der Füllung), gebratenes Geflügel, Gänseleberpastete, Steinpilze mit Knoblauch (und Petersilie), verschiedene Nachspeisen, hauchdünne Pfannkuchen (sie waren so dünn, daß sie mehrere in ihren Ehering hätte stecken können), sahnige Cremespeisen, gascognischen Pastis etc. Und trotz dieser Schlemmerei wurde niemand krank, denn als Verdauungsgetränk nach der Mahlzeit servierte sie jedem eine große Schale Petersilientee!

Wenn Sie der Geschmack von Petersilienaufguß nicht übermäßig reizt, sollten Sie doch eine Spur Petersilie in Ihre frischen Gemüsesäfte tun (z. B. gemischt aus Tomaten, Karotten, Sellerie und Zitronensaft...).

Früher machten sich die Ammen einen Brustumschlag aus gehackter Petersilie, um die Milch zu stoppen. Ferner diente die Petersilie als erste Hilfe gegen Insektenstiche. Man brauchte die geschwollene Stelle nur fest damit einzureiben.

Ich persönlich empfehle sie wärmstens bei Bindehaut- und anderen Augenentzündungen. Mit kochendem Wasser aufgegossen, ist sie ein ideales Augenbad, das desinfiziert und das Brennen lindert.

Trägt man diesen gleichen Aufguß morgens und abends mit einem Wattebäuschen auf das Gesicht auf, spürt man sofort, wie er die Haut entspannt und den Teint aufhellt.

DER THYMIAN UND DER QUENDEL

Schon Karl der Große hatte angeordnet, in jedem Kloster- und Schloßgarten gute aromatische Kräuter zu pflanzen, da sie die Speisen „zum Singen" bringen.

Heute gibt es leider keinen Regierungserlaß mehr zum Anbau von Heilkräutern. Was mich betrifft, so kann ich nur meine Wünsche äußern. Ich hätte es gern, wenn in jedem Garten ein Büschel Thymian zwischen anderen Pflanzen stünde, denn er ist kostbar und kann vielseitig verwendet werden.

Seit der Antike weiß man, daß gewisse aromatische Kräuter starke antiseptische Eigenschaften besitzen und Bazillen und Viren abtöten. Zu diesen gehört auch der Thymian, das Antibiotikum der armen Leute. Früher, in Pest- und anderen Epidemiezeiten, kannte man kein anderes Schutzmittel als die aromatischen Kräuter. Daher aß man so viel wie möglich davon, rieb sich den Körper damit ein und verbrannte sie, um Gifte in der Luft unschädlich zu machen.

Heute weiß man, daß unsere Ahnen damit recht hatten. Der Thymian enthält das Antiseptikum Thymol, das noch stärker ist als das Phenol, welches doch lange Zeit als das beste Bakterizid gegolten hat. Das Thymol, ein kampferhaltiger Thymianextrakt, wird daher in pharmazeutischen Präparaten wie Sirup, Salben, Balsam und Lösungen ständig verwendet. Man benützte es sogar bei Verbänden für schlimme Wunden nach Amputationen.

Natürlich ist uns die Pest heute schon fremd geworden, und auch Amputationen werden seltener vorgenommen als früher. Aber deshalb wollen wir auf seine wohltuende Wirkung doch nicht ganz verzichten. In Zeiten verschiedenster Epidemien – schon bei Grippe – stellen wir immer wieder fest, daß manche Leute davon befallen werden, andere aber nicht, obwohl sie doch in derselben häuslichen oder beruflichen Umgebung denselben Mikroben ausgesetzt waren. Auch in den Krankenhäusern leben Ärzte und Pfleger ständig im Dunst von Viruskulturen und erliegen dennoch nicht den Krankheiten, mit denen sie Tag für Tag in Berührung kommen. Warum? Es heißt, einige seien prädisponiert, andere nicht. In Wirklichkeit aber kann man sich diese Resistenz aneignen. Und hierbei sind Ernährung und äußerlich angewendete Arzneien eine große Hilfe. Da der Knoblauch z. B. die gleichen bakterientötenden Eigenschaften hat wie so manche Aromate, übersteht ein mit Knoblauch und Aromaten innerlich imprägnierter Körper, der auch äußerlich nach diesen Aromaten riecht, die schlimmsten Virusangriffe ohne jegliche Folgeerscheinung.

Und genau darauf will ich hinaus. Ich empfehle Ihnen nicht, sich am Tag, wo Ihre Wohnungs- oder Büronachbarin die Grippe hat, auf Ihr Thymiansträußchen zu stürzen, sondern sage Ihnen nur: Wenn Sie oft und in jeder Form Thymian verwenden, schützen Sie sich gegen Grippe und viele andere Übel (natürlich nicht alle) und erhalten so Ihre Gesundheit. Vielleicht ahnen Sie das selbst gar nicht, denn man weiß ja in den seltensten Fällen, wann man gerade noch einmal davongekommen ist!

Machen Sie also aus dem Thymian und dem Quendel, dem wilden Thymian, den die Häschen so schätzen, eine tägliche Hygiene. Zunächst einmal — was auch am angenehmsten ist — vergessen Sie nie das Thymianstengelchen in Ihrem grünen Kräuterbüschelchen, das Sie für Suppen und Ragouts verwenden. Streuen Sie Thymianpulver in alle Füllungen, Marinaden und über gegrilltes Fleisch. Daß er in warmen Ländern regelmäßig verwendet wird, erklärt sich daraus, daß dort alle Nahrungsmittel empfindlicher und mikrobenanfälliger sind. Haben Sie sich niemals gefragt, wie mehrtägig mariniertes Fleisch seine Frische behalten konnte zu Zeiten, wo es noch keine Kühlschränke gab? Das in der Marinade schwimmende Thymianstengelchen stand Wache: die Mikroben machten kehrt.

Trinken Sie aber Thymian auch als Tee: ein Zweiglein auf eine Schale kochendes Wasser. Man kann täglich drei bis vier

Tassen zwischen den Mahlzeiten oder morgens zum Frühstück zu sich nehmen. Mit Honig gesüßt schmeckt dieser Tee herrlich. Auch der Quendelaufguß ist gut; man nennt ihn „Hirtentee". Auf diese einfache Art habe ich so manches Mal hartnäckige Darminfektionen, Grippe, Schnupfen, Angina u. a. geheilt; ja ich erlaube mir sogar, auch jene Krankheiten dazuzuzählen, die ich durch diese Präventivmaßnahmen abgewendet habe.

Bei äußerlicher Anwendung ist der Thymian ein absolut sicheres Desinfizierungsmittel. Giftige Stiche kann man direkt damit einreiben, Wunden mit einem Aufguß auswaschen oder Hautreizungen und echte Dermatosen heilen, indem man ein dickes Büschelchen ins Badewasser gibt. Duftende Thymianbäder (die man übrigens unter verschiedenen Bezeichnungen im Handel findet) sind außerdem bei Rheumatismus und Arthritismus äußerst wirksam. Sie werden auf Grund ihrer anregenden Wirkung auch schwächlichen Kindern und Rekonvaleszenten verordnet.

Bei Rheumatismus können Sie auch Umschläge aus gehacktem und gewärmtem Thymian direkt auf die schmerzende Stelle machen. Auch einer Inhalation aus Minze, Eukalyptus oder einer gekauften Mischung sollten Sie eine Messerspitze Thymianpulver hinzufügen.

Und schließlich, falls Sie zu Wehwehchen in Mund und Rachen neigen, bereiten Sie sich doch folgende desinfizierende Zahnpasta: lassen Sie 100 g Thymian einige Tage in ½ Liter Schnaps ziehen und reiben Sie täglich Zähne und Zahnfleisch tüchtig damit ein, indem Sie Ihre Zahnbürste in diesen Thymianschnaps tauchen.

DER ROSMARIN

Auch dieser kleine wildwachsende Busch hat große Zeiten gekannt. Er wurde von einer Königin erwählt und schenkte ihr ewige Jugend und Liebe – nicht mehr und nicht weniger.

Ihm hatte es Elisabeth, Königin von Ungarn, 72 Jahre alt und gicht- und rheumaleidend, zu verdanken, daß sie die

Kraft einer Zwanzigjährigen wiederfand und den König von Polen verführte, der sie, in wahnsinniger Liebe entbrannt, ehelichte. Das geschah im 16. Jahrhundert, und der Legende zufolge hatte sie das Rezept von einem Engel bekommen. Das „Wasser der Königin von Ungarn" enthält in Schnaps destillierte Rosmarinzweiglein sowie andere, heute als Antirheumamittel anerkannte Kräuter (Majoran, Lavendel...). Es ist also nicht weiter erstaunlich, daß sie eine große Linderung ihrer Schmerzen erfuhr.

„Das Wasser der Königin von Ungarn" wurde also der Nachwelt überliefert mit all seinen legendären Tugenden und der Patenschaft des Engels. Auch die Marquise de Sévigné war entzückt: „Ich bin verrückt danach, das ist *die* Erleichterung bei jeder Art von Kummer", schrieb sie ihrer Tochter.

Sie stand nicht allein da mit ihrem Entzücken. Von nun an diente das „Wasser der Königin von Ungarn" nicht mehr allein zur Linderung von Gicht und Rheumatismus, sondern ebenso bei Hitzewellen und Liebesschmachten sowie zur Wiedererweckung von Liebesglut reifer Damen und schwächlicher Herren.

Vom Rosmarin erwartete man sich Wunder, und vielleicht hatte man gar nicht so unrecht, denn es ist richtig, daß er anregend wirkt bei Rheumatismus, Lähmungserscheinungen, Gliederschwäche, Schwindel, Störungen des Nervensystems und der Atemorgane, Leberschwäche und Gallenbeschwerden, ja und sogar – bei Impotenz. Man kann ihm also ruhig den Ehrenplatz in der Küche reservieren, in Saucen und Kräutersuppen sowie auf gegrillten Schweine- und Hammelrippen, die man großzügig mit Rosmarin bestreuen sollte. Gewisse Honigsorten aus dem Süden haben einen hohen Rosmaringehalt und bewahren alle seine Qualitäten.

Wie mit Thymian, so kann man auch mit Rosmarin gut Tee bereiten: eine Prise pro Tasse genügt, um einen wohlschmeckenden und wohltuenden Tee zu bereiten, von dem man mehrmals täglich trinken sollte. Für die Feinschmecker kann ich Rosmarinwein empfehlen: Lassen Sie 50 Gramm Rosmarin in Ihrem besten Bordeaux einige Tage ziehen und trinken Sie zu jeder Mahlzeit ein Glas. Das ist besonders stärkend.

Und schließlich zur äußerlichen Anwendung: in Ermangelung eines Destillierapparates kann man – laut Rezept des Schutzengels der Königin von Ungarn – einfach ein Sträußchen Rosmarin in das Badewasser werfen. Dieses Bad sollte man aber eher morgens nehmen, da es stärkend ist und daher nicht gerade schlaffördernd (man spricht ihm auch aphrodisische Tugenden zu). Ich empfehle es vor allem schwächlichen Kindern und müden alten Leuten.

Man kann auch eine Handvoll Rosmarin eine Viertelstunde in einem Liter Wasser kochen und diesen Absud warm als Kompressen auf rheumakranke Körperstellen auflegen.

Manche im Handel erhältliche Produkte wie Essenzen, Öle und Badezusätze enthalten ebenfalls Rosmarinextrakt.

DER SALBEI

„Wieso stirbt ein Mensch, in dessen Garten Salbei wächst?"

Diese Verse, die die Ärzte der im Mittelalter berühmten „Schule von Salerno" dem Salbei widmeten, sind die schönste Ehrenbezeugung, die man ihm erweisen kann.

Es ist daher kein Zufall, wenn man in vielen alten Rezepten von Wunderarzneien immer wieder den Salbei antrifft. Dieses „geheiligte Kraut" oder „salvia salviatrix" (rettendes Kraut) der Römer war ebenfalls Bestandteil des „Essigs der vier Diebe", der jahrhundertelang sehr hoch im Kurs stand. Während der großen Pestwelle in den dreißiger Jahren des 17. Jahrhunderts in Toulouse sollen angeblich vier Diebe die Häuser der Pestkranken geplündert und die Sterbenden und Toten ausgeraubt haben. Trotz des großen Risikos, das sie eingingen, fielen sie der Seuche nicht zum Opfer. Schließlich wurden sie zwar doch erwischt, nicht aber von der Krankheit, sondern von der Obrigkeit. Offiziell zum Tode verurteilt, versprach man ihnen jedoch das Leben, falls sie bereit wären, die Ingredienzen dieser geheimnisvollen Flüssigkeit preiszugeben, mit der sie sich eingerieben hatten, um immun zu sein. Vielleicht konnte man dadurch Tausende von Leben retten?

Die vier Diebe enthüllten ihr Geheimnis. In den Archiven von Toulouse kann man das alles nachlesen. Sie hatten sich den ganzen Körper mit einem Essig eingerieben, in dem Thymian und Salbei, Lavendel, Rosmarin und viele andere aromatische Kräuter eingeweicht worden waren. Sie wußten allerdings nicht, was uns heute bekannt ist, daß nämlich all diese Pflanzen keimtötend wirken (nach den im Kapitel „Thymian" beschriebenen Prinzipien).

Ein Jahrhundert später überfiel eine andere Pestepidemie Marseille, und wieder waren es Leichenschänder, die unter gleichen Umständen ein anderes Essigrezept verrieten, das dem ersten sehr ähnlich, jedoch vollständiger war. Die Pflanzenhändler von Marseille benutzten diese Rezepte zur Bereitung von Essenzen und fügten noch Knoblauch hinzu, der bei den Marseillern so beliebt ist und seit der Antike als bestes Antiseptikum gilt. Wahrscheinlich mischten sie auch noch weitere Ingredienzen bei, die damals in Mode waren.

Bis zum Ende des 19. Jahrhunderts fand sich der „Essig der vier Diebe" im Arzneibuch der Pharmazeuten. Inzwischen war er allerdings ein Produkt der Gewürzhändler geworden, und M. Maille*, Essigdestillateur, stellte ihn nach einem von den Räubern inspirierten Rezept her, dem er auf Grund seiner Techniken als staatlich zugelassener Essigfabrikant noch gewisse Verbesserungen zufügte. Er empfahl ihn zum Einreiben der Schläfen und als Getränk – ein Teelöffel auf ein Glas Wasser auf nüchternen Magen – vor Krankenbesuchen.

Wie Thymian und Rosmarin zur Familie der Lippenblütler gehörig, besitzt auch der Salbei deren antiseptische Eigenschaften (dank dem Salviol oder Salbei-Kampfer), die die vier Diebe entdeckt hatten. Aber man darf auch andere, ebenso wichtige, nicht vergessen. Salbei unterbindet nächtliche Schweißausbrüche; daher verordnet man ihn Rekonvaleszenten nach starkem Fieber oder verwendet ihn, um eine beginnende Grippe zu kurieren. Auch Mädchen in der Pubertät, gebärenden Müttern und Frauen in den Wechseljahren ist er

---

* Essig und vor allem aber Kräutersenf „MAILLE" sind in Frankreich als Spezialität geschätzt.

wegen seiner Wirkung auf die Hormone anzuraten. Er wirkt hustenstillend und mildert Magenschmerzen. Vor allem aber ist er äußerst stärkend und anregend, weswegen ich ihn Sanguinikern untersage und Neurasthenikern wärmstens empfehle.

Er hat also seinen Platz in der Küche und schmeckt wunderbar in Saucen und zu gegrilltem Fleisch. Von allen Aromaten hat er den stärksten Duft und gehört daher zu fadem Fleisch, Schwein und Speck, wobei er nebenbei noch eine problemlose Verdauung garantiert.

Lassen Sie 100 g Salbei acht Tage in einem Liter Wein ziehen, und Sie werden einen stärkenden und anregenden Verdauungswein erhalten, von dem Sie ein ganz kleines Gläschen am Ende der Mahlzeit trinken können.

Anstelle von Zimt können Sie Ihren Glühwein auch mit einer Prise Salbei würzen.

Bei äußerlicher Anwendung schließlich dient der Salbeiabsud (eine Handvoll Salbei 10 Minuten lang in kochendem Wasser) zum Auswaschen von Wunden, zum Gurgeln oder zu Vaginalspülungen. Er ist ein ausgezeichnetes Desinfektionsmittel.

Ein Salbeibad (ein Büschelchen Salbei in die Badewanne) hat die gleichen Eigenschaften wie ein Rosmarinbad; es regt an, stärkt, ja reizt sogar und ist daher übermüdeten Leuten morgens sehr zu empfehlen; Vorsicht sollten nur die Sanguiniker walten lassen, die besser daran täten, überhaupt auf Salbei zu verzichten.

DAS BOHNENKRAUT

Mein Vater schätzte es sehr und sagte wiederholt zu mir: „Weißt du, es gehört zu den Glückskräutern." Eines Tages aber hörte ich, wie Abbé Tarride, der Pfarrer von Gavarret, zu meinem Vater sagte, daß man früher den Mönchen das Anpflanzen von Bohnenkraut und Senfkohl im Klostergarten untersagt habe. Warum wohl? Ich verstand das nicht. In meinem Versteck hinter der Tür machte ich mir allerlei

Gedanken. Erst später erfuhr ich, daß alle jene Kräuter, die mein Vater schamhaft „Glückskräuter" nannte, der Liebe förderlich sind.

Die Legende möchte gern *„sarriette"* (das Bohnenkraut, die *satureja*) von Satyr ableiten. Vielleicht ist diese Etymologie phantastisch. Wenn jedoch die Griechen, die dieses Kraut schätzten, ihm diesen Ruf verliehen, kann es doch kein reiner Zufall sein. Ebenso wie die Satyrn, jene lustigen Gesellen, halb Mensch, halb Bock, Flötenspieler und Nymphenverführer, so sehen auch die Menschen, die Bohnenkraut knabbern, ihre Liebesglut verzehnfacht. Die Esel empfinden offenbar ebenso, denn das Bohnenkraut (auch Eselspfeffer genannt) ist den sanftesten unserer Hausgenossen, die man zu Unrecht die dümmsten nennt, sehr wohl bekannt und wird von ihnen durchaus mit Absicht behaglich gefressen.

In den „Liebestrank" gehört also neben Bockshornklee, Bärenklau und Schöllkraut noch Bohnenkraut. Wenn ich jene überspitzten Liebestrankrezepte lese, die einst ihre große Zeit erlebt haben, kann ich nur lächeln. Neben ihnen erscheinen die meinen so simpel.

Ich brauche den pulverisierten Blasenkäfer nicht, der die Borgias in Ekstase versetzte und den Madame de Montespan in ihren Minnetrank mischte, um die Glut Ludwigs XV. zu erwecken.

Man sagt jedoch auch, der Marquis de Sade habe eines Tages seinen Gästen Blasenkäfer-Schokolade serviert, woraufhin sich eine rauschende Orgie entfesselt hätte, was die Wirkung dieser Käferart ja wiederum bestätigen würde.

Nein, ich bin ein einfacher Mann, ein Mann des Feldes. Einer wegen der Gleichgültigkeit ihres Mannes besorgten Ehefrau würde ich nur raten: nehmen Sie ein Zweiglein Bohnenkraut, drehen Sie es durch die Pfeffermühle und streuen Sie es über das gegrillte Fleisch, das Sie Ihrem Mann vorsetzen. So können Sie sicher sein, daß das Bohnenkraut auch gegessen und nicht als Verzierung beiseitegelegt oder weggeworfen wird.

Ich verspreche Ihnen auch keine ewige Orgie, weil Sie einmal im Leben ein Stengelchen Bohnenkraut gegessen haben. Ich behaupte aber, daß ein Paar, das ein Leben lang eine anregende Nahrung mit Knoblauch, Zwiebel, Sellerie, Fenchel,

Salbei und Bohnenkraut zu sich genommen hat, mehr Chancen hat als ein anderes, eheliches Glück zu erleben.

Da das Bohnenkraut außerdem noch auf die Verdauung wirkt, sollte man stets ein Stengelchen in Ragouts mitkochen und zu Wild und allen schwer verdaulichen Hülsenfrüchten wie dicken Bohnen, Erbsen etc. hinzufügen.

Mein Vater, der — wie übrigens auch ich — stark an die Osmose glaubte, bereitete einen belebenden Absud, indem er zehn Minuten lang eine Handvoll Bohnenkraut und Bockshornklee in einem Liter Wasser kochen ließ. Seinen überanstrengten Patienten rieb er mit diesem Absud die Wirbelsäule ein. Diese erschienen ganz aufgekratzt kurze Zeit später von neuem, um sich zu bedanken, daß er ihnen ihre Virilität wiedergegeben habe. Vierzig Jahre später benütze ich immer noch dieselben Ingredienzen in meinen Revitalisierungssalben, die zur Massage der Wirbelsäule dienen.

Man kann aber das Bohnenkraut auch wie Thymian, Salbei und Rosmarin verwenden, da all diese Pflanzen derselben Familie angehören, und eine Prise davon ins Badewasser geben. Ob durch Mund oder Haut absorbiert, das Bohnenkraut hat immer dieselbe Tugend; es dient — man verzeihe mir diese Kühnheit — dem Verlust der Tugend!

DER LORBEER

Der Lorbeer, diese edle Pflanze, hat seit eh und je die Stirn der Poeten, Generale, Kaiser und ... der Pflanzenkundigen geschmückt. Woher kam ihm solch ein Ruhm? Weil dieser Baum Apollo geweiht war, dem Gott der Künste und der Sonne, der in Ruhm erstrahlte.

Der heutige Lorbeer, den man in Saucen tut, hat etwas von seiner Poesie verloren. Er gelangt eher in die Suppe als auf die Stirn der Allgewaltigen. Und dennoch gehört er immer noch ins traditionelle Bouquet aromatischer Kräuter, mit denen feine Speisen gewürzt werden. Auf dem Land verwendet man ihn auch beim Räuchern von Schinken. Ein mächtiges Feuer aus Lorbeerzweigen im Kamin, und der darüber baumelnde

Schinken ist mit dem Duft imprägniert. Dadurch wird er außerdem haltbarer, denn der Lorbeer wirkt antiseptisch. Er gehört ebenfalls in alle Marinaden, da er eine gute Konservierung garantiert. Früher brannte man Lorbeer in Epidemiezeiten ab, um die Hausbewohner gegen Ansteckung durch die Nachbarn zu schützen. Er verfügt nämlich über die gleichen Eigenschaften wie Thymian, Rosmarin und Salbei. Durch seine Größe aber ist er all diesen kleinen Sträuchern überlegen. Man braucht schon eine große Menge Thymianstauden, um das Feuer eines einzigen Lorbeerastes zu übertreffen!

Abgesehen von dem raffinierten Duft, den er den Speisen verleiht, überträgt er ihnen auch seine anregende und verdauungsfördernde Wirkung, wodurch er zu einem besonders empfehlenswerten Gewürz wird. Aber Vorsicht! Ruhen Sie sich nicht allzu sehr auf Ihren Lorbeeren aus! Lernen Sie, die Lorbeerarten zu unterscheiden. Mit Ausnahme des „Saucenlorbeers" sind alle anderen Arten gefährlich: der Oleander, der Kirschlorbeer...

Und trotzdem gab man früher ein Kirschlorbeerblatt in Milch oder Cremespeisen, um ihnen einen Bittermandelgeschmack zu verleihen. Aber unsere Großmütter waren vorsichtig und kannten ihre Rezepte genau: ein Blättchen, auf keinen Fall zwei, sonst hätten sie ihre Familie vergiftet.

In homöopathischer Dosis wirkt der Kirschlorbeer in der Tat gegen Husten, Herzflimmern, Erbrechen und Magenkrämpfe. In stärkerer Dosis genossen, wird die Blausäure, die er enthält, zum Gift. Das gleiche gilt für den Oleander, er ist ein starkes Gift – obwohl ein Herzstärkungsmittel daraus gewonnen wird.

Der Umgang mit Pflanzen setzt also immer äußerste Umsicht voraus!

DAS BASILIKUM

Diese aus Indien stammende Pflanze hat sich ausgezeichnet in den Mittelmeerländern akklimatisiert. In den provenzalischen Häusern kann man sehen, wie man es am besten aufbewahrt; man hängt ganze Büschel, mit den Köpfchen nach unten, an die Decke. Auf diese Weise bleibt der Saft in den Blüten am Ende der Stengel.

Früher verordnete man Basilikum bei Epilepsie und manischem Irresein. Wenn Sie heute mit einem epileptischen Kind zu mir kommen, würde ich Sie nur so schnell wie möglich zu einem Neurologen schicken. Sollte Ihr Kind aber nur nervös sein, schlecht schlafen, an Angstzuständen, Schwindel oder Migräne leiden, würde ich Ihnen mit bestem Gewissen zu einer guten Basilikum-Suppe am Abend raten. Und was Ihren Gatten betrifft, so wird auch er sich an einer mit Basilikum gewürzten Ente erfreuen. Stecken Sie ein paar Blättchen ins Innere des Geflügels, und Sie garantieren die absolut sichere Verdaulichkeit, denn Basilikum schützt ebenfalls vor Magenkrämpfen und Darminfektionen.

Sie können mit Basilikum aber auch, wie mit den anderen aromatischen Kräutern, duftenden Arzneitee bereiten, der am Abend guten Schlaf und eine geregelte Verdauung fördert. Aber vergessen Sie nicht, zwischen anregenden und beruhigenden Arzneitees einen großen Unterschied zu machen! Wie Sie ja auch nicht Lindenblütentee zum Frühstück und Kaffee vor dem Schlafengehen trinken! Achten Sie also genau auf die Eigenschaften Ihrer Heilkräuter! Trinken Sie lieber den anregenden Salbeitee am Morgen und den beruhigenden Basilikumaufguß am Abend. Wenn Sie aus Versehen das Gegenteil tun, laufen Sie Gefahr, einen völlig umgekehrten Tagesablauf zu erleben.

DER ESTRAGON

Meine Großmutter Sophie tat in alles Estragon. Und wenn ich den Schluckauf hatte, lief sie eilfertig in den Garten, pflückte ein Stengelchen und hielt es mir mit folgenden Worten hin:

„Nimm, Kleiner, und kau es gut, dann ist gleich alles vorbei." Und der Schluckauf war wirklich im Nu vorbei. Seitdem habe ich entdeckt, daß der Estragon tatsächlich das Luftschlucken, Blähungen, Fermentierungen und all die üblichen Magen- und Darmstörungen reguliert.

133

Außerdem besitzt der „kleine Drache", wie man ihn früher nannte, einen pikanten und würzigen Geschmack, der alle faden Speisen parfümiert, so daß man auf Salz, Pfeffer und Essig verzichten kann.

Wenn manche Kranken sich über die Geschmacklosigkeit ihrer Diät beklagen, sage ich Ihnen immer:

„Seien Sie nicht gleich so traurig. Nehmen Sie doch Estragon für Ihren Salat oder Ihr Beefsteak. Essen Sie auch Huhn mit Estragon (ein Stengelchen gehört ins Innere eines Brathuhns). Sie werden es mit Genuß essen und gleichzeitig, während Ihr Appetit angeregt wird, Ihren Magen und Ihren empfindlichen Darm beruhigen (was bei Essig und Pfeffer nicht gerade der Fall ist)."

Allen, die keine Diät zu befolgen haben, empfehle ich aber ebenfalls Estragon in alle rohen Salate oder – was noch besser ist – ein Estragonstengelchen in eine Flasche Essig, wo es ausgelaugt wird. Verschiedene gute Marken führen übrigens Estragonessig, in dem man das Stengelchen stehen sieht.

Wenn man auf dem Land Gürkchen oder andere Früchte in Essig einlegt (Sauerkirschen, Bohnen, Perlzwiebeln, Blumenkohlröschen, Karottenstifte oder sogar, nach Gascogner Art, Zwetschen), versäumt man nie, ein Estragonstengelchen in das Einweckglas zu geben, denn dieses wird die vom Essig erzeugte Magensäure wieder ausgleichen.

Nach einer zu üppigen und den Magen belastenden Mahlzeit trinke man Estragontee (ein Stengelchen pro Schale). Und Sie werden nie mehr unter dem Völlegefühl leiden, das früher Ihren Magen noch am folgenden Tag belastete.

DER MAJORAN

„Da mich der Königssohn liebt, und dabei hab ich Holzschuh' an, hat er mir geschenkt ein Sträußchen Majoran."

Dieses Lied habe ich in meiner Kindheit viel gesungen. Da ich ein neugieriges Kind war und übrigens auch Holzschuhe trug, fragte ich meinen Vater, wieso Majoran denn das Geschenk eines Königs sei. Waren es die hübschen Blütchen oder die samtigen Blätter? Oder war es nur des Reimes wegen?

Und die Antwort lautete: Majoran lindert jeden Kummer, selbst Liebeskummer.

Ob das der Grund ist, daß man ihn in Italien – unter dem Namen Origano – so viel verwendet, im Land der Leidenschaften, wo man ihn in allen Saucen und auf allen Pizzas findet?

So kann ich allen, die an Ticks, nervösen Störungen und Verdauungsschwierigkeiten leiden, empfehlen: „Essen Sie viel Pizza", wegen der Prise Origano, mit der man die Pizza bestreut. Oder trinken Sie abends vor dem Schlafengehen einen Majorantee. Majoran ist ein starkes Beruhigungsmittel, und daher empfehle ich ihn in jeder Form, in der Küche als Gewürz, als Arzneitee, zum Gurgeln und Inhalieren, als Bad und als Umschlag. Rheumakranke sollten auf ihre schmerzenden Stellen Umschläge mit diesem Aufguß machen, an Schnupfen Leidende sollten, mit einem Handtuch über dem Kopf, ihre Nase über den dampfenden Topf halten, in dem Majoran aufgegossen ist, dann sollten sie das Ganze auch ruhig trinken, und schließlich könnten an Stimmlosigkeit leidende Sänger in diesen Tee noch einen Löffel Honig tun – und alle wären schneller geheilt. Aber Vorsicht: in hoher Dosis genossen, kann Majoran fast zu einem Rauschgift werden!

DIE MINZE

In den arabischen Ländern duftet es auf allen Märkten nach Minze, die von Eselchen in ihren Tragkörben herangebracht wird. Das verjagt die ansonsten vom Auspacken der Lebensmittel angelockten Fliegen und Schnaken. Auch in den Verkaufsbuden sieht man die Eingeborenen mit einem Büschelchen frischer Minze in der Hand, in das sie immer wieder die Nase stecken. Der Duft von Pfefferminztee strömt aus Palästen wie aus den primitivsten Behausungen. Es ist ein geheiligter Ritus – und auch eine weise Vorsichtsmaßnahme –, zu jeder Tageszeit Pfefferminztee anzubieten. In diesen Ländern, in denen es noch Epidemien gibt, weil dort die Hitze die Mikroben begünstigt, bietet die Minze einen echten Schutz, denn diese Pflanze wirkt in höchstem Maße antiseptisch. Sie gehörte auch zu den Ingredienzen des „Essigs der vier Diebe", von dem ich weiter oben erzählte, denn man erwartete sich von ihr einen Schutz vor der Pest. Wenn man sie also in heißen Ländern ständig äußerlich und innerlich anwendet, so geschieht das nicht nur zum Vergnügen und wegen der Frische, die sie spendet, sondern hauptsächlich in Befolgung einer alten Volksweisheit.

In allen Ländern der Erde kennt man die verschiedensten Arten der Zubereitung von Minze. Die Araber mischen sie in den Tee, die Asiaten essen die frischen Blätter als Salat und in ihren Frühlingsrollen, die Nordamerikaner tun ein Stengelchen in ihre Lieblingscocktails, die Engländer hacken Minze in die Sauce, und die Franzosen trinken sie hauptsächlich als Tee. Haben Sie frische Minze zur Verfügung, so empfehle ich Ihnen, anstatt Estragon ein paar Minzenblättchen in ihre Salate zu tun, das schmeckt köstlich.

Die im Handel erhältliche Minze zur Bereitung von Tee ist eine aus England stammende gezüchtete Sorte mit einem besonders starken Aroma, bekannt als „Pfefferminze". Es gibt aber noch viele andere Arten, insbesondere die „grüne Minze", die „krause Minze" und die wilde, sehr stark duftende Poleiminze (mentha pulegium). Sie alle haben die gleichen Eigenschaften, wenn auch in verschiedenem Maße. Man kann also auf den Feldern, knapp vor der Blütezeit, büschelweise Minze pflücken, sie trocknen und dann vielseitig verwenden – eigentlich könnte man damit anfangen, die Küche zu verzieren, die somit gegen Insekten geschützt wäre und herrlich duften würde.

Der Pfefferminztee, den Sie häufig zum Vergnügen trinken, hat zahlreiche Eigenschaften, die Sie gar nicht alle kennen können. Ich will nur die wichtigsten nennen: Zunächst einmal wirkt er antiseptisch. Er fördert die Verdauung, er ist ein Balsam, der auf seiner langen Reise durch unsere Eingeweide die Funktionen von Magen, Leber, Galle und Darm reguliert. Er wirkt gleichzeitig gegen Luftschlucken, Magenkrämpfe, Erbrechen, Leberreizungen, Darmparasiten und Koliken.

Wer an Reisekrankheit im Auto oder Flugzeug leidet, wer schnell seekrank wird, sollte immer Pfefferminzbonbons in der Tasche haben.

Bei Schwindelanfällen gibt man einen Tropfen Pfefferminzalkohol auf ein Stückchen Zucker, denn die Minze regt Herz und Nerven an. Diese stärkende Eigenschaft macht sie zu einem wertvollen Getränk für geistig Arbeitende. Ich empfehle daher Minze am Morgen oder während des Tages, aber abends vor dem Schlafengehen kann sie leicht Schlaflosigkeit verursachen. Wollen Sie aber unbedingt nach einem guten Abendessen in den Genuß ihrer Verdauungsqualitäten kommen, ohne Ihren Schlaf aufs Spiel zu setzen, können Sie die Minze mit Lindenblüten mischen, die wiederum äußerst beruhigend wirken. Wenn Sie also diesen heißen Lindenblüten-Minz-Tee trinken, haben Sie die Verdauungswirkung der Minze und neutralisieren doch gleichzeitig durch die Lindenblüten ihre aufputschende Wirkung. Vielleicht neigen Feinschmecker eher zu einer Minzcreme, die köstlich ist und ebenfalls verdauungsfördernd wirkt.

Im Handel findet man Produkte aller Art auf der Basis von Minze: Säfte, Liköre, Bonbons, Pastillen, Zahnpasta, Salben, Mixturen etc. Auf Grund ihrer antiseptischen Eigenschaften in bezug auf die Atemwege ist sie Bestandteil verschiedener Medikamente. Das in ihr enthaltene Menthol ist ein starkes Bakterizid, daher können Sie ruhig allen Mentholprodukten, die im Handel sind, vertrauen. Sollten Sie plötzlich von einem Schnupfen befallen werden und sollte Ihre Hausapotheke leer sein, nehmen Sie ruhig eine tüchtige Prise von Ihrer selbstgetrockneten Minze, bereiten Sie daraus einen Tee und vergessen Sie nicht, ihn zum Inhalieren zu benutzen, bevor Sie ihn trinken. Dabei halten Sie den Kopf über das dampfende Gefäß und umhüllen ihn mit einem Handtuch, um die Minzdämpfe auch wirklich voll einzuatmen.

Bei äußerlicher Anwendung wirkt die Minze schmerzstillend. Die Kinder amüsieren sich manchmal damit, ein Pfefferminzbonbon zu lutschen und dann ganz schnell und heftig die Luft einzuatmen, denn das erweckt den plötzlichen Eindruck einer eisigen Kälte, die einige Sekunden lang wie eine Lokalanästhesie auf die Schleimhäute wirkt. Diese schmerzlindernde

Wirkung der Minze sollte man sich zunutze machen. Bei Zahnschmerzen z. B. kann man den Schmerz betäuben, indem man auf die betroffene Stelle einen Tropfen Minzalkohol träufelt. Auch bei Migräne ist eine in Minzabsud getauchte Kompresse sicher sehr wirksam (eine Handvoll Minze wird 10 Minuten lang in einem Topf voll Wasser gekocht). Die gleichen Kompressen lindern rheumatische Schmerzen, sofern man nicht eine Mentholsalbe oder eine konzentrierte Essenz zur Hand hat. Junge Mütter können direkt auf die Brust Kataplasmen aus frischer Minze legen, die sie nur kurz in kochendem Wasser aufgeweicht haben; das löst jeden Milchstau in der Brust.

Und schließlich besteht die letzte, aber nicht die geringste ihrer Eigenschaften darin, daß sie angeblich stark aphrodisisch wirkt. Es ist unbestreitbar, daß sie die Sexualfunktionen bei Mann und Frau reguliert und allerlei Liebesspiele begünstigt. Ob das ihrem erregenden und zu Kopfe steigenden Parfüm zu verdanken ist? Ich kann es nicht mit Gewißheit sagen. Aber seit eh und je erscheint sie in verschieden starker Dosierung in jedem Liebestrank. Auch in den berauschenden Düften, die abends aus den arabischen Palästen von Tausendundeiner Nacht aufsteigen, herrscht der Minzgeruch vor.

DIE BRENNESSEL

Warum wirft man in die Brennesseln, was man nicht mehr mag? Ich würde eher alle, die ich liebe, in die Brennesseln stürzen. Die Brennessel, Unkraut für die einen, ist in meinen Augen die beste aller Pflanzen. Meinen Bauern untersage ich, sie am Fuße einer Mauer oder Hecke auszureißen, und meine Kräutersammler schicke ich aus, sie dort zu pflücken, wo sie mit Vorliebe wächst, in der Nähe von Tümpeln, an verlassenen Orten, wo nichts anderes mehr grünt.

Es gibt keinerlei Entschuldigung dafür, daß Sie daheim nicht einen großen Brennesselvorrat haben! Jeder kennt die Brennessel, weil er sich als Kind oft genug die Waden daran verbrannt hat. Selbst die Tatsache, daß sie sticht, ist keine

Entschuldigung dafür, daß man sie meidet, denn man kann sie mit Handschuhen pflücken. Mein Vater, der mit den Pflanzen sehr zart umging, verstand es, sie zu zähmen, indem er sie mit der bloßen Hand von unten her packte.

Wenn Sie also von Ihren sonntäglichen Ausflügen und Picknicks auf dem Land aus Ermangelung des botanischen Bestimmungsbuches nur eine einzige Pflanze mit heimbringen können, so muß das unbedingt eine Brennessel sein.

Schon allein das Bravourstück, sich in die Brennesseln zu stürzen, ist heilsam. Abgesehen von dem moralischen Vergnügen, das darin besteht, sich stoisch gezeigt zu haben, stimuliert der Brennesselstich die Blutzirkulation. Wenn die Landkinder mit von Brennesselstichen geschwollenen Beinen weinend nach Hause kommen, tröstet man sie, indem man ihnen sagt: „Freu dich lieber, so wirst du später kein Rheuma haben."

Es gibt auch unter den Erwachsenen einige Stoiker, die sich freiwillig in die Brennesseln stürzen. Das tat mein bereits zitierter alter gascognischer Freund, der Schürzenjäger, der sehr alt wurde: Er wälzte sich in den Brennesseln wie andere sich mit der Wurzelbürste abschrubben. In alten Texten finden sich übrigens ebenfalls Anspielungen auf diese barbarische Therapie. Petronius zum Beispiel beschreibt eine Priesterin, die den Männern ihre Kraft wiedergab, indem sie sie mit einem Büschel Brennesseln oberhalb des Nabels, ins Kreuz und auf das Gesäß peitschte.

Aus demselben Grunde empfahl Rabelais, sich das Hinterteil im Feldmannstreu zu scheuern, was *das* Mittel überhaupt wäre, um Feuer im Hintern zu haben. (Auch Feldmannstreu ist eine stachelige Pflanze, die der Distel verwandt ist.) Früher peitschte man angeblich auch Kranke mit Brennesseln, um bei ihnen Fieberausbrüche zu provozieren (bei Röteln, Scharlach etc.).

Ovid tat eine Prise Brennesselsamen in einen kunstvollen Liebestrank, dessen Rezept er in seiner „Liebeskunst" preisgibt. War das eine symbolische Handlung, um dem Getränk einen „pikanten" Reiz zu verleihen?

Ich persönlich greife immer wieder auf die Brennessel zurück, um damit meine alten rheumakranken Hunde zu behandeln. Ich kann mich von den alten Tieren, die immer bei mir gelebt haben, nicht trennen, und außerdem nehme ich auch alle von ihren Herren wegen ihres Alters oder ihrer Krankheiten verlassenen Tiere auf. So ist mein Gut nach und nach zu einem Altersheim für Hunde geworden. Für sie gehe ich also auch ins Dickicht, um ein Büschel Brennesseln zu pflücken. Nebenbei nehme ich noch ein Sträußchen Schöllkraut und im Gemüsegarten einen schönen Kohlkopf mit. Nachdem ich das alles fein gehackt habe, lasse ich es zwei oder drei Tage in Regenwasser auslaugen. Wie mein Vater fange ich dieses in großen Henkelwannen aus Holz auf, die bei der Weinernte zum Einsammeln der Trauben dienen. Mit dieser Mazeration reibe ich dann meine Hunde ein, versuche damit ihre Schmerzen zu lindern und ihr Leben zu verlängern.

Sollten Sie also das Glück haben, daß in Ihrem eigenen Garten Brennesseln wachsen, töten Sie sie nicht mit Herbiziden. Gießen Sie sie lieber sorgfältig und vergessen Sie nicht, daß ihre Anwesenheit für die anderen, vielleicht empfindlicheren Pflanzen ihres Gartens stimulierend sein kann. Laut Professor Pfeiffer, der Untersuchungen über die wechselseitige Hilfe der Pflanzen angestellt hat, verstärkt eine Reihe Brennesseln in der Nähe von aromatischen und medizinischen Kräutern deren Gehalt an heilenden Essenzen.

Außerdem ermöglicht Ihnen dieses Beet voll frischer Brennesseln, höchst delikate Speisen auf den Tisch zu bringen: Brennesselsuppe oder Brennesseln in Sahne etc. Man bereitet die Brennesseln wie Spinat zu, den sie auf Grund ihres hohen Gehalts an Mineralsalzen gut ersetzen können. Wie alle grünen Gemüse sind auch sie blutreinigend und harntreibend (und gekocht stechen sie auch nicht mehr, sondern sind samtweich für den Magen).

Brennesseltee wirkt sehr beruhigend auf Rheumatismus. Ich gebe ihn auch meinen Hunden zur Vervollständigung der äußerlichen Anwendung. Und was für Hunde gut ist, ist es auch für die Menschen (das Gegenteil trifft übrigens auch zu). Der Brennesseltee ist also gut für das Blut, hemmt den Blutfluß und zu starke Monatsblutungen, Hämorrhoiden und Nasenbluten. Der gleiche Aufguß kann bei Angina zum Gurgeln und zum Reinigen der Haut bei Hautreizungen, Ekzemen,

Akne und Bläschenflechte dienen, wobei man ihn mit einem angefeuchteten Wattebäuschchen aufträgt. Auch einige meiner Schönheitscremes enthalten Brennesselextrakt. Ob die Schönen es mir wohl übelnehmen, daß ich sie in die Nesseln setze?

DAS SCHÖLLKRAUT

Da wir unseren Gemüsegarten nun schon einmal verlassen haben, können wir auch gleich gemeinsam auf die Felder hinausgehen, wo ich Ihnen mein Talismankraut, das Schöllkraut, vorstellen möchte.

„Es ist das beste aller Kräuter", sagte mein Vater, „aber auch das grausamste."

Die Legende erzählt, es bringe den Sterbenden zum Weinen und den Genesenden zum Singen. Es ist ein bescheidenes Pflänzchen mit hellgelben Blüten, einem bitteren orangefarbenen Saft und zahlreichen Spitznamen: „Schwalbenkraut", „Bockskraut", „Warzenkraut"... Aber man darf es unter keinen Umständen essen.

Eines Tages erhielt ich einen Brief von einem meiner Patienten, der mir mitteilte, er habe den ganzen Kanister Pflanzenabsud, den ich ihm geschickt hatte, „als Tee" getrunken und fühle sich wie neugeboren. Dieser Absud war zur äußerlichen Anwendung, für Hand- und Fußbäder bestimmt gewesen, eine von mir häufig verordnete Behandlungsweise. Und dabei hatte ich mir noch die Mühe gemacht, eine detaillierte Gebrauchsanweisung beizufügen, die er aber wahrscheinlich gar nicht gelesen hatte. Ich stand wie angewurzelt. Mein Absud enthielt Schöllkraut, das in starker Dosis als ein tödliches Gift wirken kann. Mein Patient litt vielleicht an allerlei Wehwehchen, aber er hatte offensichtlich einen Pferdemagen!

Auf meinem Gut habe ich entlang einer Scheune einige Schöllkrautstauden gepflanzt, denn diese Pflanze liebt das Gestein. Aber niemals würden mein Pferd, mein Esel oder meine Gänse davon fressen. Sie machen sofort kehrt. Das beweist einmal mehr, daß die Tiere die Gefährlichkeit dieser Pflanze sehr genau kennen. Ich möchte jedenfalls eindringlich davor warnen, das Schöllkraut unmäßig und ohne Umsicht zu verwenden.

Nachdem ich nun auf die Gefährlichkeit dieser Pflanze genügend hingewiesen habe, sehen wir uns also gemeinsam ihre guten Eigenschaften an. Wie um alle Giftpflanzen rankten sich in der Antike auch um das Schöllkraut zahlreiche Legenden. Wegen der goldgelben Farbe seiner Blüten glaubten die Alchimisten in ihm das Kraut zur Herstellung des Steins der Weisen zu erkennen. Daher erklärt sich wohl sein Name „chelidonium", der abgeleitet ist von coeli donum, Geschenk des Himmels.

Es sollte aber angeblich auch die Pest bekämpfen und den Blinden das Augenlicht wiedergeben. Diese zweite Eigenschaft hat ihm wohl den Spitznamen „Schwalbenkraut" eingebracht, denn die fürsorgliche Schwalbenmutter soll, so sagt man, einen Tropfen Schöllkrautsaft in die Augen ihrer Neugeborenen träufeln, um ihnen das Augenlicht zu schenken. In der Tat wird der in Wasser verdünnte Saft des Schöllkrauts zu Augentropfen verwendet, um Bindehautentzündungen zu behandeln.

Schneidet man einen frischen Stengel ein und reibt den austretenden gelben Saft direkt auf eine Warze, kann man sie nach zwei- oder dreimaliger Anwendung beseitigen; daher der Name „Warzenkraut". Diese ätzende Eigenschaft des Schöllkrautsaftes macht man sich auch bei Hühneraugen zunutze.

Erinnert man sich an die weiter oben zitierte „Theorie der Pflanzensignatur", die früher sehr angesehen war, könnte man meinen, dieser gelbe und bittere Saft müßte automatisch zur Heilung von Gelbsucht sowie allen Leber- und Gallenerkrankungen dienen. Die Verallgemeinerung dieser Theorie ist vielleicht zu gewagt, aber im Fall des Schöllkrauts trifft sie zu: es trägt wirklich zur Heilung von Gelbsucht und Leberkrankheiten bei. Da es abführend und harntreibend ist, hat es auch eine wohltuende Wirkung bei Verstopfung und Harngrieß. Außerdem wirkt es noch betäubend und besänftigt daher Magenkrämpfe.

In mäßiger, fast homöopathischer Dosis hat auch der Schöllkrauttee seine Anhänger. Ich jedoch rate eher zur äußerlichen Anwendung und fordere vor allem meine Patienten auf, die Gebrauchsanweisung aufmerksam zu lesen.

DIE PIMPERNELLE

In der Antike war sie ein beliebtes Hausmittel. Sie ist die Freundin des Blutes, daher auch ihr Name *„sanguisorba"* oder „Blutkraut".

Sie wächst wild auf unseren Wiesen, vorausgesetzt, daß der Boden feucht und fett ist. Sammeln Sie große Körbe voll, genau wie beim Löwenzahn, und essen Sie sie roh als Salat oder gekocht als Gemüse.

Wollen Sie sie lieber trocken und mit Ihren Kräutertee-reserven aufbewahren, dann reißen Sie auch ihre langen Wurzeln aus, die sehr viel wohltätigen Saft enthalten (vor allem im Frühling und Herbst). Schneiden Sie die Wurzeln in Scheiben und legen Sie sie zum Trocknen aus.

Die Pimpernelle hat eine adstringierende Wirkung, die alle Blutflüsse wie Nasenbluten, Blut im Urin, Gebärmutter-blutungen (Blutausfluß zwischen den Perioden) etc. hemmt. Sie beeinflußt auch den Darmtrakt und bremst Durchfall und Ruhr.

In diesen dringenden Fällen ist daher ein Pimpernellen-aufguß eine große Hilfe. Um die Wirkung zu steigern, kann man auch einen Absud bereiten (eine Handvoll Pimpernelle samt Wurzeln 10 Minuten in einem Liter Wasser kochen). Diesen Trank sollte man mehrmals pro Tag zu sich nehmen. Der gleiche Absud kann auch als Einlauf bei Durchfall verwendet werden.

DER LAVENDEL

Im Wäscheschrank meiner Mutter duftete es immer nach Lavendel. Ich sehe sie noch, wie sie zwischen die frisch ge-bügelten Bettücher Lavendelzweiglein schob. Und faltete man diese riesigen Leinentücher dann auseinander, waren sie vom Duft ganz durchtränkt. Für mich gehört der Lavendel auch heute noch zu feiner Bettwäsche, die in alten, bemalten Schränken ruht.

Auch im Kleiderschrank wurde ein Sträußchen Lavendel

als Mottenschutz aufgehängt, denn dadurch werden die Insekten vertrieben.

In den Wäldern von Gavarret wuchs wenig Lavendel, während er in der Provence auf Schritt und Tritt anzutreffen ist. Aber mein Vater kannte meilenweit im Umkreis jedes Plätzchen, auf dem ein Büschelchen stand. Eines Tages war unsere Hündin Miss von einer Schlange gebissen worden; sofort lief mein Vater los und holte etwa einen Kilometer weit das einzige Lavendelbüschelchen der ganzen Gegend. Er kam völlig außer Atem zurück und rieb die Wunde von Miss sofort mit den Lavendelblüten ein. Ich hatte schreckliche Angst um meine Hündin und hielt die ganze Nacht bei ihr Wache; jedesmal, wenn ein Fieberanfall ihren Körper schüttelte, zitterte ich vor Angst, sie zu verlieren. Aber am Morgen ging es ihr schon besser. Wieder einmal hatte mein Vater etwas vollbracht, was in meinen Augen ein Wunder war.

Viele Jahre später sah ich in der Haute Provence, wie Jäger Lavendelbüschel sammelten, um ihre von Schlangen gebissenen Hunde damit einzureiben. Die Wirkung dieser Pflanze gegen Gifte ist inzwischen allgemein bekannt.

Ebensogut kann sie bei entzündeten Wunden, Ekzemen, Akne und Verbrennungen als Antiseptum angewendet werden. Lavendelessenz und -alkohol findet man heute im Handel. Man kann aber auch daheim Lavendelgeist herstellen, indem man 100 g Lavendelblüten ein paar Tage lang in einem halben Liter 90prozentigen Alkohol ziehen läßt.

Um einen Absud zu erhalten, läßt man eine Handvoll Lavendelblüten zehn Minuten in einem Liter Wasser kochen. Dieses desinfizierende Lavendelwasser kann auch zu Kompressen auf Wunden und Verbrennungen oder als Vaginalspülung verwendet werden, um venerische Krankheiten zu neutralisieren.

Bei Hitzewellen und Schwindel wirkt der starke Duft von Lavendel ebenso wie der der Minze. Manchmal genügt es schon, sich Stirn und Schläfen mit Lavendelalkohol zu betupfen, um eine Ohnmacht zu verhindern, denn das Gehirn wird dadurch angeregt. Eine Abreibung mit Lavendelalkohol auf Rücken und Brust entspannt die Atemwege und besänftigt schlimmen Husten.

Ebenso wirkt das ins abendliche Bad geworfene Lavendelbüschelchen gleichzeitig beruhigend und desinfizierend. An Winterabenden kann ich also ein Lavendelbad allen Nervösen, an Schnupfen und Grippe Leidenden nur empfehlen.

Eine Prise Lavendel in der Inhalation vervollständigt die Behandlung von Grippe oder Bronchitis, da hiedurch die Atemwege desinfiziert werden.

Beim Gurgeln desinfiziert der Lavendel nicht nur den Rachenraum, sondern wird auch mit allen Kontraktionen des Mundes, der Zungenlähmung und sogar dem Stottern fertig, weil er die Nerven und Muskeln entspannt.

Lavendelblüten kann man aber auch zu Arzneitee verwenden, indem man einen winzigen Teelöffel voll in eine Schale abgekochtes Wasser gibt und zwei- oder dreimal täglich davon trinkt. Dieser Tee hat eine äußerst beruhigende Wirkung und kann fast als Schlafmittel gelten. Aber auch hierbei rate ich zu Vorsicht. Jedoch bei starker Migräne, Neuralgien, Grippe, Bronchitis, Asthma oder Keuchhusten ist der Lavendelblütentrank äußerst hilfreich.

Da die Anwendungsmöglichkeiten so zahlreich sind, rate ich Ihnen, einige Lavendelbüschelchen in Ihrem Ziergarten zu pflanzen, denn diese blauvioletten Blütchen sind ebenso hübsch wie wohlriechend. Ist Ihnen das jedoch zu mühsam, so bleiben Sie wenigstens stehen, wenn Sie in den großen Städten vor den Geschäften kleine Esel stehen sehen, die Glöckchen und große wohlduftende Kiepen tragen, denn in diesen stecken Lavendelsäckchen. Kaufen Sie welche, um Ihre Wäscheschränke zu parfümieren, dann können Sie sie auch in dringenden Fällen mal schnell aus ihren Wäschestapeln herausnehmen und sich damit behandeln.

DIE QUECKE

Die Bauern würden Sie segnen, sollten Sie in ihre Felder eindringen, um sich Quecke zu holen. Diese hartnäckige und alles überwuchernde Pflanze ist eine Plage der Landwirtschaft. Aber die Hartnäckigkeit gewisser Pflanzen ist auch ein Beweis für ihre Gesundheit, sie klammern sich ans Leben. Die Quecke also, ein kriechender Weizen, steckt ihre riesigen Wurzeln in alle Himmelsrichtungen. Und gerade diese Wurzeln oder Wurzelstöcke enthalten die meisten nützlichen und heilenden Eigenschaften. Daher muß man sie schon im Frühling ausreißen und waschen, die Würzelchen schneiden und trocknen (oder besser noch: sie gleich frisch essen).

Diese langen, faserigen Wurzeln dienen oft als Besenborsten. Aber am wirksamsten fegt die Queckenwurzel in Ihren Eingeweiden. Die Quecke wird den großen Frühlingsputz vornehmen, denn sie ist ein wirksames Diuretikum und Blutreinigungsmittel.

Die etwas harte Wurzel wird beim Absud, mehr noch als beim Aufguß, all ihren Saft hergeben. Daher koche man sie (frisch oder getrocknet, nachdem man sie gründlich zerkleinert hat) zehn Minuten lang in sprudelndem Wasser, damit all ihre Wirkstoffe herausgezogen werden. Dieselbe Methode empfiehlt sich übrigens für alle harten Kräuter oder Wurzeln.

Ich erinnere mich noch, wie einmal der Besitzer einer Autowerkstatt aus Fleurance bei meinem Vater auftauchte und sich vor Schmerzen wand. Er hatte einen Blasenstein. Ich war tief beeindruckt, als mein Vater ihm unverzüglich einen Kräutertee aus Minze und Quecke bereitete und ihn das Gebräu trinken hieß. Wir hatten stets einen gewissen Kräutervorrat im Haus; die Wurzel- und Kräuterbüschel hingen kopfunter von der Decke herab. Schon nach kurzer Zeit schienen sich die Schmerzen beruhigt zu haben. Er war seinen Stein losgeworden. Und sein Sohn, der mit mir in die Schule ging, erzählte mir später, daß sein Vater gewissenhaft jahrelang jeden Morgen seinen Quecken-Minz-Tee trank.

Um diesem Arzneitee mehr Geschmack zu verleihen, kann man ein wenig Süßholz oder ein Scheibchen Zitrone hineingeben.

Dieses Getränk – als Aufguß oder Absud – verordne ich also bei allen Leber- und Blasenleiden: Gelbsucht, Gallensteinen, Blasengeschwüren, Nierenkoliken etc., aber auch bei Zellulitis und Gicht sowie bei Harnverhaltung.

Haben Sie schon einmal Hunde oder Katzen beobachtet, wenn sie aufs Feld hinausgehen, um eine gründliche innere

Reinigung vorzunehmen? Sie wählen sorgfältig Quecken-
hälmchen aus, die sie mit ihren kleinen, spitzen Zähnen ab-
knabbern, da sie die saftreichen Wurzeln ja nicht erreichen
können. Aber wir Menschen, die wir ja die Möglichkeit haben,
sollten sowohl Löwenzahn wie auch Quecke bei der Wurzel
packen, denn beide haben die Eigenschaft, uns nachts im Eil-
tempo aus dem Bett zu jagen.

DER EFEU

Da er sich mit all seinen kleinen „Haftwurzeln" am Unter-
grund anklammert, ist er zum Symbol der Freundschaft und
Liebe geworden. In der Antike verglich man seine Verschlin-
gungen mit der Umarmung zweier Liebenden.

Die Vögel haben schon längst entdeckt, daß der Efeu mit
seinen dichten und widerstandsfähigen Blättern einen ausgezeichneten Schutz gegen die Unbilden des Wetters bietet,
wenn alle anderen Bäume ihr Blattwerk bereits verloren haben.
Daher bauen sie ihre Nester in den wasserundurchlässigen
Schutz des an Mauern, Bäumen und Gestein hochkriechenden
Efeus. Natürlich kennen sie auch all seine guten Eigenschaften,
da sie in enger Verbundenheit mit ihm leben. Wenn im tiefen
Winter das Futter rar wird, stürzen sich manche Vögel, wie
etwa die Ringeltaube, auf die noch grüne Efeufrucht. Andere
warten den Frühling ab, um ihre Jungen mit der fleischigen
und bereits reifen Efeubeere zu erfreuen, während andere
Pflanzen in der freien Natur noch lange auf ihre Reifezeit
warten. Aber auch die Bienen haben längst die nektarreichen
grünen Efeublüten entdeckt, die sie mit Eifer aussaugen.

Im Gegensatz dazu machen Säugetiere einen äußerst mäßigen Gebrauch vom Efeu. Wenn Schafe und Ziegen, die einen
robusten Magen haben, noch davon fressen, so nehmen doch
unsere Stallkaninchen und unsere Hunde schon deutlich Abstand vom Efeu. Ihnen bekommt das Hederin nicht, der Giftstoff des Efeus. Früher brachte man aus diesem Grunde den
kalbenden Kühen einen Armvoll Efeu, um ihnen das Kalben
zu erleichtern.

Und wie reagieren die Menschen auf Efeu? Sie sollten es eher ihrem Freund, dem Hund, gleichtun und Vorsicht walten lassen. Für uns empfindliche Wesen sind die Efeufrüchte wirklich giftig. Verbieten Sie daher Ihren Kindern, daran zu lutschen. Nur die Blätter können für uns sehr nützlich sein, dürfen aber auch nur mit Maß angewendet werden.

Ein stark verdünnter Efeublättertee (eine Prise pro Liter Wasser) hat eine starke Einwirkung auf Beschwerden der Atemorgane. Er stillt den Husten und begünstigt den Auswurf. Und trotzdem rate ich eher zu Tee aus Gundermannblättern, jenem „kriechenden Efeu" oder „rundlichen Kraut", wie mein Vater es wegen der rundlichen Form seiner Blättchen nannte. Es wächst überall auf unseren Feldern. Es kriecht über feuchten, meist schattigen Boden und blüht im Frühling. Jetzt sollte man die blühenden Spitzen abpflücken und zum Trocknen legen, damit man sie im Winter zur Bereitung von Arzneitee gegen alle Lungenerkrankungen zur Hand hat.

Einige pharmazeutische Laboratorien haben einen Sirup auf der Basis von Efeu hergestellt, der gegen Husten und Keuchhusten verordnet wird. Im Südwesten Frankreichs gab man früher an Keuchhusten erkrankten Kindern einen Schluck Wein, der in einem Becher mazeriert worden war, den man aus dem knorrigen Stamm einer alten Efeupflanze geschnitzt hatte. Das stillte Hustenanfälle, denn das Efeuholz hatte dem Wein seine Heilkraft mitgeteilt.

Ferner stimuliert der Efeu – wie alle bitteren Pflanzen – den Magen und die Funktionen des Verdauungstraktes. Somit wirkt er auch harntreibend.

Eine der seltensten Eigenschaften entwickelt er jedoch bei äußerlicher Anwendung: er entspannt und löst die Knötchen der Zellulitis auf. Daher enthalten viele Antizellulitis-Salben Efeuextrakt. Aus demselben Grunde verwende ich ihn in Unmengen. Meilenweit im Umkreis reißen meine Pflanzensammler Efeu und Gundermann aus, wo sie ihn nur auftreiben können. Und in meinem „Pflanzenhaus" haben getrocknete Efeublätter einen beträchtlichen Teil der Bettchen besetzt. Sie sind ständige Heimgäste, da man sie zu jeder Jahreszeit auflesen kann. Ich brauche sie für meine Salben wie für die Fußbadessenzen, die ich als Absud bereite.

Man kann sich auch selbst Umschläge aus zerkleinerten Efeublättern machen, die man direkt auf die von der Zellulitis befallenen Körperpartien auflegt. Sie können aber auch Efeublätter zehn Minuten lang in Wasser kochen und diesen Absud zu Kompressen auf die häßliche „Orangenhaut" benützen. Diese wird sehr schnell geschmeidiger und entspannt. Wenn gleichzeitig ein Diuretikum, das die Ausscheidung fördert, innerlich angewandt wird, vertreibt diese Kompresse die Giftstoffe, und die Zellulitis bildet sich zurück.

Der Efeu, der früher die Stirn der Poeten zierte, umgibt also heute die rundlichen Partien der Damen. Das ist ein Fortschritt in Richtung auf Wirksamkeit. Aber dennoch bleibt diese Pflanze ein Verbündeter der Schönheit, denn ist der Schwung eines schön geformten Beins weniger erregend als ein Sonett?

DIE MALVE UND DER EIBISCH

Es gibt ebenso sanfte Pflanzen wie bittere und grausame. Malve und Eibisch gehören zu den sanften Kräutern. Ihre „weisen" Blüten tragen die zarte Tönung der Halbtrauer, meine Lieblingsfarbe, die in der Natur gar nicht traurig wirkt, sondern vielmehr voll ist von Frühlingserwartung!

Malve und Eibisch sind Bestandteile des seit Jahrhunderten wegen seiner pektoralen Qualitäten bekannten „Vier-Blüten-Arzneitees". Jene vier Blüten waren in Wirklichkeit sieben, wie die Musen: Malve, Eibisch, Veilchen, Mohn, Königskerze, Huflattich und Katzenpfötchen – das ergab ein sehr hübsches Feldblumensträußchen, das Maler und Dichter inspirieren könnte. All diese Kräuter haben eine beruhigende Wirkung.

Malve und Eibisch wirken aufweichend, d. h. sie machen geschwollene Körperpartien weich. Als Tee und Gurgelessenz stillen Malve und Eibisch alle Arten von Halsschmerzen. Die holzige Wurzel des Eibisch gab man früher den Kindern zum Kauen, wenn sie ihre Zähnchen bekamen, denn dadurch wurde das Anschwellen des Zahnfleisches verhindert. Im Handel findet man Eibischextrakt zum Einreiben auf Brust und Hals.

Eibisch ist sehr leicht zu ziehen; er gehört in den romantischen Garten – Stil Pfarrhausgärtchen –, wo er zu Füßen der riesigen Stockrose oder „Rosenmalve" wächst, denn beide gehören der gleichen Familie an.

Pflücken Sie seine Blüten im Sommer, die Blätter im Frühling, und ernten Sie die Wurzeln im Herbst, wobei Sie jedoch besser das zweite Jahr abwarten, damit sie fleischiger sind. Bürsten Sie die trockenen Wurzeln, aber waschen Sie sie auf keinen Fall. Das wäre schade, denn es könnte ihren Pflanzenschleim auflösen, jene gelatineartige Masse, in der die Heilkraft enthalten ist.

Wilde Malven finden Sie auf allen Feldern im Übermaß. Früher ging man „in die Malven", wollte man eine gute Suppe kochen. Riesige Körbe voll brachte man nach Hause und gab Händevoll Blätter in den Topf. Diese äußerst milden Suppen waren für Kinder und alte Leute gedacht. Aber auch Fleischgerichte wurden mit Malvengemüse garniert, das man wie Spinat kochte. Man mischte die Malven auch mit anderen milden Pflanzen wie Borretsch, Hirtentäschelkraut, Sternmiere, Wegerich – sie alle gingen mit Magen und Darm sehr zart um!

Diese sanften Kräuter wie Malve und Eibisch passen gut zu den Frauen. Als Suppe oder Kräutertee bereitet, werden sie mit den hartnäckigsten Verstopfungen, die Teint und Linie beeinträchtigen, fertig. Beim Sitzbad oder als Spülungen beruhigen sie Entzündungen der empfindlichen weiblichen Organe. Tauchen Sie eine Kompresse in Malven- oder Eibischaufguß und legen Sie sich diese aufs Gesicht; in Kürze verschwinden Hautreizungen und Ausschlag. Auch Bläschen im Mund würden einer Spülung mit Eibisch- oder Malvenaufguß nicht standhalten.

DER MOHN

Er ist der Vetter des opiumhaltigen Schlafmohns und hat ebenso wie dieser narkotisierende Eigenschaften. Aber der hübsche Mohn, der zusammen mit den Kornblumen unsere Felder ziert, ist immerhin wesentlich ungefährlicher als sein

exotischer Vetter, der orientalische Opiummohn. Unser Feld-
mohn enthält in sehr, sehr schwacher Dosis Morphium und ist
daher ein Beruhigungs-, aber kein Schlafmittel. Pflücken Sie
also im Sommer Mohnblütenblättchen. Da sie sehr zart sind,
müssen Sie vorsichtig mit ihnen umgehen; trocknen Sie sie
dann auf großen Bögen Papier an der frischen Luft und verschließen Sie sie später in dichten Gläsern oder Büchsen.

Sollten Sie sich scheuen, reinen Mohnblütentee zu trinken –
aus irgendeinem Aberglauben heraus –, dann fügen Sie eben
Ihrem Lindenblütentee oder dem oben zitierten „Vier-Blüten-
Aufguß" nur zwei oder drei getrocknete Blütenblättchen
hinzu. Dieses Beruhigungsgetränk ist sehr wirksam bei Angina,
Bronchitis, Keuchhusten, Asthma und Schlaflosigkeit.

DAS HIRTENTÄSCHELKRAUT

Seine verschiedenen Namen „Hirtentäschel", „Kapuziner-
täschel", „Judastäschel" oder ganz einfach „Täschelchen"
verdankt es der dreieckigen und flachen Form seiner Früchte,
die einem Täschchen gleichen... dem flachen Täschchen eines
Hirten oder Kapuzinermönchs.

Das Hirtentäschelkraut ist eine wildwachsende Kressenart,
die das ganze Jahr über in mäßig warmen Gegenden gedeiht.
Man kann die ganze Pflanze pflücken (mit Ausnahme der
Wurzel) und sie trocknen lassen oder aber, was noch besser ist,
sie frisch zu Arzneitee oder Kräutersaft verarbeiten.

Es ist die Pflanze *par excellence* gegen Blutkrankheiten. Es
hemmt Blutspucken, Nasenbluten und alle Arten von Blutfluß. Es reguliert heftigen Blutverlust bei jungen Mädchen in
der Pubertät sowie bei ihren Müttern während der Wechseljahre. Auch bei Blutern wird es mit Erfolg angewandt. Außerdem hilft es auch bei Krampfadern und Hämorrhoiden, wenn
es als Umschlag direkt auf die angegriffene Stelle aufgetragen
wird.

Für dringende Fälle ist es daher immer nützlich, eine kleine
Hausapotheke an getrockneten adstringierenden Kräutern zu
besitzen.

DIE ROSE

Wenn ich auf die Rose, meine Lieblingsblume, zu sprechen komme, reißt mich immer die Leidenschaft mit. Der Frau, die man liebt, spricht man alle Tugenden zu. Ich liebe die Rose viel zu sehr, um ihr gegenüber unparteiisch sein zu können. Blut- und purpurrot ist sie die Blume der Leidenschaft. Aber ihre Zartheit und ihre samtigen Blütenblätter verleiten auch zum Träumen, zum Träumen von zarten Wangen und Küssen. So wurde die Rose zum Leitmotiv romantischer Poesie.

Aber bleiben wir realistisch. Vergessen wir die Poesie, und fragen wir uns lieber, was man von der Rose erwarten kann. Nachdem wir sie besungen, uns an ihrem Duft berauscht, sie mit Augen und Hand gestreichelt haben, dürfen wir sie auch essen. Ein Sakrileg? Unsere Ziegen scheuen keineswegs davor zurück.

Es gibt zahlreiche Rezepte: Rosenkonfitüre, Rosenkonserven, Rosennougat (in arabischen und orientalischen Ländern), Rosenpomade für die Lippen, Rosenmolke, Rosensirup..., ohne all die Rosenwasser, Rosenöle, Rosenessige etc. aufzuzählen.

Die Araber schwelgen in Rosenkonfitüre, in der Régence* beträufelten auch die Franzosen Fleisch und Saucen mit Rosenwasser... Aber heute kennt man nur noch Rosenparfüm, und das ist sehr bedauerlich.

Die Rose wirkt adstringierend und stärkend, wodurch sie zu einem hervorragenden Mittel gegen Durchfall und Ruhr wird, was ihre häufige Verwendung in Ländern mit heißem Klima erklärt, wo der Verdauungstrakt der Menschen oft heftigen Attacken ausgesetzt ist. Sie wirkt auch bei Ausfluß, Angina und Zahnfleischentzündung. Sie eignet sich also für eine äußerliche und innerliche Anwendung. Aber in welcher Art der Zubereitung?

Ich rate Ihnen nicht, Ihren Garten zu plündern, denn es tut mir weh, wenn ich sehe, wie man Rosen abschneidet. Bei mir, sowohl in meinem Garten in Feucherolles bei Paris als auch im

---

* Regierungszeit Philipps von Orléans (1715–1723), als Ludwig XV. noch minderjährig war

Gers, werden die Rosen nicht geschnitten, sondern entblättert, bevor sie zu sehr aufgeblüht sind. Diese samtigen Blütenblätter können Sie trocknen für Tees oder sie aber auch frisch verwenden. Hier ein ganz einfaches Rezept für Rosenpaste:

Zerreiben Sie eine große Schale voll Rosenblätter mit dem dreifachen Gewicht Zucker und fügen Sie etwas Rosenwasser hinzu, um eine glatte Mischung zu erzielen, die etwa die Konsistenz von Honig hat. Diese Paste sollten Sie und Ihre Kinder als Brot- oder Zwiebackaufstrich mal probieren!

Meine Großmutter Sophie bereitete geduldig Rosenmarmelade, aber den Luxus, davon zu essen, gestattete man mir nur beim Sonntagsfrühstück. Eines Tages erzählte sie mir, mein Vater habe früher einmal einem gewissen General Pau davon gegeben, der vor dem Ersten Weltkrieg in der Gegend von Gavarret große Manöver leitete. Laut meiner Großmama hustete der General „herzzerreißend", aber die Rosenmarmelade linderte seinen Husten. Lange Zeit war ich in meinem Innersten dem General noch böse, denn wenn die Rosenmarmelade bei uns daheim so rar war und nur so sparsam verwendet werden durfte, hatte ich das bestimmt ihm zu verdanken: er hatte wahrscheinlich so unmäßig davon gegessen, daß uns fast nichts mehr übrig geblieben war.

Man kann einen Aufguß aus Rosenblütenblättern bereiten oder einem anderen Arzneitee ein paar Tropfen Rosenwasser hinzufügen (im Handel erhältlich); die adstringierende Wirkung auf einen gereizten Darm wird sich bestimmt einstellen.

Ich benütze Rosen auch gegen rheumatische Schmerzen. Schon eine Handvoll Blütenblätter im Badewasser wirkt Wunder. Ich lernte einmal einen schwerreichen, in seinem Lebensstil recht raffinierten Industriellen kennen, der dieses Rezept selbst entdeckt hatte. Aus purem Vergnügen und Schönheitssinn pflegte er eine Handvoll Rosenblüten aus seinem Garten in sein Badewasser zu geben (wie man ja auch früher die Betten von Jungverheirateten mit Rosen übersäte); schon nach kurzer Zeit stellte er fest, daß sein Rheuma ihn viel weniger plagte. Eines Tages berichtete er mir von dieser Beobachtung, und ich konnte ihm erklären, das dies eine durchaus bekannte Eigenschaft der Rosen ist.

Man kann sich auch mit Rosenessig einreiben (eine Handvoll

frischer Rosenblüten in Essig mazerieren); das stärkt die Haut, desinfiziert Wehwehchen und lindert Schmerzen.

Möge Ihr Leben also mit Rosen übersät sein wie Ihr Garten, Rosen gehören überall hin, in Ihr Haus, in Ihre Marmeladereserven sowie auf Ihren Toilettentisch. Denn die Rose ist ein Pfand für Gesundheit und Schönheit!

DAS VEILCHEN

Mein Vater duftete immer nach Veilchen; es war sein Lieblingsparfüm. Er stellte es selbst mit größter Sorgfalt her. Aber er hatte bereits illustre Vorgänger. Schon Vulkan, der Gott des Feuers, fand sich eines Tages, von oben bis unten mit Veilchen parfümiert, bei Venus ein und vermochte auf diese Weise die Verachtung der Göttin zu besiegen, die ihm schließlich sogar einen Kuß gab.

Ein Veilchenkuß ist nämlich ganz besonders zärtlich. Er kann Husten und Stimmverlust beseitigen. Ich habe Sängern, die mich aufsuchten, um ihre kostbare Stimme vor Kälte und Mikroben zu schützen, schon immer zu Veilchen geraten. Und nicht nur mein Kleinstadtstolz ist schuld daran, wenn ich immer wieder die „Veilchen in Zucker", die Spezialität von Toulouse, rühme. Früher stellte man viel Veilchenkonfekt her, köstliche Marmeladen, Blütenpasten, Pralinen, aber auch Veilchensirup, der in jedem Haus für den Winter aufbewahrt wurde. Hier das Rezept:

Zerstoßen Sie ein Pfund frischer Veilchenblüten. Geben Sie sie in ein großes Gefäß. Gießen Sie zwei Liter kochendes Wasser darauf und lassen Sie das Ganze einen halben Tag warmgestellt, auf einem Ofen oder Heizkörper, ziehen. Gießen Sie es anschließend durch ein Sieb und fügen Sie zwei Kilo Zucker hinzu. Lassen Sie diesen Aufguß dann eine oder zwei Stunden im Wasserbad einkochen und füllen Sie den Saft in Flaschen!

Dieser Veilchensirup kann zum Gurgeln verwendet oder aber auch löffelchenweise in einem Arzneitee getrunken werden. Das ist die sanfteste Behandlung bei Angina, Schnupfen,

Bronchitis, Keuchhusten und Asthma. Für dieselben Krankheiten kann man reinen Veilchentee bereiten, indem man pro Tasse etwa zwölf Blüten rechnet.

Die Veilchenblätter wirken leicht abführend. Man muß sie im Frühling pflücken, bevor man die Blütchen abnimmt, und sie dann zum Trocknen auslegen. Der gemischte Tee aus Blüten und Blättern hat doppelte Wirkung: er beeinflußt die Atem- und die Verdauungsorgane.

Die Wurzel aber wirkt noch viel stärker: da sie ein äußerst starkes Abführmittel ist, kann sie auch zum Erbrechen reizen. Leiden Sie an verdorbenem Magen oder gar einer Lebensmittelvergiftung, machen Sie sich schnell einen Absud aus Veilchenwurzeln, und Ihr Magen wird seine bedrückende Last schnell los. Diesen Absud erhalten Sie, wenn Sie 15 g zerstoßene Veilchenwurzel zehn Minuten lang kochen lassen.

DIE KAPUZINERKRESSE

Man sagt ihr einen Einfluß auf den Geschlechtstrieb nach, daher ihr Name „Liebesblume". Aus dieser Überzeugung heraus wurden dem blutroten Blümchen aus Peru unzählige Gedichte gewidmet..., aber auch viele Rezepte!

Die Blätter ißt man in der Suppe (mit Kartoffeln), die Blüten im Salat, den sie reizvoll verzieren, die Knospen, wie Kapern, in Essig eingelegt. Nur die Wurzeln finden keine Verwendung. In der Tat ist der Pfeffergeschmack der Kapuzinerkresse angenehm und appetitanregend, woraus sich vielleicht ihre stimulierende Wirkung auf andere Freuden und Gelüste erklärt.

Wegen ihres Schwefelgehalts kann man sie älteren Leuten als Kräftigungsmittel wärmstens empfehlen. Außerdem wirkt sie leicht abführend und garantiert somit eine glatte Durchreise der Speisen durch den Magen- und Darmtrakt.

Bei äußerlicher Anwendung schließlich – so heißt es – „halte sie das Haar fest". Daher findet man sie in verschiedenen Haarwassern. Hier eine Lotion, die früher sehr hoch im Kurs stand: Lassen Sie zu gleichen Teilen 100 g Kapuzinerkresse-,

Buchsbaum- und Brennesselblätter zwei Wochen in ½ Liter 90prozentigem Alkohol mazerieren. Die durch ein Sieb gegossene Mischung wird zur Einreibung der Kopfhaut benützt. Und allen, deren Schläfen sich lichten, wünsche ich, daß sie den „Goldhelm" der Kapuzinerkresse wiedererlangen mögen!

DER WEISSDORN

Er wächst überall in unseren Hecken. Früher sammelte mein Vater im Mai ganze Körbe voll dieser winzigen weißen Blütchen, die meine Mutter dann sorgfältig zum Trocknen auslegte. Daher ist mein Herz traurig, wenn aus Gründen der Flurbereinigung all diese hübschen Hecken aus unseren Feldern verschwinden.

Wenn es eines Tages keine einzige Weißdornhecke mehr gibt, wo soll ich dann meine Blütchen finden, die mir so am Herzen liegen – und das nicht ohne Grund, denn die Weißdornblüte ist die Freundin des Herzens. Sie wirkt Wunder bei Nerven- und Herzleiden, bei Schlaflosigkeit, Angstzuständen, Herzflimmern, Überdruck etc. Nervösen Menschen sichert ein Weißdornblütentee eine sanfte, friedliche Nacht. Böse Zungen haben sich diese Wirkung eilfertigst zunutze gemacht und den Weißdorn als „Schlafmütze" und „Dämpfer der Liebeslust" deklariert. Das ist eben immer die Kehrseite dieser „ruhigen Kräuter".

Die Weißdornbeere, die man bei Kräuterhändlern kaufen kann, hat dieselbe beruhigende Wirkung. In Deutschland findet man Weißdornbeerenextrakt gegen Angina pectoris in den Apotheken, was beweist, daß ihre Heilwirkung offiziell anerkannt ist.

Mein Vater war so fest von der Wirkung dieser weißen Blütchen überzeugt, daß er Kataplasmen und Kompressen, die er vorher in eine Weißdornlösung getaucht hatte, direkt auf das Herz auflegte, um Herzflimmern zu besänftigen.

DER BORRETSCH

„Der Borretsch kann sagen, und das ist wahr,
ich erleichtere das Herz, da ich Fröhlichkeit gebar."

Ich weiß nicht, ob diese aus der medizinischen Schule von
Salerno stammenden Verse auch im Bereich der Phytotherapie
Gültigkeit haben. Es ist aber erwiesen, daß man in der Antike
dem Borretsch die Fähigkeit zusprach, Melancholie zu ver-
treiben. In Wirklichkeit ist es aber eher sein besänftigender
Einfluß auf hartnäckiges Fieber, der meiner Meinung nach
Gesundheit und somit Lachen schenkt.

Dieses jedermann vertraute Gemüsekraut verdient es, in allen
Gärten gezüchtet zu werden. Seine Blätter ißt man wie Spinat,
und seine Blüten würzen Salate.

In dringenden Fällen – wie bei starkem Fieber auf Grund von
Röteln, Scharlach, Bronchitis, Grippe, aber auch bei Rheumatismus – ist ein Arzneitee aus (von Ihnen selbst getrockneten)
Borretschblüten und -blättern ein willkommenes schweißtrei-
bendes und fiebersenkendes Mittel.

Der Saft des im Frühling gepflückten frischen Borretschs,
den man durch Auspressen und Zerreiben der Pflanze erhält,
ist blutreinigend. Ein kleines Gläschen am Morgen auf nüchternen Magen, und Ihre Nerven werden funktionieren, als
wären sie neu!

DIE SCHAFGARBE

Achilles benützte sie zum Verbinden seiner Verletzungen;
daher ihr Name *„achillea millefolium"*. Aber sie bekam noch
viele andere Bezeichnungen: „Schnittkraut", „Zimmermannskraut", „Holzfällerkraut", „Soldatenkraut", „Nasenbluter"
und so weiter.

Bei lokaler Anwendung stillt der Schafgarbensaft in der Tat
den Blutverlust und fördert die Vernarbung.

Ein Aufguß aus Schafgarbenblättern hat dieselben adstringierenden Eigenschaften. Er stillt Blutfluß, beruhigt schmer-

zende Menstruationen, heilt Hämorrhoiden und löst alle Arten von Krämpfen der Organe.

Da sie überall auf den Wiesen anzutreffen ist, müßte sie in jedem Haus nach der Heilkräuterernte vorhanden sein.

DER BÄRENKLAU

Früher gewann man aus ihm das „Armenbier", denn sein Stengel diente zur Bereitung eines alkoholischen Getränks. Dafür genügt es, die Stengel zu ernten und sie, nachdem man sie von Blüten und Blättern befreit hat, in Wasser zu kochen und einige Tage stehen zu lassen. Dieses fermentierte Getränk erinnert wirklich ein wenig an Bier.

Der Zuckergehalt des Bärenklaustengels ist so groß, daß man nach dem Trocknen der Stengel in der Sonne kleine Saftkügelchen abnehmen und als Süßigkeit essen kann.

Die Blätter, die man in die Suppe geben kann, sind ein gutes grünes Gemüse. Es heißt auch, der russische „Borscht" sei in Wirklichkeit eine „Bärenklausuppe", in der die anderen Ingredienzen wie Kohl und rote Rüben nur eine zweitrangige Rolle spielten. Wie Malve und Borretsch wirkt auch der Bärenklau „aufweichend", wodurch er für Magen und Darm sehr verträglich und besänftigend wird.

Der Samen dieses Doldenblütlers, der Karottensamen ähnlich sieht, soll angeblich auch ein starkes Aphrodisiakum sein. Man kann einen Aufgußtee daraus bereiten. Auch mein Vater mischte ihn in verschiedene seiner Präparate und zählte den Bärenklau zu den „Glückskräutern".

DER MAISBART

Vom Mais pflücke ich nur den Bart oder die „Narben", die aus der Ähre heraushängen. Am besten reißt man den Bart ab, wenn er noch frisch und die Ähre noch nicht reif ist, um ihn dann in der Sonne zu trocknen.

Maisbart ist das sicherste Diuretikum, das gleichzeitig stark und für den Organismus unschädlich ist. Daher ist es bei chronischen Erkrankungen zu empfehlen, die häufig eine wochenlange Behandlung erforderlich machen.

Ein täglich getrunkener Aufguß aus Maisbart löst jede Harnverhaltung und erleichtert die Auflösung von Blasensteinen. Er erleichtert auch Nierenkoliken und hartnäckigen Blasenkatarrh. Und schließlich hat er noch eine wohltuende Wirkung bei Rheumatismus.

6

Krankheiten sind Alarmglocken

„Die Natur ist der beste Arzt, denn sie heilt drei Viertel aller Krankheiten..., und außerdem spricht sie nie schlecht von ihren Kollegen!"

Galen, einer der ersten genialen Ärzte, hat dies genau erkannt und mit Bescheidenheit und Ironie formuliert. Seine Theorie hat bis heute ihre Gültigkeit bewahrt. Wie oft sind die Ärzte erstaunt, wenn ein Kranker plötzlich, ohne offensichtlichen Grund, wieder gesund wird, während sie jede Hoffnung aufgegeben und jede Behandlung eingestellt hatten. Hier hat sich offensichtlich die Natur eingeschaltet!

Selbst Geisteskrankheiten könnte man dem Eingriff der Natur überlassen. Nach den neuen Theorien der „Antipsychiatrie" würden selbst die schwersten geistigen Störungen von selbst wieder ausheilen, wenn man sie nicht so oft durch brutale Behandlungsmethoden neuerlich auslöste.

Aber Vorsicht: man darf diese der Natur zugebilligte „laisser-faire-Doktrin" nicht mit Untätigkeit, die auf Trägheit basiert, verwechseln. Ich verfechte im Gegenteil die Ansicht, daß man sich der Natur anschließen soll wie einem Wasserlauf, der dem Meer zustrebt, der mit all seinen wirbelnden Kräften, all seine Zuflüsse aufnehmend, sich sein Bett gräbt, das er mit schönen runden Kieseln auslegt, um schneller darüber hinweghüpfen zu können.

Wenn uns ein Unglück trifft, und das kann geschehen – dieses Kapitel ist den Krankheiten gewidmet –, darf man nicht den Kopf hängen lassen und resignierend zusehen. Im

Gegenteil, man muß sich ins Wasser stürzen, aber an der richtigen Stelle. Haben Sie schon einmal einen Mann beobachtet, der gegen den Strom schwimmt? Er strengt sich unnötig an, seine Bewegungen werden fahrig, und bald sackt er ab. Aber bewundert man nicht den Schwimmer, der sich von der Strömung tragen läßt? Sein Körper streckt sich an der Wasseroberfläche; er läßt sich von den Wellen tragen und nützt jeden Anstoß aus, um seinen Schwung zu vergrößern. Und schon in Kürze wird er frisch und erholt an einem gastlichen Gestade an Land gehen.

Genauso ist es mit unserer Gesundheit. Mögen die harten Schläge, die uns zuweilen treffen und Alarmsignale auslösen, Anlaß sein, unsere Lebensweise zu überdenken und den richtigen Weg von neuem zu suchen. Alles, was dazu beiträgt, dem Lebensstrom Kraft zu verleihen, soll zusammengetragen werden. Beeilen Sie sich, sobald die Krankheit an Ihre Tür klopft, sammeln Sie alle Ihre Kräfte, knoten Sie schnell all Ihre Schätze zu einem Bündel zusammen und umklammern Sie es mit beiden Armen. Scharen Sie alles, was Glück bringen kann, um sich: ein gutes Bett, ein schönes Buch, eine hübsche Schallplatte, eine Rose auf Ihrem Nachttisch, dampfenden Tee, dessen Wohltaten Ihnen bekannt sind, und eine liebende Hand, die ihn darreicht. Aber vergessen Sie auch den guten Hausarzt nicht. Er kennt Sie am besten, denn er ist wie ein Freund, der Sie an der Hand nehmen und auf den Weg der Genesung führen wird. Der beste Arzt ist der vorsichtigste; er wird nicht gegen Ihre Natur wirken wollen, um schneller vorwärts zu kommen, er wird vielmehr die Natur unterstützen, ihr an die Hand gehen, damit die Genesung vollkommen ist.

Ich habe immer mit den Ärzten zusammengearbeitet und von meinen Kranken stets die ärztliche Erlaubnis, mich zu konsultieren, verlangt. Auf diese Weise verfüge ich inzwischen über Hunderte, wenn nicht Tausende von Vertrauensbeweisen. Und das Vertrauen war immer gegenseitig. Die besten Resultate haben wir erzielt, wenn der behandelnde Arzt und ich Hand in Hand dasselbe Ziel ansteuerten, dieselbe Richtung einschlugen. Während die ärztliche Behandlung manchmal nicht ausreichte, dem Kranken den nötigen Schwung zur Überwindung seines Leidens zu verleihen, so ermöglichte meine bescheidene ergänzende Beteiligung häufig die Bewältigung des letzten Hindernisses.

Aber ich gebe mich keinen Illusionen hin, allein vollbringe ich keine Wunder. Ich bin auf den Kranken selbst und seinen Lebenswillen angewiesen, ich brauche die Mitwirkung der Seinen, derer, die ihm nahestehen; ich brauche den Arzt, der ihn mit seiner sicheren, auf Erfahrung und Wissen beruhenden Diagnose begleitet. Ich habe nur meinen Strauß Heilkräuter anzubieten – die Botschaft der Natur in präzisen, knappen und wohlwollenden Worten. Und sollte meine Rolle nur darin bestehen, einen Menschen wieder auf die richtige Bahn zu bringen, so genügt mir das schon. Einer meiner amerikanischen Patienten, ein Bankier, ruft mich manchmal aus New York an, um meinen Rat einzuholen. Ich habe ihn von hartnäckigem Asthma geheilt, und jetzt würde er zu gerne in Carnegie Hall singen! Aber da es über meine Kräfte geht, einen Caruso aus ihm zu machen, ist er furchtbar enttäuscht.

Die edelste Tugend dessen, der – als Arzt oder Phytotherapeut – sein Leben der Gesundheit seiner Mitmenschen widmet, ist meiner Meinung nach das Bewußtsein der eigenen Grenzen. Daher sagte Konfuzius, dessen Weisheit darin bestand, die menschliche Bedingtheit in Demut anzuerkennen: „Wissen, was man weiß, und wissen, was man nicht weiß, ist das Kennzeichen eines Wissenden." Weder durch Eitelkeit noch durch Schüchternheit sündigen, das ist das Kriterium für einen guten Arzt.

Ich unterwerfe mich demselben Prinzip. Es gibt Krankheiten, die ich nicht zu heilen vermag; ich gebe das zu und weise eine Behandlung stets energisch von mir. Unzählige Male sind in meiner Praxis verzweifelte Menschen erschienen, die mich anflehten, doch etwas für sie zu tun. Ich konnte jedoch nichts anderes tun, als sie ohne jegliche Behandlung wieder fortzuschicken, nachdem ich ihnen erklärt hatte, daß ich für ihre Krankheit nicht zuständig sei. Menschlich gesehen war das vielleicht hart, aber mir war stets bewußt, daß ich sie nicht täuschen und mit falschen Hoffnungen hinhalten durfte. Im Gegenteil, ich mußte sie so schnell wie möglich an einen Spezialisten oder Chirurgen verweisen, der geeigneter war als ich, ihnen zu helfen.

Hatte ich jedoch einen Menschen vor mir, dessen Krankheit mir vertraut war und bei dem ich mit meiner Behandlung mit größter Wahrscheinlichkeit ein positives Resultat erzielen konnte, dann habe ich ihn mit offenen Armen aufgenommen, sein Problem zu dem meinen gemacht und all meinen Stolz darein gesetzt, ihn aus dem Dilemma zu befreien. Selbstverständlich gab es auch da ab und zu Mißerfolge, denn manche Krankheiten waren bereits zu weit fortgeschritten oder zu komplex. Bei all meinen Bemühungen nahm ich jedoch stets nur ein minimales Risiko auf mich. Meine eigenen Statistiken, die ich zur Beruhigung meines Gewissens Tag für Tag auf den neuesten Stand brachte, haben mir dabei sehr geholfen.

Fünfundzwanzig Jahre lang habe ich mich standhaft geweigert, Krebs zu behandeln. Denn er gehört in jenes Niemandsland, in das meine Pflanzen keinen Zutritt haben und in das ich niemals einzudringen versucht habe. Heute, im Alter von fünfzig Jahren, interessiere ich mich mehr und mehr für die Philosophie der Dinge. Ich habe viel gelernt, gehört, nachgedacht und auf diese Weise nach und nach die Grenzen meiner Wissenschaft erweitert, ohne sie jedoch im Grunde zu verändern. Ich suche mehr und mehr nach langfristigeren Lösungen. Wenn ich heute keine Einzelpersonen mehr behandle, so zum Teil aus Zeitmangel, vor allem aber, weil zahlreiche Prozesse mir bewiesen haben, daß man seine Energie endlos damit vergeuden kann, mit verstreuten, aber hartnäckigen Feinden die Klinge zu kreuzen; daher bemühe ich mich jetzt um die Einwirkung auf die Masse und ziehe es vor, den Strom jener zu vergrößern, die mit wirksameren Mitteln zum Nutzen ihrer Nächsten arbeiten.

Da man heute weiß, daß gewisse Umstände Krebs begünstigen – die Luft-, Wasser- und Lebensmittelverseuchung, der Tabak, falsche Hygiene etc.... –, halte ich es für sinnvoller, meine Energie im Kampf gegen dieses Unheil bereits an der Quelle einzusetzen, weil ich es in seinen späteren Auswirkungen ja doch nicht heilen kann. Die Gesundheit besteht hauptsächlich in der Vorbereitung und Pflege eines kräftigen, fruchtbaren und widerstandsfähigen Terrains. Ich spreche immer vom „Terrain", da ich nur ein Gärtner bin. Die menschliche Natur ist mein Garten.

Ich werde also mein Leben damit zubringen, ihn einzusäen, zu harken, zu begießen und zu rechen, damit er von Tag zu Tag schöner wird. Und wenn ich mit fünfzig Jahren meinen Garten nicht mehr täglich Stück für Stück von seinen Blattläuschen befreie, so bedeutet das, daß ich ihm vertrauen kann. Mir ist es lieber, seinen Boden auf lange Sicht so vorzubereiten, daß er in der Lage ist, sich selbst zu verteidigen. Auch meine Söhne sind inzwischen erwachsen. Meine Aufgabe besteht nicht mehr darin, sie aufzuheben, wenn sie gefallen sind. Sie haben laufen und den Hindernissen auf ihrem Lebensweg auszuweichen gelernt. Trotzdem lenke ich sie immer noch – so glaube ich zumindest –, aber aus größerer Entfernung.

Jeder von uns muß also lernen, mit seiner Konstitution, mit seinen Möglichkeiten und auch seinen Schwächen zu leben. Nach Hippokrates unterschied man in der Antike die Menschen nach ihrem Temperament. Da gibt es Sanguiniker, Melancholiker, Choleriker, Phlegmatiker. Natürlich ist diese Einteilung schematisch, basiert aber auf gesundem Menschenverstand. Heute hat man die einzelnen Temperamente stark unterteilt und Begriffe der Vererbung, des Milieus, des Klimas etc. eingeführt. Und dennoch bleibt es immer noch dem einzelnen überlassen, sein eigenes Gesundheits-Profil zu bestimmen, um in Harmonie mit sich selbst zu leben.

Die Gesundheitsratschläge, die ich hier gebe, richten sich also an den ganzen Menschen. Ich habe nie eine Krankheit, sondern immer nur den Kranken behandelt. Auch heute noch geht mein Bestreben nicht so sehr dahin, eine Krankheit in den Griff zu bekommen, sondern die Menschen gegen die lauernden Gefahren auszurüsten.

Mein Leben lang habe ich mich den chronischen Leiden gewidmet. In dringenden Fällen kam ich immer zu spät, da ich vom Kranken nichts wußte und mir die Zeit fehlte, meine Behandlung von langer Hand vorzubereiten. Anderseits glaube ich jedoch, einer großen Zahl chronisch Erkrankter die Lebensfreude wiedergegeben zu haben. Durch ihre Geduld haben sie mir dabei wesentlich geholfen. Daher will ich in diesem Kapitel genauso verfahren. Den von akutem Gelenkrheumatismus geplagten Menschen muß ich sagen: „Rufen Sie schnell einen Arzt", wohingegen ich dem, der seinen vertrauten Rheumaschmerz wiederkommen fühlt, erklären kann: „Mein Freund, hör mich mal an; wir werden jetzt gemeinsam dein Gewissen erforschen und Schritt für Schritt den Weg zurückverfolgen, der dich hierher geführt hat." Und wenn er mir Glauben und Vertrauen schenkt, wird er auch Schritt für Schritt erleben, wie sein Leiden verschwindet.

Zum anderen empfehle ich immer größte Sorgfalt bei der Vorbereitung der Behandlung. Ich habe das Beispiel jenes Mannes bereits zitiert, der den für Fußbäder bestimmten Absud als Arzneitee zu sich genommen hat. Aber auch viele andere bringen die Zubereitungsart der Pflanzen wahllos durcheinander, obwohl gerade dabei größte Sorgfalt nötig wäre. Ich werde daher die Definitionen der von mir häufig verwendeten Begriffe wiederholen.

Es gibt verschiedene Arten, den Pflanzen ihre Wirkstoffe zu entziehen; die bekannteste ist der „Teeaufguß". Man gießt kochendes Wasser auf die frischen oder getrockneten Blätter oder Blüten, läßt das Ganze zugedeckt einige Minuten ziehen, damit die Pflanzensäfte sich mit dem Wasser mischen. Dieses Verfahren wird meist bei empfindlichen Kräutern wie Minze, Lindenblüten oder Eisenkraut sowie Blumen wie Kamille, Veilchen und Orangenblüten angewandt.

Der „Absud" ist den zäheren, dickblättrigen Pflanzen sowie den Wurzeln und frischen oder getrockneten Samenkörnern vorbehalten. In diesem Falle erzielt man gute Ergebnisse, wenn man sie einige Minuten in Wasser kochen läßt (selten länger als zehn Minuten).

Was das „Mazerieren" betrifft, so nimmt man dazu eine kalte oder lufttemperierte Flüssigkeit; nicht unbedingt Wasser, sondern manchmal auch Essig, Wein, Öl etc. Die Pflanze (Blüte, Blatt, Samenkorn oder Wurzel) muß manchmal sehr lange, Wochen oder gar Monate, darin ziehen, wie es zum Beispiel bei aromatischen Kräutern, die in Essig, sowie bei Beeren, die in Wein mazerieren müssen, der Fall ist.

Einige dieser Präparate werden als „Tee" getrunken, also mit Wasser und mit oder ohne Zucker. Am besten süßt man diese Tees so wenig wie möglich und wenn, dann mit Honig. Bei den meisten Tees ist die Mengenangabe unnötig, denn für gewöhnlich rechnet man eine Prise getrockneter Kräuter auf eine Tasse Flüssigkeit. Eine Prise sollte durchschnittlich 4 oder 5 Gramm entsprechen. Manchmal präzisiere ich „gut eine Prise" oder „eine knappe Prise", je nach dem Wirkstoffgehalt der Pflanze. Für Mischkräutertee sollte man einen Liter Wasser nehmen und ihn mehrmals täglich nach leichtem Erwärmen trinken. Wenn ich in diesem Kapitel zu Tee aus vier oder fünf verschiedenen Pflanzen rate, so ist es schwierig, eine Prise von allen Pflanzen in derselben Proportion zu nehmen.

Aber alle drei Zubereitungsarten, der Aufguß, der Absud und die Mazeration sind wesentlich vielseitiger als nur als Getränk zu verwenden. Man benützt sie zum Gurgeln, zu Mundspülungen, Inhalationen, Vaginalspülungen, Einläufen und Kompressen, die mit einem Wattebausch direkt auf die Haut aufgetragen werden.

Meine Spezialität sind – wie ich schon sagte – Hand- und Fußbäder, denn seit der Antike gilt die Osmose als ein sehr wirksames Mittel zur Durchdringung des Organismus. Hände und Füße sind die aufnahmefähigsten Körperteile. Häufig genug erhielt ich von Ärzten und Wissenschaftlern die Bestätigung dieses Prinzips. Monsieur L. R., Botaniker, Universitätsprofessor in Ruhestand und ehemaliger Leiter des botanischen Seminars am Institut Colonial von Marseille, schrieb mir einen Brief, in dem er zu diesem Thema Stellung nahm. Hier einige Auszüge seines Schreibens:

„Ich wende mich an Sie, da ich überzeugt bin, daß die in den wassermazerierten Pflanzen enthaltenen Substanzen durch die Haut in den Organismus eindringen und dadurch wirksamer sind, als wenn sie eingenommen oder gespritzt würden.

Ich kenne übrigens eine Pflanze, die, zerstoßen und um das Handgelenk als Umschlag gewickelt, Typhus, Sumpffieber und Grippe heilt...".

Und gerade wegen der starken Wirkung osmotischer Behandlungsweisen kann ich nur immer wieder zu größter Vorsicht bei der Anwendung raten. In meinen für Fuß- und Handbäder gedachten Präparaten sind gewisse Pflanzen nur in homöopathischer Dosis enthalten, weil ihre Wirkung so konzentriert ist. Daher kann ich Personen, die mit der Phytotherapie nicht vertraut sind, nur empfehlen, sich nicht willkürlich auf die Herstellung wissenschaftlicher Präparate zu stürzen, wohingegen alle Rezepte, die ich in meinem Buch angebe, leicht und gefahrlos nachzumachen sind. Sollte eine Pflanze Kontraindikationen erforderlich machen oder gefährlich sein, werde ich es jedesmal sagen. So kann z. B. eine Überdosis Kamille Erbrechen verursachen, Schöllkraut giftig sein, Majoran wie Rauschgift wirken und Salbei Überdruck hervorrufen.

Natürlich kann die Liste der von mir in diesem Kapitel beschriebenen Krankheiten nicht vollständig sein. Zum einen habe ich gewisse Krankheiten zusammengefaßt unter Berücksichtigung der betroffenen Organe: Leber, Atmungsorgane, Darm, Herz u. a.; zum anderen gebe ich jenen den Vorzug, die ich stets erfolgreich behandelt habe und bei denen der Sieg, dank der Pflanzen, wenn auch nicht total, so doch zumindest bedeutsam und gewiß ist: Allergien, Rheumatismus, Kolibazillose etc. Völlig übergangen habe ich jene entsetzlichen Krankheiten, gegen die ich machtlos bin und die ein schnelles Eingreifen des Arztes erforderlich machen: Krebs, Herzinfarkt, Tuberkulose etc.

DIE LEBER

Es ist erwiesen, daß die Leber in unmittelbarem Zusammenhang mit der Ernährung steht. Gewisse Menschen leiden an Leberinsuffizienz und müssen ihr Leben lang eine strenge Diät befolgen, um ihre Leber nicht zu reizen. Wer plötzlich von einer heftigen Leberattacke befallen wird, muß unverzüglich strengste Diät einhalten. Das ist die erste Bedingung und Voraussetzung für eine Heilung.

Während kalorienreiche Nahrung, gebratene Fette, Saucen, Fritiertes, Hülsenfrüchte, Süßigkeiten und Alkohol Todfeinde der Leber sind, zeigen sich grüne Gemüse und Obst von ihrer freundlichsten Seite. Das ist der Zeitpunkt, um mit einer Vegetarierkur zu beginnen.

Aber auch hier ist Vorsicht geboten, da auch von diesen Gemüsen einige weggelassen werden müssen: Kohl (Grün-, Rot- und Rosenkohl sowie Blumenkohl), Wurzeln (wie Steckrüben, Sellerieknollen ...), Spinat und Gurken. Bei den

Früchten sollte man besser auf Bananen, Melonen, Aprikosen und Pflaumen verzichten. Auch Rohkost wird häufig nur schwer vertragen; daher sind Gemüsesuppen, gekochte Gemüse und Kompotte vorzuziehen.

Einige Pflanzen wiederum wirken auf die gereizte Leber wie Medikamente: die wirksamsten sind Artischocken und Löwenzahn. Ich erinnere mich noch, wie bei meinem Vater in Tränen aufgelöste Nachbarn erschienen, weil einer der Ihren Gelbsucht hatte. Mein Vater verordnete unverzüglich Artischocken und Löwenzahn in jeder Form, gekocht oder roh, als Salat oder Suppe. Er riet auch, alle Teile der Pflanze zu verwenden. Eilfertig lief er in den Garten, löste die großen, akanthusförmigen Blätter von den Artischockenstauden ab (oder gab getrocknete Blätter aus seinem Vorrat) und empfahl, starken Aufgußtee unter Hinzufügung von ganzen Löwenzahnstengeln mitsamt den Wurzeln zu bereiten.

„Je bitterer der Tee ist", sagte er, „desto schneller erfolgt die Heilung."

Heute weiß man, daß die Aufnahme von Löwenzahn innerhalb einer halben Stunde die abgesonderte Gallenmenge verdoppelt.

Als weiteres Wundergemüse bei Lebererkrankungen muß die Karotte genannt werden (deren Wirkung ja bekannt ist) sowie die Tomate, die Kresse, die Olive und alle anderen (wenn nötig gekochten) Salate. Was die Olive betrifft, so kenne ich ein sehr einfaches und wirksames Rezept, das ich Leberkranken stets empfehle: Jeden Morgen auf nüchternen Magen einen Löffel reines Olivenöl. Das schmeckt in der Tat abscheulich, aber wenn man ein paar Tropfen Zitronensaft hinzufügt oder hinterher sofort ein gezuckertes Zitronenscheibchen ißt, kann man den ekelerregenden Geschmack etwas mildern. Jedenfalls weckt und stimuliert das Olivenöl eine faule Galle und eine überbelastete Leber. Bei Leberkrisen sind also Olivenöl und Zitrone sowie Knoblauch, sofern man ihn verträgt, die einzig zulässigen Gewürze.

Wie die Zitrone, so haben auch die anderen sauren Früchte eine stimulierende Wirkung auf die Leber: Orange, Mandarine und Pampelmuse. Auch die stark blutreinigende Traube sowie der stets so milde Apfel sind zu empfehlen.

Nach und nach, in dem Maße, in dem der Anfall schwächer wird, kann man auch Fleisch, fettarmen Fisch und, nach Möglichkeit entrahmte, Milch wieder zu sich nehmen.

Auch wenn Kaffee, Alkohol und Sprudelgetränke verboten sind, muß man nicht auf jegliches Getränk verzichten. Ganz im Gegenteil, denn die Gifte können nur durch reichliches Trinken ausgeschieden werden; daher also Arzneitees und Mineralwasser ohne Kohlensäure. Finden sich weder Artischockenblätter noch Löwenzahn in Ihren Kräutervorräten, so sind auch Salbei, Rosmarin und Minze leberwirksame Teekräuter, sofern Sie nicht auf die im Handel erhältlichen Boldoblätter zurückgreifen wollen.

Sollten Sie häufig an Leberstörungen leiden, empfehle ich Ihnen, einen Vorrat an wirksamen Pflanzen anzulegen und beim ersten Alarmzeichen als Präventivmaßnahme einen Mischkräutertee zu trinken, der auf Ihre gereizte Leber wie Balsam wirken wird. Da sie hierfür mehrere Kräutersorten brauchen, bereiten Sie einen Aufguß aus einem Liter Wasser und einer Prise von jeder Pflanze; viermal täglich sollten Sie davon trinken! Es gehören unbedingt hinein: Salbeiblüten, Rhabarberwurzel, eine ganze Pimpernellpflanze, ein ganzer Löwenzahn und eine große Flockenblume. Haben Sie all diese Kräuter nicht gleichzeitig zur Hand, können Sie genausogut jedes einzeln zu Tee aufgießen und die gleiche Wirkung erzielen.

Haben Sie sehr heftige Schmerzen, können warme Kompressen schnell Linderung bringen. Um die Wirkung zu steigern, sollte man diese Kompressen vorher in den soeben zitierten Kräuteraufguß tauchen. Man kann aber ebensogut ein Kataplasma aus Kohl, gehackter Kresse und Eischnee herstellen, da dieses bei Schmerzen immer noch am wirksamsten ist. Darüber hinaus rate ich Ihnen, dieser Mischung noch ein Gläschen Aufgußtee hinzuzufügen.

Da ein Leberanfall häufig psychische Ursachen hat (Aufregung, Ärger...), ist es überaus wichtig, für guten Schlaf und einen geregelten Lebensrhythmus zu sorgen. Alles, was dazu beiträgt, ist von Nutzen: etwas Sport, Bewegung, frische Luft, geregelte Arbeitszeit, Ruhe und regelmäßige Mahlzeiten.

Glücklich zu preisen sind jene, die sagen können: „Meine Leber? Kenne ich überhaupt nicht." Denn dieses launische Organ kann sogar ganz großen Optimisten das Lachen vergehen lassen.

DER MAGEN

Vom Appetitmangel bis zum Magengeschwür ist der Magen für allerlei Störungen verantwortlich. Einige sind harmlos, andere so schlimm, daß ärztliches Einschreiten erforderlich wird. Magenbeschwerden haben sehr häufig nervöse Ursachen: Krämpfe und Magensäure sind auf zu hastig eingenommene Mahlzeiten in gespannter Atmosphäre zurückzuführen. Früher sprach man von „Schriftstellerkrämpfen", nicht wegen der sitzenden Tätigkeit, sondern wegen der übermäßigen geistigen Konzentration, die der Verdauung abträglich ist.

Die erste Bedingung lautet also: jede Aufregung ist zu vermeiden; die zweite: saure und reizende Nahrungsmittel streichen; dazu gehören Obst und saure Fruchtsäfte, Rohkost, Essig, Gewürze, Alkohol, Kaffee, kohlensäurehaltige Getränke, Tabak u. a. Verzichten Sie auf Brot und alles, was Gärung im Magen verursacht. Gewöhnen Sich sich an milde und gewürzarme Nahrung. Sollte jedoch Ihr träger Magen die Ursache für Ihre Appetitlosigkeit sein, können Sie ihn mit appetitanregenden Pflanzen stimulieren: schwarzer Rettich (in kleinen Mengen), Estragon, Salbei, Basilikum, Hopfen u. a. Räumen Sie diesen Pflanzen einen gewichtigen Platz in Ihrem Küchenzettel ein.

Wenn trotzdem Krämpfe und zuviel Magensäure nach den Mahlzeiten auftreten, erinnern Sie sich an meine Aufgußtees aus Kamille, Minze, Bohnenkraut, Eisenkraut, die alle äußerst beruhigend auf den Magen wirken. Vergessen Sie auch die Melisse nicht, jene Zitronellen-Art, deren berühmtes Rezept, der „Melissengeist", seit dem Mittelalter bekannt ist. Die Mönche des Karmeliterordens – daher sein Name „Karmelwasser" –, die unter dem Schutz des heiligen Ludwig standen, haben dieses aromatische Elixier erfunden, das seitdem als ein wirksames Mittel gegen träge Verdauung gilt. Aber auch die Melissenblätter können wie die anderen Kräuter zu Aufgußtee benützt werden. Meine ausgewogenste Teemischung besteht aus 2 Prisen Basilikum (ganze Pflanze) auf 1 Prise Kamillenblüten und 1 Prise Pfefferminzblätter, die in einem Liter Wasser aufgegossen werden. Ich kann Ihnen nur empfehlen, davon 4 Tassen pro Tag zu trinken!

Leiden Sie an Luftschlucken und Blähungen, dann denken Sie an die Winde austreibenden Pflanzen: Angelica, Anis, Kümmel, wilden Kümmel und Fenchel. Essen Sie den Fenchel roh oder gekocht, die Angelica eingelegt oder als Kompott, Kümmel und Anis als Gewürze; oder trinken Sie sie alle als Arzneitee. Der „Tee aus 4 warmen Samenkörnern" besteht aus: Anis-, Fenchel-, wildem Kümmel- und Koriandersamen (je 5 Gramm auf 1 Liter Wasser) und erfreut sich großer Beliebtheit. Außerdem schmeckt er sehr angenehm, da die vier Pflanzen derselben Familie angehören und einen milden Anisgeschmack entwickeln.

Und sollten Sie wirklich gar nichts zur Hand haben, dann vergessen Sie den Petersilientee meiner Großmutter nicht, den sie im Anschluß an jedes reichhaltige Festessen servierte.

Nehmen wir abschließend noch an, Ihr Magen verweigere die Verdauung eines verdorbenen Nahrungsmittels, dann insistieren Sie nicht. Helfen Sie ihm lieber, das, was er nicht verdauen mag, wieder auszuscheiden. Sollten Sie nicht den Mut haben, einfach zwei Finger in den Mund zu stecken, dann trinken Sie eben einen zu Erbrechen reizenden Tee: entweder einen hochkonzentrierten Kamillenaufguß (der in schwächerer Dosierung eher beruhigend wirkt) oder einen Absud aus Veilchenwurzeln (2 oder 3 Prisen, stark durchgekocht, auf eine Tasse Wasser).

Man kann einen verstimmten Magen aber auch beruhigen, indem man einfach einen warmen Umschlag oder eine Wärmflasche nach der Mahlzeit auf den Magen legt. Ich nehme an, daß jeder weiß, wo sich sein Magen befindet. Bei anderen Organen erlebt man da nämlich manchmal Überraschungen. Die Kenntnisse der Anatomie sind nicht besonders weit verbreitet!

DER DARM

Es gibt Menschen, bei denen Verstopfung und Durchfall einander unaufhörlich ablösen, ohne daß ihr Darm je zur Ruhe kommt. Häufig ist dies bei Personen zu beobachten, die einen übermäßigen Medikamentenverbrauch haben. Nachdem sie gegen ihre Verstopfung immer stärkere Abführmittel genommen haben, konstatieren sie plötzlich eine totale Überfunktion ihres überreizten Darms. Anschließend müssen diese schrecklichen Darmkoliken wieder gestoppt werden, was mit adstringierenden Medikamenten erreicht wird, und so geht der Kreislauf von vorne los...

Da die Arzneipflanzen weniger konzentriert wirken als manche Medikamente und schwieriger anzuwenden sind als Arzneien und Pillen, haben sie eine mildere und ausgleichendere Wirkung.

Leiden Sie also an chronischer Verstopfung, greifen Sie nicht sofort zu Abführmitteln, sondern denken Sie zunächst einmal daran, leicht abführende Speisen in Ihren Küchenfahrplan aufzunehmen: Obst und grünes Gemüse, roh oder gekocht, vor allem Spinat, Fenchel, alle gekochten Salate und Pflanzenbouillon aus Kopfsalat, Lauch, Sauerampfer, Kerbel, Portulak, Malve etc. etc.

Essen Sie zum Frühstück Vollkornbrot und Honig sowie reichlich Dörrpflaumen, deren abführende Wirkung hinreichend bekannt ist. Sollte es die Jahreszeit ermöglichen, machen Sie eine Traubenkur, die äußerst „erleichternd" wirkt. Und schließlich sollten Sie sich wie die Leberkranken an ein Löffelchen Olivenöl morgens auf nüchternen Magen gewöhnen. Essen Sie aber auch Rhabarber als Kompott, Marmelade oder Aufgußtee.

Vermeiden Sie Konserven, Gewürze, die meisten Marmeladen, Quitten und Mispeln.

Und schließlich – warum nicht? – rauchen Sie genüßlich ein Morgenzigarettchen. Manche Leute behaupten, nichts weiter zu benötigen, um die morgendliche Verdauung in Schwung zu bringen.

Vor allem aber, bewegen Sie sich, treiben Sie Gymnastik, insbesondere Bauchgymnastik, um die Spannmuskeln ihres trägen Darms zu trainieren. Viele Menschen haben einfach nie die nötigen fünf Minuten Zeit, die täglich der Gymnastik gewidmet werden müßten. Sie könnten aber z. B. die Fahrt im Aufzug dazu benützen – wenn Sie alleine sind – oder auch andere, Ihnen aufgezwungene Wartezeiten an verschiedenen Orten, um Ihren Bauch stehend zwölfmal einzuziehen und 'rauszustrecken. Das ist echte Darmgymnastik!

Wenn Sie lieber einen Arzneitee trinken, empfehle ich Ihnen folgende Mischung: 1 Prise Malvenblüten, 2 Prisen Rosmarinblüten und 4 Prisen wilde Zichorienblätter auf einen Liter Wasser (zwei Tassen täglich).

Napoleon bediente sich allerdings eines für ihn von seinem Arzt, Dr. Larrey, „maßgeschneiderten" Abführmittels. Die „kaiserliche Limonade" wurde folgendermaßen bereitet: 6 Lot (1 Lot = 4 g) Sennesblätter und 3 in Scheiben geschnittene Zitronen 24 Stunden in 3 Glas Wasser ziehen lassen. Anschließend 2 Unzen Zucker (1 Unze = 31 g) zugeben und diese Mischung glasweise um 6 Uhr früh (Napoleon war ja bekanntlich ein Frühaufsteher!) und ein zweites Mal um 8 Uhr abends trinken. Viel Glück, sollten Sie sich zur Nachahmung entschließen!

Viel bedauernswerter sind aber jene Menschen, die zu Durchfall neigen. Bei Kleinkindern ist Durchfall tragisch, denn er nimmt dem Säugling jede Substanz. Daher muß ein Baby sofort auf Karottendiät (als Püree oder Suppe) gesetzt und der Arzt gerufen werden.

Beim Erwachsenen, der ja Reserven hat, ist Durchfall nur schlimm, wenn er länger anhält. In diesem Fall kann es sich nämlich wirklich um Ruhr, manchmal Amöbenruhr, handeln, was strenge ärztliche Behandlung erforderlich macht. Anderseits kann es aber auch rein zufällig zu Durchfall kommen. In diesem Falle müßte eine intelligente Ernährungsweise das Gleichgewicht bald wiederherstellen. In Wasser gekochter Reis ist hierbei am wirksamsten. Will man ihn aber richtig zubereiten, muß man dem Reis seinen ganzen Stärkegehalt lassen und darf ihn nicht waschen; dabei entsteht ein ziemlich klebriger, vielleicht nicht sehr appetitlicher, aber jedenfalls stark absorbierender Brei. Gleichzeitig müssen unverzüglich alle grünen Gemüse und Früchte, die bei der vorher zitierten Verstopfung besonders angeraten waren, weggelassen werden.

Wählen Sie aus Ihrem Marmeladenschrank Quitten- und Heidelbeergelee (das können Sie auch als Nachspeise über Ihren Reis geben). Vergessen Sie nicht, daß Ihr Marmeladenschrank eine hervorragende Arzneireserve darstellt, sofern Ihre Marmeladen je nach ihren Eigenschaften klassifiziert und etikettiert sind. Sortieren Sie also abführende Marmeladen wie Zwetschen und Rhabarber und adstringierende wie Quitten und Heidelbeeren, und verwechseln Sie sie nicht!

Brennessel- und Pimpernellenaufguß haben bei Durchfall und Darmkoliken eine beruhigende Wirkung. Bei schlimmerem Durchfall kann die Pimpernelle auch als Einlauf verwendet werden: 50 g werden eine gute Viertelstunde lang in 1 l sprudelndem Wasser gekocht. Aber ich empfehle Ihnen auch noch einen anderen, leicht zu bereitenden und beruhigenden Tee: 1 Prise Pfefferminzblüten und 2 Prisen Angelicawurzeln auf 1 l Wasser (2 Tassen täglich). Hier noch ein Tee, der bei Kolibazillose Wunder wirkt: 2 Prisen Erikablüten und 2 Prisen Waldmeister (ganze Pflanze), 4 Tassen täglich.

Manchmal ist der Darmtrakt auch Sitz von Band- und kleinen Madenwürmern, die nur sehr schwer auszuscheiden sind. In diesem Falle rate ich zu Knoblauch in jeder Form, roh, gekocht oder gar als Kettchen um den Hals (s. das Kapitel GEMÜSE). Es gibt natürlich auch noch andere, weniger starke Wurmmittel, wie etwa Kürbis, Zucchini, Karotten und Thymian.

DIE NIEREN UND DIE BLASE

Ich erinnere mich noch gut, wie eine meiner Patientinnen eines Tages ihren Hund zu mir brachte und mich anflehte, doch irgend etwas für das arme Tier zu tun. Alle Tierärzte hatten es aufgegeben. Es litt an einer schlimmen Blasenentzündung und hatte ständig Blut im Urin. Ich verordnete als Beimischung zu seinem täglichen Fressen einen Aufguß aus Salbei und Malven. Schon wenige Tage später war sein Urin wieder normal. Aber die besorgte Herrin gab ihrem Hund bis zu seinem Tode täglich weiterhin meinen Salbei- und Malventee, um Rückfälle zu verhindern.

Häufig erziele ich mit Hunden und Kindern schneller positive Ergebnisse, da sie mit chemischen Produkten weniger „imprägniert" sind als die durch verschiedenste und willkürliche Behandlungen oft „vergifteten" Menschen. Hunde und Kinder zeigen in der Regel gesündere, aber auch heftigere Reaktionen, weswegen ich bei ihnen stets eine schwächere Dosis anwende.

Manchmal kommt man bei den Kindern sogar ohne die geringste Heilbehandlung zu einem guten Ergebnis. Bei Harnverhaltung z. B., die auf eine Muskelverspannung des Blasentraktes zurückzuführen ist, genügt es manchmal schon, in der Nähe des Kindes einen Wasserhahn aufzudrehen und das Wasser leise laufen zu lassen. Schon allein dieses Geräusch bewirkt die Entspannung der Blase. (Auch Kinder, die an unwillkürlichem Harnabgang leiden, machen ins Bett, sobald in ihrer Nähe Wasser läuft.)

Bei den Erwachsenen hingegen vermögen derartig diskrete „Aufforderungen" nur in den seltensten Fällen den Harnfluß auszulösen. Dennoch kann man dieses Experiment versuchen und zusätzlich noch eine stärkere Behandlung anwenden.

Auf jeden Fall muß Harnverhaltung energisch behandelt werden, da sie sonst zu einer Vergiftung des Organismus führen kann. Chloride, Zucker und Harnsäure müssen unbedingt ausgeschieden werden, da sie andernfalls schwere Erkrankungen wie Urämie, Gicht, Albuminurie, Diabetes, Ödeme etc. hervorrufen.

Ohne gleich auf Medikamente zurückgreifen zu müssen, kann man zunächst einmal natürliche Diuretika versuchen, die den Harnabgang fördern. Dabei kann jeder selbst entscheiden, welche Methode ihm am besten entspricht, oder er kann sie variieren, um gleichzeitig allen Bedürfnissen seines Körpers gerecht zu werden. Dem einen schlage ich vor: Essen Sie jeden Abend Erdbeeren; eine Erdbeerkur wird Ihren ganzen Organismus erfrischen. Einem anderen rate ich eher: Da Sie Landwirt sind, sollten Sie Maisbart pflücken und einen Tee daraus bereiten, den Sie jeden Abend vor dem Schlafengehen trinken. Einem Feinschmecker empfehle ich: Kochen Sie so viel wie möglich mit Zwiebeln. Und wenn ich ihn strafen will, füge ich noch hinzu: Bereiten Sie sich einen Zwiebelwein (250 g rohe, pürierte Zwiebeln, 100 g Honig und $^1/_2$ Liter Weißwein) und trinken Sie täglich drei oder vier Löffel von dieser eigenartigen, aber sehr wirksamen Mischung. Einem empfindlichen Städter hingegen rate ich: Trinken Sie doch einen Tee aus Kirschenstielen, den Sie bei allen Kräuter- und Pflanzenhändlern kaufen können.

Im allgemeinen steigern grüne Gemüse, Obst und Kräutertees die Harnabsonderung. Sie reinigen die Nieren, und daher sollte man ihnen im Küchenzettel einen beträchtlichen Platz einräumen. Sollte der Körper jedoch trotzdem mit Harnverhaltung und Ödemen reagieren, ist es ratsam, auf Salz und Gewürze gänzlich zu verzichten und dafür stark diuretische Pflanzen zu sich zu nehmen: Löwenzahn (als Salat, Gemüse oder Tee, wobei auch die Wurzel nicht vergessen werden darf), Quecke (als Tee, mitsamt der Wurzel), Borretsch und Malve (in der Suppe, wenn Ihnen das lieber ist) und ebenfalls in Form von Tee die schönsten Blättchen Ihrer Erdbeerstauden und Stiele Ihrer schwarzen Johannisbeeren.

Bei Albuminurie fügen Sie einem Liter Löwenzahntee (aus einer Prise Löwenzahn mitsamt Wurzeln) eine Prise Wacholderbeeren hinzu.

Wenn die Krankheit bereits weiter fortgeschritten, der Blasentrakt stark entzündet ist und die Gefahr einer Blasenentzündung oder Prostatitis besteht, könnte man das gleichzeitig beruhigend und antiseptisch wirkende Heidekraut versuchen (auch den vorhin zitierten Salbei). Dazu bereite man einen starken Absud aus Heidekrautblüten, indem man zwei Prisen eine gute Viertelstunde lang in einem Liter Wasser offen sprudelnd kocht und dann diesen auf die Hälfte zusammengekochten Arzneitee in zwei oder drei Portionen pro Tag trinkt. Allen, die den Harn nicht halten können, meist Kinder und alte Leute, aber auch Schwangere und Frauen in den Wechseljahren, rate ich zu Sitzbädern. Geben Sie in zwei oder drei Liter abgekochtes und leicht abgekühltes Wasser eine dicke zerstoßene Knoblauchzwiebel, eine Handvoll Weißdornblüten und eine Handvoll Blätter und Blüten der Butterblume. Lassen Sie das Ganze vier oder fünf Stunden ziehen. Passieren Sie es dann durch ein Sieb und füllen Sie es in einen nichtmetallenen Behälter. Diese Mischung kann nach leichtem Erwärmen mehrmals zu Sitzbädern verwendet werden.

RHEUMATISMUS

Sobald der Winter seinen Einzug hält, erwachen auch die rheumatischen Schmerzen zu neuem Leben. Und naht der Winter des Lebens, nisten sie sich häufig in den alten, verrosteten Knochen für immer ein.

Man stirbt an Rheumatismus nicht, ja es heißt sogar, man werde sehr alt damit. Dennoch leidet man arg darunter. Die Medizin ist zumeist machtlos bei der Heilung von Rheuma, auf das sie wenig Einfluß hat. Es gelingt ihr bestenfalls, die Schmerzen eines Anfalls zu lindern.

Rheuma, Gicht und Arthritis haben dieselben Erscheinungsformen: Versteifung und Schmerzen in einem Gelenk (Knie, Schulter, Hüfte, Handgelenk, Finger, Zehen...). Doch die Ursachen können verschieden sein. Es gibt zu Arthritis neigende Naturen, die von Anfang an für derartige Gelenkschwächen prädisponiert sind; diese Anfälligkeit kann vererbt sein. Es gibt aber auch jene starken Esser, die in ihrer Jugend solche Beschwerden absolut nicht gekannt haben und im Alter plötzlich von der Gicht befallen werden und nun nachträglich ihre Ernährungsexzesse büßen müssen: Da hat sich die Harnsäure in den Gelenken abgesetzt und verursacht Entzündungen.

Es gibt aber auch Zufälligkeiten, die plötzlich Rheuma auslösen, entweder ein Schock, ein Bruch, wonach das Gelenk verletzlich bleibt oder ein Virus, das sich im Anschluß an eine Grippe oder schlecht ausgeheilte Angina (oder Blennorrhagie) in den Körper einschleicht und sich anschließend in den Gelenkknorpeln einnistet. Bei einem heftigen Anfall von Gelenkrheumatismus muß unverzüglich ein Arzt zugezogen werden, da Herzbeschwerden eintreten können.

Es versteht sich von selbst, daß bei Gichtkranken zunächst einmal ihre Ernährungsweise unter die Lupe genommen werden muß. Sie müssen eine strenge Diät einhalten und auf fettes Fleisch, Wild, Fritiertes, Hülsenfrüchte, Backwaren, Gewürze, Alkohol und Kaffee verzichten. Außerdem sollten sie sich viel Bewegung verschaffen und nach Möglichkeit Sport betreiben, um die in ihrem Körper angestauten Giftstoffe zu verbrennen. Aber leider sind die Gichtkranken oft ebenso träge wie eßlustig! Daher heißt es in erster Linie, sie zu überzeugen, daß sie einen großen Teil Verantwortung für ihre Heilung selbst zu tragen haben.

Auch wenn der Rheumatismus zufällige Ursachen hat, muß Diät eingehalten werden, um die Entzündung nicht durch Giftstoffe noch zu verschlimmern; zu allen schon verbotenen Nahrungsmitteln kommen daher noch alle säurehaltigen Speisen hinzu, die eine Entkalkung der Knochen zur Folge haben: Essig, Spinat, saure Gurken, Rhabarber, Aprikosen, Sauerampfer, Tomaten... Statt dessen sollte man sich auf Milchprodukte verlegen, da sie reich an Kalzium sind und den Knochen wieder Kalk zuführen; gewisse pflanzliche Nahrungsmittel sind ebenfalls anzuraten, wie Zwiebel, Kresse, Thymian, Petersilie, schwarze Johannisbeeren und vor allem Kohl.

Handelt es sich um ein chronisches Leiden, so können außer Diät und Gymnastik auch bestimmte Thermalkuren den Zustand des Patienten bessern. Aber das beste Heilmittel ist doch die Wärme. Rheumaleidende sollten daher daran interessiert sein, das kalte Klima zu fliehen und warme Länder aufzusuchen. Wenn das nicht möglich ist, sollten sie doch zumindest alle verfügbaren Wärmequellen in Anspruch nehmen. In meiner gascognischen Heimat, wo die Sonne mit ihrer Gegenwart nicht geizt, stellen die Alten sich ein Bänkchen außen an die Hauswand und sitzen dort bereits im Frühling zur Mittagszeit, sobald die ersten Sonnenstrahlen eine sanfte Wärme mitbringen. Sie „wärmen ihre Schmerzen", sagen sie.

Ich empfehle den Rheumaleidenden, die schmerzenden Stellen ständig warm zu halten, einen Wollschal um die Schultern zu schlingen, eine Decke über die Knie oder einen Flanellgürtel um die Nierengegend zu legen, wie man es früher tat. Sie sollten jeden Durchzug fliehen und sich im Bett gut die Schultern bedecken. Sobald die dumpfen Schmerzen sich wieder bemerkbar machen, können sie zusätzlich noch eine Wärmeflasche nehmen, um sich warmzuhalten.

Für Rheumakranke müssen die Heiltees sowohl diuretisch als auch zugleich schmerzstillend sein. Den an chronischen Gelenkentzündungen Leidenden empfehle ich folgende Zusammensetzung: 4 Scheiben Zitrone, 1 Prise Lavendel, 1 Prise Quecke auf einen Liter Wasser. Dieser Tee sollte vier Mal pro Tag getrunken werden. Während eines starken Rheumaanfalls können Sie auch mit folgendem Tee abwechseln: je 1 Prise römische Kamille und Lavendel, 2 Prisen Veilchen und 2 Prisen Salbeiblüten auf einen Liter Wasser (4 Tassen täglich). Alle diese Kräuter haben die Eigenschaft, den Schmerz zu betäuben.

Zusätzlich gibt es noch vielerlei Methoden, durch äußerliche Behandlung die Schmerzen zu lindern. Ich glaube, daß es kaum ein Leiden gibt, das zu so vielen Salben und Kataplasmen angeregt hat wie das Rheuma. Tatsächlich sind einige sehr wirkungsvoll. Die Erfahrung hat es bewiesen.

Ich will nicht wieder auf die Wirkung des rohen und gekochten Kohls zurückkommen, den man direkt auf die schmerzenden Stellen auflegt. Alle Präparate, die man damit herstellen kann, habe ich bereits ausführlich geschildert (s. Kapitel KOHL). Und doch will ich noch einmal betonen, daß der Kohl von allen Pflanzen am stärksten ist, wenn es darum geht, aus inneren oder äußerlichen Entzündungen „den Schmerz herauszuziehen". Außerdem ist er die am leichtesten zu beschaffende Pflanze.

Man kann aber ebensogut Kataplasmen aus gehackter und durch kochendes Wasser gezogener Kresse oder Mangold herstellen. Auch der kletternde Efeu, Pfefferminze, Veilchenblätter und Weißwurz (das „Kraut für verprügelte Frauen") ergeben wirksame schmerzlindernde Kataplasmen, sofern man es nicht vorzieht, Kompressen in einen konzentrierten Absud aus diesen Kräutern zu tauchen.

Andere Kräuter werden eher zu Ölen verwendet: Kamille, Majoran und wilder Thymian. Dazu erhitze man im Wasserbad $1/2$ Liter Olivenöl mit 100 g von einem dieser Kräuter und passiere es nach einer guten Stunde durch ein Sieb. Anschließend muß das schmerzende Gelenk so oft wie möglich mit diesem Öl eingerieben werden.

Salbei und Rosmarin sind auch bewährte schmerzstillende Badezusätze. Dabei genügt es schon, eine Handvoll in sehr heißes Badewasser zu schütten.

Und schließlich wären noch all jene Hausmittelchen zu nennen, deren Wirkung zwar wissenschaftlich nicht erwiesen ist, die aber auf Grund der Erfahrung als durchaus wertvoll gelten müssen.

Im Kapitel BRENNESSELN habe ich bereits von der Wirkungsweise dieser Pflanze gesprochen. Wenn Sie also den Mut dazu haben, peitschen Sie sich mit Brennesseln, und Sie werden von Rheumatismus verschont bleiben – heißt es.

Sie können aber auch auf einer mit getrockneten Farnblättern oder Hollunder gefüllten Matratze schlafen; auch das soll angeblich vor Rheuma schützen.

Auf dem Land tragen die Alten in ihrer Gesäßtasche eine schöne runde Kastanie: das schützt – sagen sie – vor Ischias und Gicht.

Ich kannte einen berühmten Chirurgen, der aus demselben Grunde immer ein Hanfkördelchen ums Fußgelenk geschlungen trug und sich dabei sehr wohl fühlte. In vielen Ländern trägt man auch ein Kupferarmband ums Handgelenk, dem man magnetische Abwehrwirkung auf Schmerzen zuspricht. Eine große japanische Firma stellt diese Armbänder serienmäßig her und exportiert sie in die ganze Welt. Wenn man für all diese Rezepte auch noch keine rationalen und wissenschaftlichen Erklärungen gefunden hat, so muß das noch lange nicht heißen, daß sie wirkungslos sind. Ich erinnere nur daran, daß man lange Zeit die Akupunktur als Scharlatanerie abgetan hat und daß sie doch heute bei chirurgischen Eingriffen von medizinischen Experten angewandt wird.

Schließlich kenne ich noch eine Engländerin, die Arthritis und Rheumatismus mit Bienenstichen behandelt. Dieses Verfahren wird auch in der Sowjetunion und in Deutschland angewendet. Regelmäßige Bienenstichkuren vermögen den Körper nach und nach immun zu machen. Als ich fünf Jahre alt war, war ich selbst eines Tages über und über von Stichen bedeckt, weil ich einen Bienenschwarm geneckt hatte. Mein Vater hat mich sofort mit irgendeiner giftaustreibenden Pflanze eingerieben, wahrscheinlich mit Petersilie, Lavendel, Tomatenblättern oder Thymian... Ich bin nicht daran gestorben, und vielleicht verdanke ich ebendiesen Bienenstichen meine robuste Gesundheit. Es stimmt jedenfalls, daß man unter Bienenzüchtern und Imkern selten Rheumakranke antrifft.

Also, wenn Sie Spaß daran haben, dann streicheln Sie doch ab und zu so ein Bienchen!

DIE ATEMWEGE

Es gibt keine weiter verbreiteten und lästigeren Krankheiten als die alljährlich mit dem ersten Kälteeinbruch wiederkehrenden Schnupfen, Grippen und Anginen. Trotz der neuen Impfstoffe, die man anzuwenden beginnt, gelingt es nicht, sich von diesem Übel zu befreien, das die Menschheit alljährlich Millionen verlorener Tage und viel Kraft kostet.

Aber wenn man sie schon nicht endgültig zu vertreiben vermag, so kann man sie doch durch eine gesunde Lebensweise wenigstens in Grenzen halten und mit Erfolg behandeln, so daß man bald wieder auf den Beinen ist.

Um die Widerstandsfähigkeit zu stärken und gegen alle Mikroben gerüstet zu sein, sollte man rechtzeitig in den Küchenfahrplan, aber auch in das äußerliche Behandlungsprogramm des Körpers alle antiseptischen Pflanzen aufnehmen. Ich habe bereits jene aromatischen Kräuter genannt, die in den „Essig der vier Diebe" gehörten und diese gegen Epidemien schützten.

Heute ist es den Forschern gelungen, aus etwa achthundert Pflanzen Antibiotika zu isolieren. Algen und Pilze liefern eine beträchtliche Anzahl, aber auch im bescheidenen Moos unserer Wälder und in einigen Bäumen (insbesondere der Pinie) kann man sie finden. Unter den Küchenpflanzen hält der Knoblauch den absoluten Rekord: er enthält gleich zwei starke Antibiotika, das Allizin und das Garlizin.

Die stark antiseptischen Kräuter erkennt man für gewöhnlich an ihrem intensiven Aroma; so gewinnt man Essenzen aus Lavendel, Minze, Thymian, Rosmarin, Salbei, Eukalyptus, Bohnenkraut, Zitronelle, Nelke, Zimt (unter den Bäumen gilt auch die Bergamotte-Birne als Essenzenlieferant). Eine regelmäßige, innerliche und äußerliche Anwendung all dieser Kräuter trägt zu einer Abwehr der Mikroben bei. Schon ihre bloße Nachbarschaft wirkt sich günstig aus. Daher sind z. B. die französischen *Landes,* wo der berauschende Duft von Pinienharz die Luft erfüllt, sehr gut für die Lungen und wohltuend für Kinder mit empfindlichen Bronchien.

In erster Linie kommt es also darauf an, sich ein gesundes „Terrain" zu schaffen, und wenn dann trotzdem eine Mikrobe die Oberhand gewinnt und sich in Ihrem Körper einnistet, dann müssen Sie mit allen Mitteln und sofort die Widerstandskraft Ihres Körpers zu steigern suchen. Beim ersten Anzeichen einer Verkühlung sollten Sie sich auf die schweißtreibenden Pflanzen stürzen, denn durch heftiges Schwitzen werden die Giftstoffe ausgeschieden. Auch warme Getränke fördern die Transpiration. Bewährtes Hausmittelchen ist ein steifer Grog, aber das will nicht heißen, daß jeder als Medikament verwendete Alkohol, wenn er auch vielleicht wirksam ist, gut vertragen wird. Es gibt jedoch auch schweißtreibende Kräutertees wie Kamille, Lavendel, Rosmarin, Thymian, Borretsch- und Holunderblütentee. Hat man diese Tees getrunken, sollte man sich zusätzlich in warme Decken oder Kleidungsstücke hüllen, um die Transpiration noch zu fördern.

Sollte sich aber trotz allem Fieber einstellen, muß man alles tun, um es zu senken. Dazu gibt es fiebervertreibende Pflanzen: Knoblauch (eher in der Suppe als in Form von Tee!), Zitrone, und wie immer Kamille, Eukalyptus, Tausendgüldenkraut, Wermut (als Aufgußtee, sofern man ihn nicht lieber in seiner alkoholischen Form zu sich nimmt!).

Vor allem sollte man sofort eine Flüssigkeitsdiät einhalten, um die Ausscheidung zu beschleunigen; daher wechselt man am besten Gemüsesuppen, Arzneitees und an Vitamin C reiche Obstsäfte (Orange und Zitrone) miteinander ab.

Nun wären noch die Kataplasmen und Umschläge zu nennen, die die erkrankte Körpergegend wärmen sollen, hier vor allem Hals und Lunge. Früher waren Leinmehl, Kartoffelstärke und Senfmehl beliebte Umschlagpasten. Heute gibt es im Handel bereits fertige wärmeleitende Umschläge zu kaufen. Ich empfehle darüber hinaus noch geriebenes Rettichfruchtfleisch (aus schwarzem Rettich) und zerstoßenen Knoblauch, wenn man gegen den starken Geruch keinen Widerwillen empfindet. Aber auch der gehackte und nur kurz erwärmte Origano ist ein vorzügliches Ableitungsmittel.

Und schließlich sollte man die bereits fortgeschrittene Krankheit zu identifizieren und zu lokalisieren trachten. Es ist nur ein einfacher Schnupfen? Dann müssen Sie alles tun, um dem Kopf Erleichterung zu verschaffen, und die geschwollenen Nasenschleimhäute behandeln. Zögern Sie daher nicht, jene Kräuter zu verwenden, die zum Niesen reizen, denn Niesen ist wohltuend. Ziehen Sie also tief den Duft des Majorans oder des pulverisierten Salbeis ein. Das beste Mittel zur Befreiung der Atemwege ist immer noch die Inhalation entweder mit einem Inhaliergerät oder aber indem sie ganz einfach nach altbewährter Art Ihren Kopf, den Sie mit einem Handtuch umschlingen, um nichts von der Wärme zu verlieren, über einen Topf voll dampfender Kräuterinfusion halten. Im Handel sind gute Inhalationspräparate auf der Basis von Eukalyptuskernen erhältlich; man kann sie aber auch selbst aus Majoran, Thymian, Rosmarin und Salbei herstellen.

Sollte sich die Krankheit im Rachenraum festsetzen und langsam zu einer Angina werden oder in einen bösen Husten umschlagen, bringt Gurgeln Erleichterung und wirkt gleichzeitig desinfizierend. Der Rosenhonig unserer Großmütter (s. Rezepte) wirkt dabei Wunder. Aber auch ein dicker Absud aus Brombeerblättern, Erdbeer- und Himbeerblättern (50 g auf 1 Liter Wasser), mit Honig gesüßt, stellt ein wirksames Gurgelpräparat dar, sofern man nicht lieber zu einem Aufguß aus Malve und Eibisch greift. Vergessen Sie auch den Tee der „vier Pektoralblüten" – die in Wirklichkeit sieben waren – nicht, von dem ich bereits erzählt habe. Auch der Gundermann, aus dem Hustensaft gewonnen wird, eignet sich sehr gut zum Aufguß als Gurgelessenz. Auch *Pulmonaria officinalis* oder „Lungenkraut" kann mit Kresse und Steckrübenblättern zu einer Kräutersuppe gekocht werden.

Sollte Ihre Stimme in Mitleidenschaft gezogen sein, empfehle ich Ihnen – selbst auf die Gefahr hin, Sie zu erschrecken – zwei dicke Knoblauchzehen, die Sie morgens auf nüchternem Magen kauen sollten. Eine schöne Stimme ist das wert!

Sollte es Sie bei diesem Gedanken allein schon vor Widerwillen schütteln, können Sie auch einen Tee aus „Kantorskraut" oder – mit seinem richtigen Namen – Rauke oder Sisymbrium trinken. Diese Pflanze hat gute Referenzen: In einem Brief an Boileau berichtet Racine den Fall eines Kantors von Notre-Dame, der von einer schlimmen Heiserkeit befallen war und durch Raukentee seine Stimme wiederfand. Früher stellte man auch Raukensirup her: ein Absud aus 30 g Raukenblättern auf 1 Liter Wasser, auf ein Drittel zusammengekocht und mit einem halben Pfund Zucker gesüßt und mit Lakritzen parfümiert.

Wenn ich von einer Angina ans Bett gefesselt wurde – was ja auch vorkommt –, so pflege ich mich mit einer Kräutermischung, die mich mein Vater gelehrt hat; dazu benütze ich seine Lieblingspflanzen, die ich ja immer zur Hand habe: je eine Prise Salbei, Thymian, Brennesseln (auf ein Liter Wasser); davon trinke ich täglich zwei gute Tassen voll, und manchmal genügt das schon, um mich schnell wieder auf die Beine zu bringen!

DIE ALLERGIEN

Sie sind um so verwirrender, als man Mühe hat, ihre Ursachen zu identifizieren. Und dennoch verbreiten sich diese Krankheiten immer mehr. Ich sage mit Absicht „Krankheiten", denn manchmal beeinträchtigen sie ganz erheblich das Leben jener, die daran leiden. Im großen und ganzen schreibt man die Schuld für die rapide Ausbreitung der Allergien der chemischen Verseuchung unserer Nahrungsmittel und unserer Umwelt zu.

Allergien gibt es in unendlicher Vielzahl. Jeder Allergologe hat in seinem Schrank Hunderte von Fläschchen mit Extrakten aus den verschiedensten Produkten, die er für seine Tests verwendet: alle pflanzlichen Pollen, Artischockenflaum, Erdbeeren, Eier, Schalentiere und andere verdächtigte Nahrungsmittel, alle Arten von Federn und Haaren von Haustieren, aber auch von exotischen Tieren, einfachen Wohnungsstaub bis hin zum differenziertesten chemischen Staub, Kunstfasern, Waschpulver, Farbstoffen, Shampoos, Kosmetika etc., etc. Den Schuldigen herauszufinden kommt einer wahren Detektivarbeit gleich. Auch die äußeren Erscheinungsformen sind nicht sehr aufschlußreich. Es handelt sich im allgemeinen um Asthma, Heuschnupfen, Ekzeme, Nesselausschlag oder andere Hautkrankheiten. Es scheint so naheliegend, den Pollen die Schuld für Heuschnupfen, irgendeinem Nahrungsmittel die Schuld für Nesselausschlag und den Kosmetika oder einem anderen äußerlichen Kontaktmittel die Schuld für Ekzeme zuzuschieben. Aber ist das richtig?

Es gibt Menschen, die für Allergien, die oft erblich sind, prädisponiert erscheinen. In ein und derselben Familie trifft man häufig einen Elternteil an, der an Asthma, ein Kind, das an Nesselausschlag und ein anderes, das an Heuschnupfen leidet. Manchmal liegt die Ursache, die einen Menschen für Allergien anfällig gemacht hat, weit zurück, aber dann hat sie so viele Umwege eingeschlagen, daß sie aus dem Allergiker eine ideale Beute für alle kleinen Übel macht.

Eine meiner Patientinnen, die mich wegen eines hartnäckigen Heuschnupfens aufsuchte, hat mir erzählt, daß sie einige Jahre zuvor bereits einen berühmten Allergologen konsultiert hatte. Dieser hatte langwierige Tests angestellt, um den verantwortlichen Pollen zu ermitteln – natürlich einen Pollen, da es sich ja um einen jahreszeitgebundenen Heuschnupfen handelte, der sich regelmäßig alle Jahre einstellte und sie vom 1. Mai bis zum 1. Juli zu plagen pflegte. Die junge Frau hatte auf alle Pollentests, ohne Unterschied, verhältnismäßig positiv reagiert.

Dennoch war der Allergologe nicht zufrieden. Die in unseren Breiten heimischen Pflanzen (Gräser und andere) rechtfertigten eine derartige Reaktion nicht. Daher setzte er seine Tests mit exotischen Pflanzen fort. Und plötzlich stellte er eine Hautreaktion seiner Patientin fest, die weitaus heftiger als die anderen war: Sie war auf das *ragweed* zurückzuführen, eine Art kleiner Quecke, die hauptsächlich am Fuße der amerikanischen Rocky Mountains wächst. Und zehn Jahre zuvor hatte die junge Frau tatsächlich in Kalifornien gelebt. Aber wem fällt es denn in der heutigen reiselustigen Zeit noch ein, all seine Reisen aufzuzählen? Oder das Fell seiner verschiedenen Pelzmäntel zu notieren? Oder alle Katzen, die man jemals gestreichelt hat, oder gar die Zusammensetzung aller Kopfkissenfüllungen, auf denen man mal geschlafen hat...? Nach drei Jahren Desensibilisierung durch Spritzen mit einem für sie persönlich vom Institut Pasteur hergestellten Impfstoff litt die auf *ragweed* allergisch reagierende Frau, auf eine Entfernung von Tausenden von Kilometern, jedoch weiterhin jedes Frühjahr an der Allergie. Auch mir gelang ein Erfolg erst, nachdem ich nach und nach ihr „Allergieterrain" mit Hand- und Fußbädern mit einem Zusatz von Pflanzen, die beruhigend wirken und im allgemeinen die gestörten Funktionen des Organismus wieder ins Gleichgewicht bringen, behandelt hatte: das waren wie immer Knoblauch, frisches Schöllkraut, mein zugleich wundertätiges und gefährliches Pflänzchen, einheimische Quecke, die ebenso wohltuend wirkt wie das *ragweed,* die ausländische Quecke, bösartig ist, Salbei, Weißdorn und Lindenblüten und viele andere Pflanzen mehr.

Auch Asthma behandle ich mit beruhigenden Pflanzen: immer und ewig Knoblauch (in der Küche), Kopfsalat, roh oder gekocht, Zwiebel, Kohl, Apfel und Weintraube. Und wenn die Anfälle heftiger werden, greife ich zu einem starken Schlaftrunk, z. B. einem Aufguß aus Mohn. Ich benütze ferner die auswurffördernde Petersilie, bei feuchtem Asthma Thymian, Lavendel, Wiesensalbei, Schöllkraut, die Stiele vom Gundermann, die bei chronischen Erkrankungen der Atemwege durchwegs sehr besänftigend wirken. Um die für jeden Einzelfall richtige Kräuterdosierung zu treffen, benütze ich manchmal mein Pendel als Meßgerät. Dieses Verfahren nennt man Syntonisation.

Ganz besonders empfehle ich aber immer wieder ein Getränk, das seine Tugenden bereits mehrfach bewiesen hat: einen Aufguß aus 5 g Knoblauch, 5 g Zitrone, 1 Prise Minzenblüten, 1 Prise Salbei (auf 1 l Wasser), von dem täglich zwei Tassen getrunken werden müssen. Das entsetzt zwar die Gourmands, bringt aber den Asthmatikern Erleichterung; und ist das nicht das Wichtigste? Auch gegen den Heuschnupfen habe ich einen ebenso wunderlichen Heiltee anzubieten: 20 g Knoblauch, ebensoviel Zwiebeln... und eine Prise Veilchen!

Meiner Auffassung nach ist es völlig natürlich, auf Pflanzen zurückzugreifen, um Schäden, die ja meist von anderen Pflanzen angerichtet wurden, zu reparieren. Wenn der Frühling mit manchen Menschen grausam umgeht, weil ihr von starken Düften umgebener Körper nicht jene, die ihm wohlgesonnen sind, auszuwählen weiß, dann muß man ihnen helfen, eben die wohltätigen Kräuter herauszufinden und sich mit ihnen anzufreunden. Denn diese werden es dann schon übernehmen, wieder Ordnung in den Hausstand zu bringen. Schon mein Vater sagte: Die guten von den schlechten Pflanzen unterscheiden zu lernen, das bedarf der Mühe von Generationen, der Überlieferung vom Vater auf den Sohn, und – sehr viel Geduld!

NERVÖSE LEIDEN

Soweit ich mich zu erinnern vermag, hatten die guten Kräuter immer ihren Platz in meinem Kinderdasein. Meine erste Lektion erhielt ich, glaube ich, mit drei oder vier Jahren. Wenn ich nachts schlecht schlief, ließ mich mein Vater ein Lindenblütenbad nehmen. In einen großen Kupferkessel – in dem für gewöhnlich Marmelade gekocht wurde – warf er eine mächtige Handvoll Lindenblüten, die er mit heißem Wasser übergoß. Sobald dieser Aufguß lauwarm war und der Körpertemperatur entsprach, tauchte er mich bis zum Hals darin ein. Nur der Kopf durfte noch herausschauen. Mir gefiel dieses Zwangsuntertauchen gar nicht so sehr. Aber mein Vater blieb bei mir und sprach leise zu mir: „Siehst du, mein Kleiner, das sind Lindenblüten. Gleich wirst du gut schlafen... schlafen..." Das Ende hörte ich schon nicht mehr, ich war im Kessel eingenickt. Dann brachte meine Mutter mich ins Bett. Aber das spürte ich auch nicht mehr, denn ich träumte so schön von den guten Feen, den Kräutern, die alle Leiden der Menschen zu heilen vermochten.

Die Nervosität, die früher nur ein vorübergehendes und auf

besondere Umstände zurückzuführendes Leiden war, wird heute leider zu einer Dauerbelastung für viele Menschen. Sie ist das Unterpfand unserer modernen Zeit. Jeder ist in Eile und jagt ununterbrochen hinter irgend etwas her, ohne genau zu wissen, was das eigentlich ist und warum er es tut. Um schneller ans Ziel zu gelangen, stürzt man sich auf Aufputschmittel, Tee, Kaffee und Zigaretten, wenn nicht gar auf Rauschgifte. Und ist es dann Abend, stellt sich der Schlaf nicht ein, also muß man zu Schlafmitteln greifen. Am nächsten Morgen wacht man dann ganz benommen auf und muß die Kaffeeration verdoppeln – vielleicht wieder zu Aufputschmitteln greifen –, um den Tag durchzustehen. An demselben Tag muß dann auch die Schlafmitteldosis verdoppelt werden. Und schon hat der Teufelskreis sich geschlossen. Aber eines Tages wird die Maschinerie aussetzen, und der Nervenzusammenbruch ist da, die totale Erschöpfung.

Unzählige Nervöse und Apathische – die oft auch beides zugleich oder abwechselnd waren – sind im Laufe der Jahre durch mein Behandlungszimmer gegangen; sie haben mich angefleht, ihnen doch zu helfen, den natürlichen Rhythmus von Tag und Nacht, von Wachen und Schlafen, von Arbeit und Ruhe wiederzufinden.

Trotz ihres Protestes lautet meine erste Vorschrift immer wieder, all diese teuflischen Experimente zu unterlassen, Schlafmittel und Aufputschmittel, Kaffee, Tee, Alkohol und Tabak vollständig zu streichen. Diese Kranken handeln in den meisten Fällen nicht einmal nach ärztlicher Vorschrift, sondern eigenmächtig, kaufen und erproben ohne gültige Rezepte alle Arten von Medikamenten und setzen willkürlich die Dosis selbst fest.

Anschließend rate ich ihnen, ihre Lebensweise zu überprüfen, eine gesunde und einfache Ernährungsweise einzuführen, regelmäßige Mahlzeiten zu sich zu nehmen, auf jeden Fall sich körperlich zu betätigen, früh schlafen zu gehen, da der Schlaf während der Stunden vor Mitternacht der erholsamste ist und nicht der während der lang hinausgezogenen Vormittagsstunden.

Und dann erst gehen wir die Behandlung mit Kräutern an, die bei der Heilung eines angegriffenen Nervensystems ganz besonders wirkungsvoll ist. Gerade in diesem Bereich habe ich gute Resultate erzielt.

Zur Beruhigung der Nerven muß man zu besänftigenden Pflanzen greifen. Die erste ist die Linde. Abgesehen von dem soeben beschriebenen Lindenblütenbad hat auch der gängige Lindenblütentee, abends vor dem Schlafengehen getrunken, eine sichere Wirkung. Anschließend folgen die Orangenblüten und Weißdornblüten, die dem Kopf Entspannung verschaffen. Ich empfehle sie auch Frauen in den Fünfzigern, die an Hitzewellen und Angstzuständen leiden.

Man kann auch einen ausgezeichneten Mischtee herstellen aus je 1 Prise Weißdornblüten, Lindenblüten, Majoranblüten und 20 g Kopfsalatblättern (auf 1 Liter Wasser), von dem man viermal täglich eine Tasse trinkt. Erinnern Sie sich, daß ich weiter oben gesagt habe, ein roh oder gekocht verspeister Kopfsalat am Abend fördere den Schlaf (s. Kap. KOPFSALAT)?

Vergessen Sie auch den Mohn nicht, den kleinen Vetter des Schlafmohns. Manchmal bin ich bei einem Freund, dem Journalisten François Chalais und seiner Frau, einer charmanten Eurasierin, zu Gast, wo ich auch meist seine Schwiegermutter, eine in der Phytotherapie sehr bewanderte Dame, antreffe. Dort unterhalten wir uns über die Tugenden der Pflanzen ihrer Heimat, und sie erhüllt mir Geheimnisse aus dem mysteriösen Asien. Auf diese Weise gelangte ich an ein sehr einfaches Schlafrezept: Man braucht sich nur abends den Rücken mit Schlafmohnblütenblättern, die in Wasser mazeriert wurden, einzureiben. Die Wirkung tritt sofort durch Osmose ein, entspannt die Nerven, die entlang der Wirbelsäule ja sehr zahlreich gelagert sind, und der Schlaf wird nicht mehr lange auf sich warten lassen.

Auch ich benütze den auf unseren Feldern heimischen Klatschmohn als Zusatz zu meinen Hand- und Fußbädern, darüber hinaus aber auch in der Mischung mit anderen beruhigenden Kräutern zur Bereitung von Arzneitee. Hier ein Abendtee, der mit jeder Art Schlaflosigkeit fertig wird: $1/2$ Prise Mohnblütenblättchen (2 g, nicht mehr!) und 10 g Kopfsalatblätter (das entspricht etwa 2 guten Prisen eines anderen Krautes, aber der frische Kopfsalat läßt sich ja schwerlich in Prisen bemessen!), je 1 Prise Weißdornblüten und Melilotusklee oder „Pferdeklee" auf 1 Liter Wasser. Wenn nötig, trinken Sie zwei volle Tassen vor dem Schlafengehen.

Und wenn Sie sich nun nach einem tiefen Schlaf morgens etwas träge fühlen, dann können Sie Ihr Nervensystem ganz sachte wieder aufwecken, ohne Ihr Herz gleich mit Kaffee oder Tee zu strapazieren. Ich rate Ihnen zu einem „Frühstückstee" aus Salbei, Rosmarin, Thymian oder Quendel. Jedes dieser anregenden und stärkenden Kräuter kann auch einzeln zu Tee aufgegossen werden, wobei man auf eine Schale Wasser 1 Prise rechnet. Sie stimulieren sowohl die physischen, als auch – wie es heißt – die geistigen Kräfte.

Die nach dem Mittagessen so beliebte Tasse Kaffee sollten Sie durch einen Pfefferminztee ersetzen, denn er bekämpft die nach dem Essen eintretende Schläfrigkeit und fördert gleichzeitig die Verdauung. Aber abends sollten Sie mit Pfefferminze vorsichtig sein, denn in dem Maße wie sie die Verdauung fördert, hält sie auch den Schlaf von Ihnen fern. Es sei denn, Sie hätten die Absicht, sich den Freuden der Liebe hinzugeben..., denn die Pfefferminze ist eine Verbündete der Aphrodite!

SEXUALSTÖRUNGEN

In meiner Jugend sprach man von „diesen Dingen" noch sehr wenig. Die Frauen waren schamhaft und die Männer verlegen. Und doch erlauschte ich als Kind ab und zu Worte, die mich beunruhigten. So kam zum Beispiel manchmal ein dicker Mann zu uns und sagte zu meinem Vater: „Mein guter Camille, ich brauche Ihre Hilfe. Ich vermag die Damen nicht mehr zu beehren."

Lange habe ich mich gefragt, was wohl nötig war, um „die Damen zu beehren" und inwiefern die Pflanzen meines Vaters dazu beitragen konnten, den Herren gute Manieren beizubringen. Aber nach fünfundzwanzig Jahren phytotherapeutischer Praxis muß ich betrübt feststellen, daß die Männer – aber auch die Frauen – in diesem Bereich noch viel zu lernen haben und daß es leider mehr und mehr funktionelle und psychische Störungen sind, die das gute Einverständnis der Paare trüben.

Man hat mir die unvorstellbarsten und betrüblichsten Probleme anvertraut, und ich habe eine Unzahl von impotenten Männern, frigiden Frauen, Homosexuellen, blasierten, sadistischen und in jeder Beziehung perversen jungen Leuten beraten... In manchen Fällen konnte ich ihren Zustand durch Behandlungen und lange Gespräche bessern, denn viele dieser verletzten und komplexbeladenen Wesen scheuen sich, ihrer Familie, ihrem Beichtvater oder ihrem Arzt ihre Probleme anzuvertrauen. Die Männer klagen in den meisten Fällen über Impotenz, und zugleich mit ihrer Männlichkeit ist ihr Gemütszustand betroffen. Wenn jedoch die Impotenz keine ernsthafte organische Ursache hat, ist sie meist nur vorübergehend und auf einen augenblicklichen schlechten Gesundheitszustand oder psychische Belastungen zurückzuführen. In diesem Fall sind Heilungen immer möglich.

Manchmal ist die Impotenz gar nicht physischer Natur, sondern es fehlt einfach völlig am Begehren. Daran leiden oftmals Männer, die die körperlichen Freuden zu sehr genossen haben und vor der Liebe nur mehr Abscheu und Ekel empfinden.

Eine dritte Kategorie von Männern schließlich leidet an einem Mangel an Selbstkontrolle, wodurch sie nicht in der Lage sind, dauerhafte Beziehungen einzugehen. Sie enttäuschen ihren Partner, spüren das und reagieren mit Verdruß und Frustration.

In allen drei Fällen geht es darum, aus einem erbärmlichen Liebhaber wieder einen feurigen zu machen. Aber das läßt sich nicht an einem Tag bewerkstelligen.

Der dicke Mann, der meinen Vater aufgesucht hatte, weil er „die Damen nicht mehr zu beehren" vermochte, mußte zuerst einmal seinen Bauch verlieren. Man kann nicht immer das Alter für diesen Zustand verantwortlich machen, denn es gibt sexuell sehr wenig begabte junge und höchst lebenslustige ältere Männer!

Daher rate ich stets, Sport zu betreiben, um die Muskeln zu trainieren und den Blutkreislauf anzuregen, aber auch die

Diät der Leistungssportler zu beachten: weder Alkohol noch Tabak oder Kaffee! Schon Voltaire nannte den Kaffee „Kastratenlikör", und eine persische Sultanin, die ihr Pferd kastrieren lassen wollte, befahl stattdessen einfach: „Geben Sie ihm Kaffee zu trinken!" Böse Zungen behaupten, daß ihr das Verhalten ihres Gatten den Beweis für die Wirksamkeit dieses Rezepts geliefert hatte. Daher sollten Sie also viel nach Möglichkeit nicht ganz durchgebratenes Fleisch zu sich nehmen, ferner Fisch und Muscheltiere, grünes Gemüse, vor allem Sellerie und Fenchel und Obst, aber geben Sie sich keinesfalls der Schlemmerei hin!

Ein guter Hahn ist mager, heißt es. Die potentesten Männer habe ich unter den Handwerkern, den Landbewohnern, aber auch unter den Armen gefunden. Die Schwarzen, auf die das alles meist zutrifft, genießen im sexuellen Bereich einen beachtlichen Ruf. Im Gegensatz dazu leiden die Intellektuellen, die Städter und die dicken Wohlstandsmänner häufig unter einem rapiden Absinken ihrer körperlichen Kapazitäten.

Und was den „Liebestrank" betrifft, so sucht man schon seit eh und je nach dem Rezept. Es gab schon die verrücktesten Rezepte, die kurze Zeit hindurch hoch im Kurs standen und dann doch wieder in Vergessenheit gerieten. Und dennoch war manchmal etwas daran.

Der „Liebestrank der Medea", dessen Rezept Nostradamus auf die Spur ging, enthielt: Alraune, Magnetstein, männliches Sperlingsblut, Krakenschropfkopf, grauen Amber, Zimt, Moschus, Nelke, Honig, Kretawein etc. Wenn auch manche dieser Ingredienzen zweifelhaft erscheinen, so gelten doch immerhin Zimt und Nelke als aphrodisische Gewürze. Was den grauen, pulverisierten Amber betrifft, so findet man ihn auch in anderen Liebespräparaten.

Manche Liebespräparate bezogen sich aber auch nur auf die äußerliche Ähnlichkeit der Dinge. So hieß es etwa, das Essen von Muscheln mache liebestoll, da die Muscheltiere in ihrer Form dem weiblichen Geschlechtsteil ähnelten. Auch heute gehören Muschel- und Schalentiere in die Diät des perfekten Liebhabers, aber vor allem wegen ihres hohen Gehalts an Spurenelementen.

Auch Tierhoden kamen in diesem Zusammenhang zu Ehren,

und schon bald folgten ihnen alle exotischen Gewürze wie Piment, Pfeffer, Paprika, Muskat, Zimt, Nelke... Es ist eine Tatsache, daß all diese Gewürze, sofern man sie nicht im Übermaß zu sich nimmt, die Sinne schärfen.

Aber da ist auch noch die Trüffel, ein Wundermittel, so hieß es; heute weiß man, welche Bewandtnis es mit ihr hat. Heinrich IV. verdankt ihm seine Existenz, denn wie die Geschichte berichtet, hatte seine Mutter am Tag der Empfängnis unmäßig viel getrüffelte Leberpastete gegessen. Und was Napoleon betrifft, der trotz seiner Liebeserfolge ja nicht sehr zeugungskräftig war, so verdankt auch er der Trüffel die Geburt seines Sohnes, des Herzogs von Reichstadt; so berichtet zumindest sein Küchenchef, der berühmte Curnonsky, der sich in dieser Angelegenheit zum Geschichtsschreiber aufgeschwungen hat:

„Vor der Geburt des *Aiglon* klagte Napoleon darüber, daß er keine Nachkommen besitze. Er hatte gehört, daß einer seiner Offiziere, wo er auch hinkam, Bastarde in die Welt setzte. Daraufhin rief er den Mann zu sich und fragte ihn, wie er das anstelle. ‚Sire‘, entgegnete der Schönling, ‚ich schwelge vor einer Liebesnacht in mit Trüffeln gefüllter Pute und trinke dazu eine Flasche trockenen Champagner.‘ Napoleon befolgte den Rat und – nun, der Ausgang der Geschichte ist ja bekannt.“

Und Curnonskys schlauer Kommentar lautet weiter:

„Unter uns gesagt gibt es natürlich kein Aphrodisiakum, das einen in der Liebe Blinden sehend machen könnte. Aber für Schwachsichtige gibt es immerhin Vergrößerungsgläser.“

Auch ich sehe die Dinge ähnlich. Ich predige keine Wunder, halte aber Besserungen durchaus für möglich. Und wenn eine Trüffelkur nicht jeder Geldbörse entspricht, dann rate ich ganz einfach zu einer Knoblauchkur, die auch den Müdesten wieder Kraft verleiht. Heinrich IV. verdankte ihr, nach eigener Aussage, seine Liebeserfolge.

Diese Knoblauchkur hatte ich auch einmal einem Schauspieler verordnet, der wahnsinnig in eine junge Schauspielerin verliebt, aber leider nicht in der Lage war, „ihr die Ehre zu erweisen“. Kurze Zeit später tauchte er wieder bei mir auf:

„Halten Sie mich, Mességué! Halten Sie mich auf in meinem

Liebestaumel! Haben Sie jetzt nicht irgend etwas, das mich beruhigt?"

Aber auch die Frauen vertrauen mir recht oft ihre Enttäuschung über die Liebe an. Meistens geht dies Hand in Hand mit der Stimmung des Gatten oder Liebhabers, daher muß das Paar immer gemeinsam behandelt werden. Viele Frauen sind frigide, weil der Mann ihrer Wahl es einfach nicht versteht, mit ihnen umzugehen. Schon Balzac schrieb: „In der Liebe ist die Frau eine Leier, die ihre Geheimnisse nur dem enthüllt, der sie gut zu spielen versteht."

Einem sexuell gestörten Paar sage ich daher: Essen Sie gemeinsam Trüffeln oder Knoblauch, je nach Ihrem Geschmack; genehmigen Sie sich ab und zu eine „kleine Schwelgerei". Bereiten Sie gemeinsam den einfachen Liebestrank aus Kräutern, den ich Sie lehren werde, sowie auch die Öle, mit denen Sie sich gegenseitig salben sollen als Vorspiel zu süßeren Zärtlichkeiten. Denn eine Sorge, eine Hoffnung und auch eine Anstrengung teilen bedeutet schon die Liebe teilen, und die Folgen werden nicht mehr lange auf sich warten lassen.

Ziehen Sie auch gemeinsam aus, um Hand in Hand die „Grünkräuter" zu pflücken, an die mein Vater so fest glaubte: Bärenklau, Bohnenkraut (das Satyrkraut!), Minze, Bockshornklee, Schöllkraut und Senfkohl. Dann trinken Sie gemeinsam folgenden Aufgußtee, dessen komischer Geschmack Sie gemeinsam zum Lachen bringen wird, wenn Sie Sinn für Humor haben: 5 g Knoblauch, 5 g Zwiebel, 1 Prise Bohnenkraut und 1 Prise Minze auf 1 l Wasser. Oder aber folgende, weniger überraschende Mischung: je 1 Prise Bärenklau und Bohnenkraut, ½ Prise Brennesseln und ½ Prise Maisnarben.

Zum Einreiben empfehle ich Ihnen folgende Mazeration: 2 Prisen Schöllkraut und 1 Prise Bockshornklee läßt man in 1 l kaltem Wasser mazerieren. Nach 24 Stunden wird die Nierengegend mit einem in diese Lösung getauchten Wattebausch fest eingerieben.

Den Frauen rate ich zu täglichen Spülungen mit folgendem Pflanzenaufguß: 1 Prise Salbei, 4 Prisen Malve und 2 Prisen Veilchen. Das gehört zur Intimhygiene jeder jungen Frau.

Da der Geschlechtsapparat der Frauen sehr komplex ist, leiden sie natürlich oft an tausend kleinen Wehwehchen, die ihr Gefühlsleben stark beeinträchtigen. Aber auch in diesen Fällen kann ich nur immer wieder betonen, daß die Pflanzen ihre Freundinnen sind. Es gibt Kräuter, die die Menstruation beschleunigen: die Petersilie (z. B. als Kräutertrank) und die Blüten der Ringelblume (als Aufgußtee). Andere wiederum wirken hemmend auf zu starke Menstruationen; das sind jene, die ganz allgemein den Blutfluß bremsen: das Hirtentäschelkraut, die Geranie und der Schachtelhalm (als Aufguß).

Einige Kräuter enthalten in der Tat – wie man heute weiß – Hormone, die dem weiblichen Geschlechtshormon sehr ähnlich sind. Der Salbei, der hormonreichste, ist ein gutes Tonikum für den Uterus; der Hopfen dient als Auslösungshormon für die Menstruation.

Man hat diese Pflanzen sogar einer abtreibenden Wirkung beschuldigt. Aber das ist natürlich übertrieben. Sie beschleunigen verspätete Monatsblutungen, das ist aber auch alles. Auf die Fruchtbarkeit der Frau wirken sie sich eher günstig aus, da sie den Monatszyklus regulieren.

Bei allen Vaginalentzündungen empfehle ich regelmäßige Spülungen mit Malven- oder Eibischaufguß, jenen sanften, abschwellenden Pflanzen.

Und wenn sich schließlich Männer und Frauen – wie mein Schauspielerfreund – über zu starke Sexualgelüste, die ihre Nachtruhe stören, beklagen, können sie zu allen beruhigenden Pflanzen greifen, die ich im Kapitel SCHLAFLOSIGKEIT genannt habe, sofern sie sich nicht gleich für die betäubendste aller Blumen, die Seerose, entscheiden. Seit der Antike gilt sie als Mönchs- und Nonnenpflanze, beruhigt erotische Träume, so daß man Sirup, Marmeladen und Getränke aus ihr gewann. Aber wer legt denn heute darauf Wert?

HERZ UND KREISLAUF

Ein „Herr aus der Stadt" pflegte einmal jährlich, zur Zeit der Weinlese, meinem Vater einen Besuch abzustatten. Er kam von weither, aus einer kleinen Pyrenäenstadt, deren Bürgermeister er war. Mein Vater nannte ihn voller Hochachtung, aber völlig zu Unrecht „Herr Präsident". Auch mich beeindruckte er stark, denn zunächst einmal war er sehr dickbäuchig und rotgesichtig, zum anderen aber erschien er in einem Wagen – was für ein Luxus damals! – zusammen mit Dr. Echernier, der nobelsten Bekanntschaft meines Vaters; man stelle sich nur vor – ein richtiger Arzt!

Auf Grund der Bedeutung dieser seiner Besucher bestellte mein Vater bei meiner Mutter ein Festmenü: Suppenhuhn, Rebhuhn und Kapaun, Gänseleberpastete und verschiedene Nachspeisen. Ich sehe unseren hohen Gast noch vor mir, wie er sich mit all diesen Köstlichkeiten vollschlug und von der Gänseleberpastete gar nicht genug bekommen konnte. Sein Kinn glänzte vor Fett und – vor Pickeln. Mein Vater sah ihm zu, wie er dieses Menü verschlang, und erklärte dann beim Nachtisch lakonisch:

„So, Herr Präsident, hiermit haben Sie Ihre letzte gute Mahlzeit beendet. Ihre Diät beginnt morgen."

Dieser Vielfraß litt an Überdruck und kam deshalb von so weit her, um meinen Vater um Rat zu fragen. Daher hatte diese letzte Mahlzeit etwas Rituelles an sich. Vom nächsten Tag an war er auf folgende Diät gesetzt: eine Scheibe Kalbfleisch mit drei Knoblauchzehen und drei Zwiebeln täglich. Abgesehen davon waren ihm nur Gemüsebouillons, Salate und Obst gestattet. Mein Vater ergänzte diese karge Diät noch durch ein paar Kräutertees eigener Mischung.

Dr. Echernier beobachtete seinen Patienten stets aus nächster Nähe und teilte uns jeden Fortschritt mit. Einen Monat später ging es ihm schon besser. Sein Blutdruck sank, und er verlor langsam an Gewicht. Je weiter jedoch das Jahr fortschritt, desto häufiger gab er sich wieder seinen gewohnten Ausschweifungen hin. Und ein Jahr später, wieder zur Zeit der Weinlese, tauchte er erneut bei uns auf, kurzatmig und dickbäuchig wie stets zuvor. Mein Vater las ihm erneut die Leviten, während meine Mutter sich wieder an die Vorbereitung der letzten delikaten Mahlzeit machte. Und alles ging wieder von vorne los.

Aber so ist das Leben. Wenn alle Dickbäuchigen ihre Ausschweifungen von heute auf morgen einstellten, würden die Herzkrankheiten auf unserer Erde weniger Unheil anrichten.

Überhöhter Blutdruck ist eine häufige Krankheitserscheinung, vor allem ab einem gewissen Alter. Er verursacht die verschiedensten Störungen: Schwindelanfälle, Ohrensausen und Herzflimmern. Auf die Dauer strapaziert er das Herz ganz erheblich. Die erste zu ergreifende Maßnahme ist eine an rotem Fleisch, Hülsenfrüchten und Fetten arme Diät. Alkohol und Kaffee sollen ganz unterlassen und Salz und Gewürze nur in sehr geringen Mengen genossen werden (und in schlimmeren Fällen völlig weggelassen werden!).

Während ich im allgemeinen sehr zu sportlicher Betätigung rate, bin ich mit allen jenen, deren Herz empfindlich ist, vorsichtiger. Ihnen tut ein maßvoller, aber regelmäßiger Fußmarsch gut, während anstrengendere Sportarten, nach denen man ganz außer Atem ist, zu vermeiden sind. Außerdem sollten sie heiße, für das Herz äußerst gefährliche Bäder unterlassen und lieber lauwarm baden oder sich überhaupt nur am Waschbecken waschen.

Nun, ich verurteile meine Patienten keineswegs auf Lebenszeit zu einer Kalbfleisch-Knoblauch-Zwiebel-Diät. Das ist eine Schockterapie, die kurzfristig angewendet werden kann. Ich bestehe jedoch darauf, daß dem Knoblauch im Küchenzettel in jeder Form der Zubereitung ein breiter Raum eingeräumt wird. Wer seinen Geruch nicht mag, kann ja in der Apotheke Knoblauchextrakt kaufen, aber soll auf keinen Fall auf die Wohltaten dieses wegen seiner anerkannt blutsenkenden Eigenschaften so wichtigen Gewürzes verzichten. Den Unternehmungslustigen schlage ich folgende „Alkoholatur" vor: Zerdrücken Sie ein Pfund Knoblauch und pressen Sie den Saft aus; diesem fügen Sie dann die gleiche Menge 40prozentigen Alkohol hinzu und trinken von dieser Mixtur während einer Woche pro Monat täglich 2 oder 3 Eßlöffel voll.

Es gibt viele Pflanzen, die mehr oder weniger blutdrucksenkend, beruhigend oder regulierend auf angegriffene Herzen wirken: so besänftigt der Weißdorn Herzflimmern, wirkt die Mistel (als Aufgußtee: 2 oder 3 Prisen auf 1 l Wasser) und das Olivenblatt (als Absud: 20 Blätter werden in einer Tasse Wasser gekocht) blutdrucksenkend, reguliert das Maiglöckchen (als Aufguß: 1 Prise Blüten pro Tasse) den Herzrhythmus, reguliert und stimuliert die Minze und hat der Fingerhut, der zwar auch gefährlich sein kann, eine spürbare Wirkung aufs Herz (nur unter ärztlicher Kontrolle zu nehmen!).

Je nach den Beschwerden, kann man diese Pflanzen mit anderen gemischt verwenden, um ihre Wirkung auszugleichen.

Bei Überdruck empfehle ich den folgenden Arzneitee: 2 Prisen Weißdornblüten, 1 Prise Lavendelblüten und 5 g Knoblauch auf 1 l Wasser; 2 Tassen täglich.

Herzflimmern kann auch durch Kompressen auf die Herzgegend beruhigt werden, die man in einen starken Aufguß aus folgenden Pflanzen taucht: je 1 Handvoll Weißdorn- und Schöllkrautblüten (ganze und wenn möglich frische Pflanzen), 1 Prise Butterblumen (mitsamt Stengeln und Blättern) und eine Prise Ginsterblüten. Dieser Aufguß muß lange ziehen, kann dann aber nach jeweiligem leichtem Erwärmen mehrmals verwendet werden.

Wenn sich mit den Jahren die Arteriosklerose, d. h. die Verhärtung der Arterien einstellt, die die Blutzirkulation erschwert, so rate ich, zusätzlich zu einer strengen Diät, noch zu folgendem Aufguß, der eher einer Bouillon gleicht: 5 g Knoblauch, 5 g Zwiebeln, 1 Prise Löwenzahn auf 1 Liter Wasser; 4 Tassen täglich.

Man kann aber auch an Kreislaufstörungen leiden, ohne daß das Herz krank wäre. Das zeigt sich häufig bei Frauen in der Schwangerschaft oder in den Wechseljahren. In diesen Fällen schlage ich eine kreislaufanregende Aufgußmischung vor: 1 Prise Petersilienblätter, je 1 Prise Salbei und Ringelblumenblüten und $1/2$ Prise Gartenampfer auf 1 Liter Wasser; 2 Tassen täglich.

Eine schlechte Durchblutung ist ebenfalls die Ursache für verschiedenste Beschwerden wie: Hämorrhoiden, Krampfadern, Unterschenkelgeschwüre etc. Diese Beschwerden heilt man gleichzeitig innerlich durch kreislaufanregende Mittel und äußerlich durch Lokalanwendungen.

Die Roßkastanie findet in einigen Krampfadern- und Hämorrhoiden-Präparaten Verwendung. Aber warum sollten Sie nicht selbst diese allen bekannte Frucht verwenden, die die Kinder zu ihrem Vergnügen aufsammeln und nach Hause bringen? Da die Roßkastanie sehr hart ist, muß man ihr Fruchtfleisch erst zerstoßen, bevor man es in Wasser kochen kann; dabei rechnet man etwa 10 g Kastanienfleisch auf 1 Liter Wasser. Dieser Trunk schmeckt nicht sehr gut, aber wenn man ihn etwas süßt, geht er schon hinunter. Man kann auch die Rinde des Kastanienbaumes verwenden, indem man 30 g auf 1 Liter Wasser rechnet.

Noch bitterer ist die Eichelschale, die jedoch ebenfalls gegen Hämorrhoiden und Krampfadern wirkt. Man bereitet sie wegen der Härte der Pflanze auf die gleiche Weise wie die Roßkastanie als Absud zu.

Dies alles kann man aber auch mit einer anderen, ebenfalls kreislaufanregenden Pflanze kombinieren: dem Schachtelhalm. Auch hier wieder ein Absud: 2 g zerstoßene Kastanie, 2 g Eichelschale und 2 Prisen Schachtelhalm (ganze Pflanze) auf 1 Liter Wasser; 2 Tassen täglich.

Jeder Absud dieser Art – sogar in noch konzentrierterer Form – kann auch äußerlich für Hämorrhoidenbäder oder warme Krampfadernkompressen verwendet werden. Andere Pflanzen wirken wohltuend bei Unterschenkelgeschwüren: Benediktendistel, Salbei und Nußschale. Mit einem starken Absud (50 g pro Liter etwa) kann man die offenen Wunden auswaschen und so die Vernarbung beschleunigen.

Der Blutreichtum ist immer ein Maßstab für die Gesundheit gewesen. Auch wenn heute der übergroße Blutreichtum häufig Ursache unserer Beschwerden ist, darf man doch nicht vergessen, daß es auch Blutarme, Anämiker, gibt, selbst in unseren Wohlstandsländern. Es handelt sich dabei häufig um kleine Kinder, Rekonvaleszente und alte Leute.

Wie kann man nun einem Anämiker gesunde Farbe und ein rotes, lebhaftes Blut, das durch seine Haut durchschimmert, wiedergeben? Knoblauch, immer wieder Knoblauch, sage ich, ohne mich der Wiederholung zu schämen. Er ist *das* Nahrungsmittel für Kinder und alte Leute. Dann revitalisierende Gemüse wie Kohl, Spinat, Sellerie und stärkender und appetitanregender schwarzer Rettich. Dann Obst: vor allem Aprikosen, die an energetischen Vitaminen den von den Kindern meiner Generation so gehaßten Lebertran noch übertreffen. Unter den Kräutern empfehle ich den appetitanregenden und stärkenden Enzian. Wer kennt nicht den köstlichen Wein (s. Rezepte)? Auch der Wasserklee, diese antirachitische und vitaminreiche Pflanze, sollte als Aufgußtee bereitet werden (1 Prise pro Tasse).

Jeder von uns sollte sein Blut ebenso gut kennen wie seinen Namen, sein Alter und seine Adresse. Die Blutgruppe und der Rhesusfaktor sollten stets sichtbar in unserem Notizbuch stehen oder in unserer Brieftasche zu finden sein, damit bei einem eventuellen Unfall die Bluttransfusion so schnell wie möglich vorgenommen werden kann.

Vor allem rate ich aber jedem Menschen über vierzig, regelmäßig ein „check-up" durchzuführen. Nur so entdeckt man, durch die Blutuntersuchung, schwere Schäden: Erhöhung des Cholesteringehalts (Fettüberschuß im Blut), Diabetes (Zuckerüberschuß), Eiweißüberschuß oder Harnstoff. Diese Krankheiten können, wenn sie rechtzeitig erkannt werden, durch eine strenge Diät geheilt werden, ziehen aber in vorgerücktem Stadium schwerwiegende Konsequenzen nach sich.

Daher kann ich auch nicht oft genug wiederholen, daß jeder über die Gesundheit seines Blutes sorgfältig wachen sollte. Helles und lebhaftes Blut verspricht Gesundheit. Ein gut durchblutetes Herz schlägt lange. Und gilt nicht schon seit langem das Herz als *das* Symbol des Lebens?

7

Schönheit bringt Glück

Sie wollten unerkannt bleiben, die Schönen aus der Stadt, die meinen Vater aufsuchten; trippelnd in ihren eng geschnürten Stiefeletten, den Körper in ein Korsett gepreßt, das Gesicht hinter einem Schleierchen verborgen, huschten sie ins Haus. Ich aber hatte ihnen von meinem Versteck hinter dem Vorhang aus schon aufgelauert, als sie aus der Kutsche stiegen – einem „Tilbury", wie man damals sagte, denn das klang vornehmer. Einige Tage zuvor hatte der Kutscher bereits heimlich einen Termin vereinbart, denn sie wollten auf keinen Fall, daß jemand von ihrem Besuch bei uns erführe. Aber mit Ausnahme der Markttage in Auch, da viele zu uns herüber auf Besuch kamen, gab es bei uns nie einen Andrang.

Ich erinnere mich noch gut an eine jener Schönheiten, denn sie war ganz besonders elegant, und ihre Kleidung war auf die Farbe ihres Haares abgestimmt; sie faszinierte mich immer wieder durch ihr absolut unbewegliches Gesicht. Sie schien die Inkarnation von Baudelaires Gedicht „Die Schönheit" zu sein:
„Ich meide Unbestand,
Den Feind von Form und Einheit,
Ich habe nie geliebt, ich habe nie gehaßt."

Aber die Zeit der unbeweglichen, starren Schönheiten ist vorbei, heute zählt nur mehr die Schönheit in Bewegung.

Ab und zu beehrte uns auch ein alternder gepuderter und parfümierter Beau mit seinem Besuch; mit meinem Vater hörte ich ihn nur über Blumen und Parfüms sprechen.

Aber da war auch noch ein Oberst, der sehr von sich selbst eingenommen war; vielleicht war er auch nur Major, aber im Zweifelsfall verlieh mein Vater den Militärs immer ein paar Dienstgrade mehr.

All diese Patienten hatten eines gemeinsam: Sie waren nicht krank. Sie wollten nur schön sein, bleiben oder werden. Ich hatte schnell gelernt, die Gesundheits- und die Schönheitskonsultationen voneinander zu unterscheiden. Da gab es ein ganz einfaches Indiz. Ging der alternde Camille mit seinem alten, schwarzen Rasiermesser, wie es früher die Barbiere benutzten, aufs Feld hinaus, um Brennesseln, Efeu oder Quecke zu schneiden, dann galt das einem Kranken, für den er ein Präparat bereiten wollte.

Ergriff er aber sein weißes Rasiermesser mit dem Perlmuttgriff, das Instrument der hohen Feiertage, so galt dies der Schönheit.

Und ausschließlich mit dem weißen Rasiermesser schnitt er die Rosen für seine Mazerationen, seine Teerosen, die er so häufig verwendete.

An jenen Tagen also schlüpfte ich geschwind in meine Holzschuhe, um meinen Vater zum Rosenschneiden zu begleiten. Das geschah nie im Morgentau, auch nie nach Regenfällen oder bei starker Sonne; meist gingen wir gegen zehn Uhr, der besten Zeit für die Rosen. Stets leuchtete sein Gesicht vor Freude, wenn er sich anschickte, Schönheitspräparate herzustellen.

Ich half ihm, die Blütenblätter abzuzupfen und Flecken und Unebenheiten zu beseitigen. „Dreihundert Blütenblätter auf die blaue Flasche (die *pinto*)", sagte er, denn darin mußten sie mit Regenwasser mazerieren. Geduldig machte ich mich ans Abzählen der einzelnen Blütenblättchen; aber er unterbrach mich; er kannte die Proportionen auswendig, er hatte einen Blick dafür. Nachdem er sein weißes Rasiermesser sorgfältig gereinigt hatte, klappte er es zusammen und legte es vorsichtig an seinen angestammten Platz, immer in dieselbe Schublade. Und dann begann für mich eine spannende Wartezeit. Ich wußte, daß für den nächsten Tag der Besuch einer schönen Dame aus der Stadt zu erwarten war — oder zumindest der des alternden Beaus oder des galanten Militärs. Denn ein Irrtum war ausgeschlossen, das weiße Rasiermesser war das Instrument der Schönheit.

Sein ganzes Leben lang hat mein Vater nach dem Geheimnis der Schönheit und Jugend gesucht. Wie Faust stellte er Experimente an, die er im Laufe der Jahre abwandelte. Während er freimütig die Zusammensetzung seiner Gesundheitspräparate preisgab, hüllte er sich in bezug auf die Schönheitsmittelchen in geheimnisvolles Schweigen. Wenn ich mich heute so sehr für die Schönheit interessiere, kommt es wohl daher, daß ich schon in ganz jungen Jahren vom geheimnisvollen Zauber dieser Wissenschaft, von der wir erst die Anfänge kennen, gefangengenommen war.

Im Laufe der Jahre hatte Camille also einige Schönheitsformeln herausgefunden, die er aber für sich behielt und niemandem verriet. Als ich alt genug war, um zu begreifen, sagte er eines Tages zu mir:

„Mein Kleiner, ich bin zwar nicht reich, aber ich will dir ein Geheimnis verraten, mit dem du reich werden kannst, wenn du es nur richtig anzuwenden vermagst. Es wird dir helfen, viel Gutes zu tun. Du wirst den Frauen Schönheit verleihen. Diese Formel kannst du deinen Kindern weitergeben, die wiederum ihre Kinder einweisen werden."

Und recht häufig machte mein Vater mit einem bedeutsamen Augenzwinkern Dritten gegenüber folgende Bemerkung:

„Der Kleine kennt ein Geheimnis, das aus ihm ein As machen wird – ein As, sage ich euch!"

Während ich an diesem Buch schrieb, erhielt ich den Brief einer alten Dame, der mich zutiefst rührte; sie hatte meine Familie gut gekannt und erinnerte sich noch an die Prophezeiungen Camille Mességués! Heute ist Irma D. eine charmante alte Dame, die in Monfaucon, in der Nähe von Rabastens, lebt. Hier ihr Brief:

„Mein lieber Maurice,
wer ist diese Person, die Ihnen so vertraut schreibt? Ein altes Großmütterschen von 71 Jahren, das Sie einst gekannt hat, als Sie 4 Jahre alt waren und das Ihre ganze Familie kannte und liebte. Damals packte man seine Siebensachen zusammen, ‚um zum Mességué zu fahren'. Es war zur Zeit der Weinlese.

Und fast immer blieb man einen ganzen Monat. Wie gern wir dorthin fuhren! Es war immer ein Fest.

Ich sehe Sie alle noch vor mir, wie ich Sie damals gekannt habe. Und ich erinnere mich noch gut an eine Bemerkung Ihres Herrn Papa: ‚Irma, Sie werden sehen: Maurice wird eines Tages ein As!' Er hatte sich nicht getäuscht. Wie glücklich er wäre, wenn er Sie heute sehen könnte. Er war so gut…"

Außer mir gab es nur noch eine Person, die das Geheimnis meines Vaters kannte: meine Mutter. Ihr ganzes Leben lang hat sie Camilles Rezepte mit heiliger Andacht angewendet. Und seit er tot ist, erweist sie ihm die tägliche Ehre, indem sie immer wieder dieselben Handgriffe tut, die er sie gelehrt hat. Meine Mutter also kennt die Formel, die dem Teint ewige Jugend verleiht. Trotz großen Kummers, trotz ihrer Witwenschaft und vieler daraus folgender materieller Schwierigkeiten, trotz aller Sorgen, die meine Prozesse ihr bereitet haben, hat sie sich mit ihren mehr als 70 Jahren einen frischen Teint und eine glatte, faltenfreie Haut bewahrt.

Um die Theorien meines Vaters in die Praxis umzusetzen, habe ich vor etwa 15 Jahren mein Laboratorium „Herbes Sauvages"* gegründet. Ohne Furcht vor Konkurrenz kann ich heute das Geheimnis meines Vaters enthüllen: Es handelt sich um eine Schönheitsmaske auf der Basis von Malven, Brombeeren und Schöllkraut in homöopathischer Dosis. Ich habe sie „Jugend 70" getauft, nicht wegen des Jahrgangs der Herstellung, sondern weil meine Mutter in jenem Jahr ihren siebzigsten Geburtstag feierte.

Neben seinen Ölen, Salben und Pomaden interessierte sich Camille Mésségué aber auch für Parfüms, die er selbst für seine Schützlinge herstellte. Im ganzen Haus bei uns mazerierten Blüten, in den riesigen Wannen, in denen er das Regenwasser aufgefangen hatte, sowie in allen Töpfen und Einmachgläsern meiner Mutter. Er stellte äußerst geheimnisvolle Präparate her, von denen einige eine aphrodisische Wirkung besaßen (sie waren hauptsächlich für den alternden Beau und den

---

* 22, Rue Caumartin, Paris 8. Präparate nach Mésségués Rezepten werden für den Raum Deutschland von der Firma Rudi Karcher, Karlsruhe, Werder Platz 41, vertrieben, für den Raum Österreich von Interherbes-Reform, Generalvertretung für Österreich, Hans Oswald, Paradeisergasse 6, 9020 Klagenfurt.

schönen Oberst gedacht!). Und auch die schönen Damen verdankten und dankten ihm ihre Erfolge!

Er selbst duftete stets herrlich nach Veilchen. Alle Geruchserinnerungen, die ich an meinen Vater habe, sind mit Veilchen verbunden. Nie habe ich erfahren, ob er sich wirklich damit parfümierte, oder ob die Veilchen, das Symbol seiner hervorstechendsten Eigenschaft, der Bescheidenheit, seinen Körper derartig durchdrungen hatten. Vielleicht war es auch ein „Geruch von Heiligkeit", wie er tatsächlich von den Heiligen ausgeht – ein Phänomen, das ich später entdeckt habe: Ein Gärtner, der ans Totenbett der heiligen Therese von Avila (1582) gerufen wurde, identifizierte offiziell die von dem Leichnam ausgehenden Düfte: Veilchen, Jasmin und Iris. Jahrhunderte später gingen auch von unserem Zeitgenossen, dem Pater Pio, Duftwellen aus: in diesem Fall war es die Nelke. Dieses Phänomen zog die Aufmerksamkeit der Wissenschaftler auf sich, die folgende Tatsachen feststellten: In Zeiten religiöser Trunkenheit oder prophetischer Halluzinationen entwickeln die großen Mystiker chemische Substanzen, die je nach „Terrain" nur ihnen eigen sind und die dem Duft gewisser Blüten stark ähneln. Man sagt daher völlig zu recht „im Geruch der Heiligkeit stehen".

Natürlich will ich nicht behaupten, daß wir alle heilig sind: mein Vater, der nach Veilchen, meine Mutter, die nach Lavendel roch, und gar ich, der ich mich nur mit Rosen umgebe und daher nach Rosen dufte. Aber es läßt sich nicht leugnen, daß jeder Mann und jede Frau ihren eigenen Duft haben und man nicht zu unterscheiden vermag, ob die Person die ihr entsprechende Pflanze anzieht oder ob es nicht die Blume ist, die den Menschen absorbiert. Es gibt Pflanzen, die lange, ja sehr lange nach ihrem Vorhandensein noch Geruchsspuren hinterlassen – der Knoblauch zum Beispiel (so wenig poetisch er auch sein mag). Und erkennt ein Feinschmecker nicht sofort den Hasen, der Quendel gefressen, und den Honig, dessen Lieferantin, die Biene, eines Tages ein Rosmarinstengelchen abgezupft hat?

Bei uns daheim hatte sogar das Pferd „Colibri" seinen eigenen Duft. Weiß wie Schnee und immer schön gestriegelt, mußte Colibri hart arbeiten, er ging mit uns aufs Feld, war aber trotzdem immer schön wie ein Rennpferd. Wenn mein Vater das Tonikum bereitete, mit dem das Haar des Pferdes eingerieben wurde, damit es schön glänzte, zückte er das weiße Rasiermesser mit dem Perlmuttgriff – genau wie für die schönen Damen!

Die Bauern von Gavarret, denen das glänzende Haar von Colibri natürlich nicht entgangen war, strichen um ihn herum und fragten meinen Vater nach dem Rezept. Es war ja klar, daß sich ihre Tiere auf dem Viehmarkt besser verkauften, wenn sie ein glänzendes Fell, das Zeichen für Gesundheit, vorzuweisen hatten. Also wurde mein Vater zum „Ratgeber für Pferdeschönheit" und verordnete Diät und Schönheitslotions für die Vierbeiner. In den Futtertrog gehörten von nun an $^1/_5$ Misteln auf $^4/_5$ Quecke. Mazeriert dienten dieselben Pflanzen der Schönheitstoilette fürs Pferdehaar.

Heute, da ich mich mehr und mehr der Pflege der Schönheit zuwende, stelle ich fest, daß man hauptsächlich aus diesem Grunde von weither zu mir kommt. Kokette alte und hübsche junge Damen überqueren den Ozean, um – obwohl sie sich bester Gesundheit erfreuen – meine Ratschläge für ihre Schönheit einzuholen. Sogar die Eskimofrauen sind hinter mir her, weil ich vor einigen Jahren beim kanadischen Rundfunk einige Eskimos kennengelernt habe, die ein Missionspater mitgebracht hatte. Kaum in ihre Heimat zurückgekehrt, haben diese ihren Frauen von mir erzählt, und seitdem träumen die Eskimofrauen von einer Pfirsichhaut und möchten zu gern von mir das entsprechende Rezept erfahren.

Ich glaube, daß in unserem 20. Jahrhundert, wo die Medizin erhebliche Fortschritte gemacht hat und die Diätetik jedermanns Sache ist, Schönheit und Jugend der innigste Wunschtraum aller Frauen – aber auch der Männer – ist.

Es ist erwiesen: Schönheit bringt Glück. Und jagen die Menschen heutzutage nicht stets hinter dem Glück her? Wie viele Frauen sind durch mein Sprechzimmer gegangen, in Tränen aufgelöst, weil ein zaghaftes Fältchen oder ein paar Zellulitisknötchen ihnen schon den Verlust des Gatten zu verheißen schien! Ich bin für ehelichen Frieden, und wenn eine Salbe ausreicht, um das Familienglück zu kitten, dann gebe ich sie immer besonders gern.

„Maurice, du bist ein Schuft", sagt mir manchmal mein Freund Maître Floriot. „Du nimmst uns das täglich Brot weg! Wie sollen wir Anwälte denn eigentlich noch existieren können, wenn du uns alle scheidungswilligen Paare wiederum versöhnst?"

Ich bin nur ein Handwerker der Schönheit, wie ich ja auch immer nur ein Handwerker der Gesundheit war. Bei meinen Cremes und Präparaten habe ich ausschließlich auf folgende zwei Eigenschaften gesetzt: Natürlichkeit und Frische. Denn Cremes, deren Grundsubstanz chemisch verseuchte Kräuter sind (auf Grund von Insektiziden u. a.), verstopfen die Poren der Haut, anstatt sie zu öffnen. In diesem Fall wäre es besser, auf jegliche Schönheitsbehandlung zu verzichten, um Katastrophen zu vermeiden. Außerdem verleiht die Frische einer Creme größere Wirksamkeit. Das beste Schönheitspräparat ist daher immer noch das daheim aus wohlbekannten Gartenkräutern hergestellte und unverzüglich angewandte. Dieses Kapitel, das „der Schönheit daheim" gewidmet ist, wird Ihnen daher helfen, einige wirkungsvolle und einfache Rezepte selbst auszuprobieren.

Die auf Jugend und Schönheit so versessenen Amerikanerinnen stürzen sich augenblicklich auf „Zurück-zur-Natur"-Experimente. Sie haben der Gärtnerei wieder zu Ansehen verholfen, so daß täglich zwei Millionen Gärtner ihre Salate und Gemüse sprengen – aber ohne chemische Zusätze! –, und außerdem wollen auch sie selbst nur mehr natürliche Kosmetika benutzen. Die Konsequentesten haben sich bereits darangemacht, Lippenstifte ohne chemische Farbstoffe herzustellen, die ihren Farbgehalt von Karotten-, rote Beete- oder Johannisbeersaft beziehen, ferner Cremes und Masken aus Gurken, Kartoffeln oder rohem Obst sowie Zahnpasta aus Auberginenextrakt. Diese überschäumende Begeisterung hat wohl ihre Daseinsberechtigung in einem Land, wo man allzuviel Mißbrauch mit allem Künstlichen getrieben hatte. So viel verlange ich gar nicht, und ich erstrebe auch keinen plötzlichen Rückfall in Primitivismus, sondern eine ständige Kontrolle über Qualität und Frische der bei uns verkauften Schönheitspräparate. Aber wenn unsere jungen Mädchen eines Tages trotzdem beschließen, sich die Lippen mit Johannisbeergelee anzustreichen und alle Lippenstifte wegzuwerfen – bei der Mode muß man ja auf alles gefaßt sein –, dann müßte ich allerdings schmunzeln. Andererseits tun die Kinder es ja auch und sind dadurch nur noch herziger!

DIE ZELLULITIS

Die Zeiten sind vorbei, wo die Frauen in Korsetts erstickten und unter einer Vielzahl von Unterröcken einen mehr oder weniger von häßlichen Pölsterchen entstellten Körper verbargen. Heutzutage wollen sich alle Frauen, die jungen und die weniger jungen, im Bikini an den Strand legen. Aber der Bikini enthüllt mitunter auch unästhetische Wülste, die sich mit Vorliebe an den Schenkeln, Hüften, Knien, Fußgelenken und Armen festsetzen, während die übrige Gestalt völlig normal ist.

Wie oft tauchten in meiner Sprechstunde jene jungen verwirrten Frauen auf, die sich nicht entkleiden wollten, weil sie bereits einen echten Komplex wegen ihrer Zellulitis entwickelt hatten. Während die Männer eher an Dickleibigkeit und Embonpoint leiden, der sich wie ein Rettungsring um ihre Taille schlingt, ist bei den Frauen die Zellulitis viel häufiger als die wirkliche Dickleibigkeit. Diese Frauen haben nicht Fett angesetzt, sondern leiden an Wasserstau.

Den Ursachen der Zellulitis kommt man nur schwerlich auf den Grund. Manchmal liegt ein Gemütsschock vor, ein Trauerfall, Liebeskummer, berufliches Versagen oder ganz einfach eine ständige Nervenerschlaffung – und dieser Kummerspeck entsteht, weil all die Sorgen sich in Toxine verwandelt haben. In anderen Fällen hat diese „Vergiftung" andere Ursachen: Mangel an sportlicher Betätigung, an Sauerstoff oder eine, wenn auch nicht zu üppige, so doch an künstlichen und chemischen Produkten zu reichhaltige Nahrung, die der Körper nicht abzubauen vermag.

In allen Fällen muß man damit beginnen, das Gleichgewicht aller Körperfunktionen wiederherzustellen; dies gelingt durch viel Schlaf, mäßige körperliche Betätigung und Entspannung.

Die Ferien sind der richtige Augenblick, um den schädlichen Rhythmus zu unterbrechen und eine Entgiftungskur durchzuführen. Natürlich gehört dazu auch eine richtige Diät. Da der Körper Gifte mit sich führt, gilt es, diese auszuscheiden. Alle bereits empfohlenen natürlichen Diuretika sind dazu geeignet. Jetzt sollte eine Kur mit Zwiebeln, Sellerie, Petersilie, Erdbeeren, zahlreichen Tees aus Kirschstielen, Apfelschalen, Borretsch und Geißbart vorgenommen werden. Insbesondere rate ich zu einem Teeaufguß aus je 1 Prise Quecke, Löwenzahn und Maisnarben auf 1 Liter Wasser, von dem täglich 4 Tassen getrunken werden müssen.

Außer den stark diuretischen Pflanzen sind alle grünen Gemüse und frischen Früchte geeignet, jedoch nur unter der Bedingung, daß sie gesund, also frei von chemischen Zusätzen sind, da ja gerade darin die Wurzel des Übels liegt. Gleichzeitig sollten Konserven vermieden und ihnen alle frischen Nahrungsmittel vorgezogen werden.

Bestehen sollte man jedoch auf proteinreichem, am besten rotem Fleisch, das mager, gegrillt und nur wenig gewürzt sein soll, es sei denn mit Kräutern; weißes Fleisch wie Kalb und Schwein ist weniger stärkend und häufiger mit chemischen Präparaten (Antibiotika, Hormonen etc.) behandelt; Geflügel ist gestattet, sofern es mit Körnern aufgezogen wurde. Auch die Eier müssen die gleichen Qualitätsmerkmale aufweisen.

Gut ist es auf jeden Fall, zu reichhaltige Nahrungsmittel auszuschalten wie Fette, Zucker und Stärke. Wenn sie verwendet werden, dann in geringer Quantität, aber optimaler Qualität. Keine gekochten Fette, sondern ein wenig Olivenöl im Salat und ein wenig Schmelz- und Weichkäse. Keinen raffinierten Zucker, keine Marmeladen und Konfekt, sondern ausschließlich Honig und nicht allzu süße Früchte (am besten Äpfel und Pampelmusen). Kein Weißbrot, Nudeln und Kuchen, sondern ein wenig Vollkornbrot, das einzige, das gestattet ist. Auch der Essig sollte durch Zitrone, Salz und Gewürze durch Kräuter, Kaffee durch Zichorie oder Kräutertees und Wein durch Mineralwasser ersetzt werden.

Zu dieser innerlichen Entgiftung müssen nun einige äußerliche Behandlungen hinzukommen, um die Zellulitisknötchen aufzulösen und die häßliche Orangenhaut zurückzubilden. In

211

diesem Falle erreichen Massagen sehr gute Ergebnisse. Allen mechanischen Massagen ziehe ich immer noch die Handmassage bei weitem vor, weil sie geschmeidiger ist und die kranken Zellen nicht reizt, sondern sie vielmehr mit menschlicher Wärme durchdringt. In diesem, wie auch in allen anderen Bereichen, glaube ich an die Wirkung des menschlichen Kontakts, der von keiner Maschine wird jemals ersetzt werden können.

Als guter Phytotherapeut habe ich natürlich auch nach den Pflanzen gesucht, deren Kontakt gut und wirkungsvoll ist, um die Orangenhaut zurückzubilden. Diesen Anforderungen entspricht am ehesten der Efeu. Natürlich gelten auch bestimmte Algensorten als starke Antizellulitismittel, aber ich benütze ja nur Pflanzen eigener Züchtung, und Algen wachsen nun einmal nicht in meinem Garten. Der Efeu hingegen ist mir wohlvertraut. Ich kenne ihn seit frühester Kindheit. Mehrere Generationen Mességués haben ihn schon verwendet, und ich habe ihn selbst schon tausendmal auf tausenderlei Art zubereitet. Ich stelle aus Efeu eine Antizellulitiscreme her, aber auch Kataplasmen und Kompressen, die direkt auf die geschwollenen und schmerzenden Stellen aufgelegt werden können. Der kletternde Efeu resorbiert, wenn er zerrieben und in die Haut einmassiert oder mehrere Stunden als Kataplasma aufgelegt wird, die Knötchen der Zellulitis. Man kann auch einige Handvoll Efeublätter (Efeu oder Gundermann) 24 Stunden in kaltem Wasser mazerieren und dann mit diesem Efeuwasser die von Zellulitis befallenen Körperstellen befeuchten.

Für Hand- und Fußbäder schließlich benütze ich meine beliebten Antizellulitispflanzen: Schöllkraut, Quecke, Schachtelhalm, Butterblume und immer wieder Efeu. Ich halte diese osmotische Behandlungsweise für sehr wirksam. Wenn ich in diesem Buch jedoch nur wenige Formeln nenne, so geschieht das aus zwei Gründen: erstens habe ich in meinem Buch „Von Menschen und Pflanzen"* viele Rezepte genannt, die ich nicht wiederholen möchte. Zum anderen aber stelle ich für gewöhnlich diese heiklen Präparate für meine Patientinnen individuell

---

* Verlag Fritz Molden, 1972.

her, wobei gewisse Pflanzen nur in homöopathischer Dosis enthalten sind. In diesem Buch jedoch gebe ich nur leicht und daheim nachzuahmende Rezepte, die jeder gefahrlos und ohne Kontraindikation selbst herzustellen vermag. Denn es ist nicht mein Ziel, meine gelehrten Techniken zu rühmen, sondern im Gegenteil so einfache und so sympathische Rezepte mitzuteilen, daß jeder darin sein Glück finden und sich ohne besondere Aufsicht zum Schmied seiner Gesundheit machen kann. Für sich selbst Sorge tragen, ist ein Akt der Verantwortung; überläßt man aber dem Arzt oder dem Phytotherapeuten die schwierige Aufgabe, in einen gestörten Körper immer wieder von neuem Ordnung zu bringen, so ist das ein Akt der Feigheit, man demissioniert vor der eigenen Verantwortung.

In „Les hommes en blanc" hat André Soubiran eine Wahrheit ausgesagt, die ich selbst häufig feststellen konnte: „Glauben Sie nicht, daß dumme medizinische Ideen ausschließlich auf dem Lande beheimatet sind. Sollten Sie einmal Spaß daran finden, von dem gebildetsten aller Männer haarsträubende Eseleien zu hören, so ist das Rezept sehr einfach: Lassen Sie ihn über Medizin sprechen!"

Es ist schon viel, nur einige wenige Kräuter zu kennen und sie mit Bedacht anzuwenden. Und wenn die Frauen Rosen für ihr Gesicht, Möhren für ihren Magen und Efeu für ihren Körper verwenden würden, dann wären sie von der wahren Schönheit vielleicht gar nicht weit entfernt!

DER KÖRPER

Wenn einmal die unästhetischen Knötchen verschwunden und durch Sport und Diät die harmonischen Linien wieder freigelegt sind, bleibt noch der Körper, der von äußerlichen Unschönheiten wie Hautkrankheiten und Unebenheiten befallen sein kann.

Diese können mehr oder weniger schlimm sein und manchmal das Eingreifen des Arztes erforderlich machen (z. B. bei Furunkulose, Schuppenflechte, Ekzemen und verschiedenen

Dermatosen). Aber durch eine vernünftige Hygiene kann man sie in jedem Falle erleichtern.

Bei Furunkulose wird der Arzt der erste sein, der Ihnen zu einer Diät ohne Saucen, Gewürze und Alkohol rät. Ich empfehle Ihnen noch ganz besonders alle blutreinigenden Gemüse wie: Endivien, Brennesseln, Lauch und Zwiebeln und von den Früchten vor allem Weintrauben.

Das Reifen der Furunkel kann durch eine lokale Anwendung von Kataplasmen aus gekochten Kopfsalatblättern, gehacktem Kohl (roh oder gekocht) oder auch in Milch gekochten Lilienknollen beschleunigt werden. All diese Pflanzen fördern die Vernarbung.

Ferner kann man mehrmals täglich Kompressen anlegen, die man in einen Aufguß aus Thymian oder Salbei (desinfizierend) und Eibischwurzel (aufweichend) taucht, sofern man es nicht vorzieht, all diese Kräuter zu mischen, um gleichzeitig in den Genuß all ihrer guten Eigenschaften zu kommen.

Ekzeme und Bläschenflechte sind häufig auf nervöse Störungen zurückzuführen, sofern es sich nicht um irgendeine Allergie handelt, die von Farbstoffen, Kosmetika, synthetischen Fasern u. a. hervorgerufen wurde. Heutzutage treten Dermatosen immer häufiger auf, und es wird zunehmend schwieriger, ihre Ursachen zu identifizieren. Und daher wiederhole ich noch einmal, daß durch weitgehendes Ausschalten chemischer Produkte in der Ernährung, der Körper- und Kleiderpflege das Risiko von Hautreaktionen, die ebenso unerklärlich wie unangenehm sind, verringert werden kann!

Der von Ekzemen Befallene leidet ähnlich dem von Asthma, Rheuma und Fettleibigkeit Befallenen, wenn er nicht sogar all deren Beschwerden auf einmal hat. Er ist hochgradig nervös und chronisch vergiftet. Daher muß er in erster Linie durch sportliche Betätigung seine Nerven entspannen und durch eine gesunde Diät seinen Körper entgiften. Daher rate ich ihm zwar zu Urlaub, aber auf keinen Fall am Meer, denn Ekzeme mögen kein Wasser, und das Übel wird dadurch noch verschlimmert. Sogar Wannen- und Duschbäder muß ich ihm untersagen. Sollten die Hände von Ekzemen befallen sein, rate ich zu Gummihandschuhen bei Schmutzarbeiten, damit das anschließende Händewaschen vermieden werden kann.

Der Küchenzettel des an Ekzemen Leidenden sollte viel Knoblauch, Möhren, Kopfsalat, Zwiebeln und Löwenzahn enthalten. Und immer wieder Weintrauben. Auch eine Zitronensaftkur (mehrmals täglich) ist sehr wirksam. Von den blutreinigenden Tees sind am besten geeignet: Zichorie (Blätter oder Wurzeln: 1 Prise pro Tasse) und Stiefmütterchen, das man sogar an Milchschorf leidenden Kindern geben kann (Absud aus 1 Prise Wurzeln pro Tasse Wasser).

Die Klette (oder das „Zeckenkraut") kann ebenfalls als Lotion auf die von Ekzemen befallenen Körperstellen aufgetragen werden (2 Prisen Blätter oder Wurzeln müssen dazu eine halbe Stunde in 1 Liter Wasser kochen). Auch mit Brombeerblüten (gleiche Proportionen!) läßt sich ein desinfizierender Absud herstellen.

Und schließlich verwendete man früher auf dem Land gegen hartnäckige Ekzeme eine sehr wirksame Salbe, die man aus zerdrücktem und danach gekochtem Knoblauch herstellte, den man schließlich mit der gleichen Menge Honig vermischte, auf die Haut auftrug und mit Gaze oder Bandagen bedeckte und befestigte.

Die Schuppenflechte ist eine Dermatose, die sich hauptsächlich an den Ellenbogen, den Knien und den Händen festsetzt. Überall tauchen kleine Pickel auf, die nicht größer sind als ein Stecknadelkopf, aber einen fürchterlichen Juckreiz auslösen. Manchmal liegt ihre Ursache nur in der Berührung oder Reibung mit rauhen Stoffen, zum anderen hat man aber auch die vom Petroleum hergeleiteten Waschmittel dafür verantwortlich gemacht. Sinnvoller ist es natürlich, die wirkliche Ursache herauszufinden, wobei Ihnen der Arzt helfen kann. Auf jeden Fall sollte man sofort mit einer gesunden und leichten Diät beginnen, um den Körper nicht zu vergiften, wobei insbesondere all die für Leberkranke vorgeschriebenen Gemüse und Früchte zu empfehlen sind: Artischocken, Karotten, Kopfsalat, Lauch, rote Beete und andere.

Wirksam sind auch Aufgußtees aus Borretsch, Kerbel oder Salbei (1 Prise pro Tasse); der gleiche Aufguß kann übrigens auch als Kompresse direkt auf die schmerzenden Körperstellen aufgetragen werden. Ganz besonders empfehle ich noch einen Tee aus je 1 Prise Kamille, Salbei und Quecke (ganze

Pflanze) auf 1 l Wasser, wovon 4 Tassen täglich getrunken werden sollen.

Es gibt aber auch Menschen, die – was besonders beklagenswert ist – gerade bei einem Landaufenthalt Dermatosen erwischen, obwohl sie gerade dorthin gefahren waren, um alle Giftstoffe loszuwerden. Die Wiesendermatitis wird hauptsächlich durch bestimmte Pflanzen wie Schlüsselblumen oder wilde Narzissen hervorgerufen. Wer also zu Ekzemen neigt, sollte sie lieber nicht pflücken.

Eine vernünftige Hygiene genügt manchmal, um Hautkrankheiten fernzuhalten. Ich habe bereits die desinfizierenden Kräuter wie Thymian, Rosmarin und Salbei erwähnt, die im „Essig der vier Diebe" und im „Wasser der Königin von Ungarn" enthalten waren; wirft man sie einfach ins Badewasser oder verwendet man sie als Lotion, so verhelfen sie der Haut zur Gesundung. Eine sehr sanfte Lotion läßt sich herstellen, indem man in 2 l abgekochtem Wasser folgende Pflanzen mazerieren läßt: 1 Prise Weißdornblüten, 2 Prisen Kornblumen, 2 Prisen Kamillenblüten, 2 Prisen Lavendelblüten, 2 Prisen Eibischwurzel und eine Handvoll Rosenblüten.

Die Schönen früherer Tage verwendeten größte Sorgfalt auf ihre Intimtoilette und gaben in ihr Badewasser alles, was die Haut geschmeidig zu machen vermochte. Poppäa Sabina, die zweite Frau Neros, badete in Eselsmilch, und Kleopatra mischte in ihr Badewasser angeblich Milch, Honig und Mandelöl. Unsere Großmütter tauchten ein Säckchen Kleie in ihr Badewasser und rieben sich anschließend mit Toilettenessig ab, der die Kalkablagerungen des Wassers beseitigt und den Kreislauf anregt. Der berühmteste war der Rosenessig (100 g rote Rosenblüten mazerierten 15 Tage in 1 l weißem Essig), aber als Lotion stellte man auch Essig aus Lavendel-, Orangen-, Zitronellen- und Minzenblüten her.

Für trockene Haut wurde schon seit eh und je süßes Mandelöl verwendet (vor allem auch für wundgescheuerte Babys) sowie schlichtes Olivenöl, das beste Bräunungsmittel. Sehr leicht läßt sich ein Sonnenöl herstellen aus ¼ l reinem (und geruchfreiem!) Olivenöl, 10 Tropfen Jodtinktur und dem Saft einer Zitrone. Gut schütteln vor der Anwendung auf die Haut! Das Olivenöl nährt die Haut und ist reich an Vitaminen; es zieht die Sonnenstrahlen an und würde schnell Hautverbrennungen herbeiführen, wenn Jod und Zitrone nicht desinfizierend wirkten, die Bräunung festigten und die Haut gesund erhielten, indem sie das Verbrennen unterbinden. Dieses sehr einfache Verfahren garantiert eine schöne lebkuchenfarbene Bräunung und eine weiche, geschmeidige Haut. In tropischen Ländern verwendet man auch Kokos- und Palmenöl.

Bei Sonnenbrand oder anderen Verbrennungen empfehle ich Kompressen, die in einen Absud aus Quittenkernen zu tauchen sind (etwa 1 Suppenlöffel Kerne auf 1 Glas Wasser; mindestens ¼ Stunde kochen!). Man kann aber auch einen Kräutertee trinken, der dem Körper hilft, auf die Infektion der Verbrennung zu reagieren: je 1 Prise Kamille (ganze Pflanze) und Lavendel auf 1 l Wasser; 4 Tassen täglich.

Und vergessen Sie auch nicht das Petersilienkataplasma bei Hautreizungen und Insektenstichen, den Weißwurzumschlag bei Prellungen, den Gänseblümchenwickel bei Schwellungen, frische Wurzeln des Borretsch („Schnittkraut") bei Wunden und Rissen. Sie können aber auch den Saft der roten Schafgarbe („Zimmermannskraut") direkt auf Wehwehchen und Kratzer, den Saft des Schöllkrauts auf Hühneraugen, Schwielen und Warzen auftragen. Und bei geschwollenen Füßen geben Sie einfach eine Handvoll Lavendel in ein lauwarmes, gesalzenes Fußbad.

Eine berühmte, bereits etwas ältere, aber immer noch recht kokette Schauspielerin fragte mich eines Tages, wie man das wabbelige Fleisch, vor allem an den Schenkeln, wieder festigen könne. Ich habe ihr zu folgender Mazeration geraten: je 1 Prise Lavendel und Brennesseln und ½ Prise frisches Schöllkraut auf 1 l Wasser (Regen- oder Mineral- oder abgekochtes Wasser); eine Nacht ziehen lassen. Diese festigende Körperlotion hat sie viele Male angewendet, und so konnte sie sich noch in einem Alter, in dem Damen ansonsten längst darauf verzichten, im Badeanzug am Strand zeigen.

Die Hände, die sich in hübschen Gesten und Zärtlichkeiten entfalten, müssen stets besonders gepflegt sein. Nichts ist betrüblicher als rauhe Hände, die eine hübsche Frau entstellen. Wenn Hausarbeit die Haut Ihrer Hände angegriffen hat, können Sie sie immer wieder glätten, indem Sie die Hände in einer

Tasse warmem Olivenöl, unter Zusatz eines Spritzers Zitronensaft, baden. Das ist außerdem sehr gut für brüchige Nägel. Die Zitrone ist die Freundin der Hände, da sie sie weiß und gesund macht. Lernen Sie diesen wohltuenden Brauch! Werfen Sie niemals eine Zitronenschale fort, bevor Sie sich die Hände (und sogar das Gesicht) damit eingerieben haben.

Man kann die Hände auch mit Essig abreiben, um Küchengerüche zu beseitigen, mit Kaffeesatz, um Knoblauchgeruch zu absorbieren, oder mit Petersilie, um Zwiebelduft zu neutralisieren.

Und damit Sie sich eine schöne Büste bewahren, empfehle ich außer den stärkenden Waschungen mit kaltem Wasser noch Massagen mit süßem Mandelöl, wodurch die Haut geschmeidig bleibt, sowie Einreibungen mit einer adstringierenden Quendellösung (Absud aus einer Handvoll Quendel auf 1 l Wasser, der eine Nacht stehen muß).

Zu allen Zeiten war die Schönheit Sache der weiblichen Körperpflege. Heutzutage pflegen sich aber auch die Männer, denn auch sie wollen gefallen und sich vom Zahn der Zeit nicht sichtbar annagen lassen. Daher sind all meine einfachen Rezepte für jedermann gültig!

DAS GESICHT

„Ein schönes Gesicht ist das Schönste alles Sehenswerten",
schrieb La Bruyère.

So haben die Frauen immer schon mit allen Mitteln versucht, ihr Gesicht zu verschönern. Gewiß hat die Schönheitschirurgie heutzutage viel geleistet, um die Natur zu korrigieren, aber schon wesentlich früher, als von einer Veränderung der Gesichtszüge selbst noch keine Rede sein konnte, haben die Frauen alles in ihrer Macht stehende daran gesetzt, um sich die Frische ihrer Haut zu bewahren.

Viele Rezepte haben zu ihrer Zeit Berühmtheit erlangt. Die schöne Poppäa, die von vielen Geschlechtsgenossinnen nachgeahmt wurde, bereitete sich Gesichtsmasken aus einem Brei von Roggen und Olivenöl. Die Gallierinnen bevorzugten eine Maske aus zerstoßener Kreide mit Essig und Bierschaum. In der Renaissance kamen Rosen und Buttermilch zu Ehren. Im 17. Jahrhundert legten die Pompadour und die Hofdamen sich hauchdünne Scheibchen rohen Fleisches auf die Wangen, um gut auszusehen.

Auch in unserer Zeit noch jagen einander die Moden: Nerzöl, Schildkrötenöl, Hefe, Algen, Honig, Fischöl... Alle Mittel sind recht, um das Gesicht irgendwie „auszubügeln"!

Eines Tages erschien in meinem Behandlungszimmer ein junges Mädchen von sechzehn Jahren in Begleitung seiner Mutter. Das Mädchen war sehr schön, aber sein Gesicht war von häßlichen Pickeln übersät, weswegen es nach den Aussagen der Mutter Komplexe hatte. Zunächst einmal mußte ich die Nerven des Mädchens beruhigen und dann erst seine Haut behandeln, die regelmäßig mit einem Aufguß aus Schachtelhalm und roten Rosen abgewaschen werden mußte. Fünf Jahre später wurde meine Patientin zur Miß France gewählt! Seitdem ist sie Mutter mehrerer Kinder und wohnt im Südwesten Frankreichs. Ab und zu treffe ich sie. Sie ist immer noch auffallend schön, und ihr Teint erscheint, dank regelmäßiger Pflege, frischer als meine Rosen bei Sonnenaufgang.

Um eine schöne Haut zu haben, muß man sich zunächst einmal guter Gesundheit erfreuen, regelmäßig schlafen, Aufputschmittel wie Kaffee, Alkohol und Tabak vermeiden, da sie dem Teint schaden, und über eine gut funktionierende Leber verfügen. Daher sind alle pflanzlichen Heiltees, die Schlaf und Verdauung fördern, empfehlenswert. Besonders wichtig erscheint mit der Saft aus frischen Gemüsen, Früchten und Kräutern, der morgens auf nüchernen Magen getrunken werden sollte, vor allem Saft aus Kresse, Petersilie, Sellerie, Karotten und Gurken, dem man stets ein Schlückchen Zitronensaft beimischen sollte.

Anschließend wären noch die blutreinigenden Tees zu nennen, da sie dem Körper alle Giftstoffe entziehen, die ansonsten an die Oberfläche kommen und sich an der Nase oder am Kinn festsetzen. Klette (frische Wurzel) und Stiefmütterchen (Blüten) ergeben sehr wirksame Tees (1 Prise pro Tasse), sofern man nicht meinen Spezialtee für gutes Aussehen vorzieht: je 1 Prise wilde Zichorie und bittersüßen Nachtschatten (Blätter) auf 1 l Wasser; 2 Tassen täglich.

Die Haut muß sowohl von innen als auch von außen gepflegt werden. Manchmal sind die gleichen Pflanzen zur innerlichen und zur äußerlichen Anwendung geeignet. So kann z. B. die soeben zitierte Klette auch als Kataplasma verwendet werden. Dazu nimmt man die frische Pflanze, wobei man Blüten und Wurzeln zerdrückt, wirft sie in kochendes Wasser und macht damit sofort einen sehr heißen Umschlag auf die Pickelchen. Pubertätsakne reagiert sehr gut auf diese Behandlung. Haben Sie keine frische Klette zur Hand, dann kaufen Sie beim Kräuterhändler getrocknete, mischen sie zur Hälfte mit Zwiebeln und erhalten auf diese Weise auch eine gute, die Vernarbung fördernde Umschlagmischung gegen Akne und Flechte.

Stark desinfizierend wirken auch Aufgüsse aus Thymian, Salbei, Rosmarin und Fenchel, die als Körperlotion verwendet werden. Wenn Sie den Teint aufhellen wollen, nehmen Sie am besten Petersilienwasser (ein Büschelchen Petersilie lassen Sie 24 Stunden in einem Glas Wasser mazerieren).

Zur Behandlung der Rosazea oder Rotfinne, die auf einen Blutandrang in den Kapillargefäßen des Gesichtes zurückzuführen und manchmal erblich ist, aber auch durch psychische Schocks verursacht und durch plötzlichen Temperaturwechsel verschlimmert werden kann, empfehle ich einige abschwellende Lösungen. Kochen Sie zwei oder drei Köpfe Salat in einem kleinen Topf voll Wasser und waschen Sie Ihr Gesicht so oft wie möglich mit dieser Kopfsalatbouillon. Oder mazerieren Sie in 1 l Quellwasser je 1 Prise Mohnblüten und Heckenrosenblüten sowie 1 Prise frisches Schöllkraut, und baden Sie in dieser Lotion Ihre Haut. Eine andere sehr sanfte und wirksame Lotion bei Rosazea und allen Entzündungen des Gesichts bereitet man auf der Basis von Malve oder Eibisch (4 Prisen vom einen oder anderen werden ½ Stunde lang in 1 l Wasser gekocht).

Im allgemeinen unterscheidet man zwischen trockener, fettiger und normaler Haut. Aber in Wirklichkeit gibt es viele Kombinationsmöglichkeiten. Manche Menschen haben gleichzeitig mehrere Hauttypen: z. B. fettige Haut am Kinn, trockene um die Augen und normale im übrigen Gesicht. Das erschwert natürlich die Behandlung.

Die trockene Haut ist die zarteste, aber auch die empfindlichste. Ihr müssen Fettstoffe zugeführt werden. In Ermangelung raffinierter Cremes kann man ganz einfach Kuhmilch zum Abschminken und frischen Rahm als Nährcreme verwenden. Eine gute Pflege mit Milchprodukten ist mehr wert als Cremes schlechter Qualität. Auf dem Lande benützten die Frauen früher sogar frisches Schweineschmalz oder Speckschwarten zur Gesichtspflege einerseits und zum Einfetten der Schuhe anderseits!

Einmal pro Woche kann man eine Gesichtsmaske auflegen aus einem mit einem Löffelchen Olivenöl geschlagenen Eigelb. Diese Mischung läßt man ¼ Stunde stehen und trägt sie dann mit einem in warme Milch getauchten Wattebausch auf. Trockener Haut werden Nährstoffe und Feuchtigkeit zugeführt, wenn man allen Gemüse- und Obstmasken einen guten Löffel voll Rahm zufügt.

Sollten sich Falten bemerkbar machen, die nicht immer ein Zeichen für Alter, sondern für das Austrocknen der Haut auf Grund eines schlechten Gesundheitszustands oder eines zu plötzlichen Abmagerns sind, kann man außer den soeben genannten Nährbehandlungen noch folgende Lösung bereiten: in 1 l Quellwasser läßt man je 1 Prise wilde Zichorie und Schöllkraut mazerieren und badet darin morgens und abends das Gesicht.

Bei fettiger Haut wiederum, die meist eine Begleiterscheinung der Jugend ist, da die Haut im Laufe der Jahre zum Austrocknen neigt, ist eine häufige Erfrischung des Gesichtes am wichtigsten. Empfehlenswert sind Waschungen mit warmem Wasser, da sie die Poren vom Fett und von Talgablagerungen befreien. Zum Abschminken darf daher keine fetthaltige Creme, sondern höchstens frische Kuhmilch verwendet werden, der man noch einige Tropfen Kölnisch Wasser beifügen sollte. Man kann die Milch auch zur Hälfte mit Erdbeersaft versetzen, was die Haut besonders erfrischt. Alle adstringierenden Kräuterlotionen sind wohltuend: Aufguß aus Thymian, Rosmarin, Brombeerblättern, Weißdorn...

Während das Eigelb die trockene Haut nährt, verfeinert und

spannt das Eiweiß die fettige Haut; daher kann es allein oder in der Mischung mit Obst- oder Gemüsesäften aufgetragen werden.

Die ideale Lotion für fettige Haut ist eine vierundzwanzigstündige Mazeration aus folgenden Pflanzen in 1 l Quellwasser: je 1 Prise rote Rosenblüten, Salbeiblüten, Nußbaumblätter und Schachtelhalm.

Schließlich ist fettige Haut auch oft von schwarzen Punkten oder Mitessern durchsetzt, zum großen Kummer der hübschen Damen. Es ist besser, sie nicht einzeln mit der Hand auszudrücken, denn das verletzt und reizt die Haut. Auf dem Land rieb man sich früher das Gesicht mit frischen Tomatenscheiben oder besser noch mit einem Stück reifen Riesenkürbis ein. Diese sanften Massagen absorbieren alle Unreinheiten der Haut. Auch meine Anti-Mitesser-Lotion kann ich empfehlen: je 1 Prise frisches Schöllkraut und Queckenwurzel läßt man eine Nacht in 1 l Quellwasser mazerieren.

Selbst wenn Sie das Glück haben, eine normale Haut zu besitzen, müssen Sie sie auf alle Fälle pflegen, sie „nähren". Genauso wie Sie Ihrem Körper, um ihn zu ernähren, abwechslungsreiche Nahrungsmittel, die Proteine, Zucker, Fette, Mineralsalze und Vitamine enthalten, zuführen, so benötigt auch Ihre Haut zahlreiche und verschiedenste Nährstoffe. Ich zwinge Sie zwar nicht, sich wie die Pompadour Beefsteaks auf die Wangen zu legen, aber – abgesehen von Fleisch – ist ihre Haut durchaus ein Leckermaul: sie mag alles. Milchprodukte und Eier führen ihr, wie wir gesehen haben, reiche Nährstoffe zu, und was die pflanzlichen Nahrungsmittel anlangt, so müssen sie so verschieden wie möglich sein, denn sie müssen ihr alle Vitamine liefern, nach denen sie lechzt.

Obst und Gemüse wirken Wunder auf der Haut. Im Handel gibt es zwar allerlei fertige Masken zu kaufen, aber es ist doch so einfach, sie daheim aus frischen Pflanzen herzustellen. Vor einer guten Maske empfehle ich Ihnen zunächst ein Gesichtsdampfbad, das die Poren erweitert: in kochendes Wasser eine Prise Lindenblüten, mit einem Stengelchen Thymian, Rosmarin oder Salbei, die alle desinfizierend wirken. Anschließend legen Sie sich in einen dunklen Raum und lassen Ihre Maske aus geriebenen, kleingeschnittenen oder zerdrückten

Früchten oder Gemüsen einwirken. Um sie später abzunehmen, genügt ein in lauwarmes Wasser getauchter Schwamm.

Unter den Früchten wirken für die Haut am erfrischendsten: Erdbeeren, Pfirsiche, Ananas und Wassermelonen, die Sie frisch ausdrücken oder sogar mit frischem Rahm, einem Eiweiß oder Eigelb mischen, je nach Ihrer Hautbeschaffenheit. Wenn Sie im Herbst eine Traubenkur machen und den gepreßten Traubensaft trinken, dann bewahren Sie die frischen feuchten Traubenschalen auf und legen sie sich aufs Gesicht. Dann wird die Kur vollkommen sein.

Bei den Gemüsen rate ich immer wieder zur Gurke, denn sie spendet besonders viel Feuchtigkeit; man schneidet sie in feine Streifen oder hackt sie; auch die Karotte, die gerieben wird, heilt und vernarbt Entzündungen, Sonnenbrand und Rotfinne. Außerdem verleiht der regelmäßig als Lotion angewandte Karottensaft ein gesundes Aussehen, da er einen natürlichen Farbstoff, das Karotin, enthält.

Eine Maske aus geriebenem Kohl trägt ebenfalls zu schnellerer Vernarbung bei. Erinnern Sie sich, daß ein Kataplasma aus rohem oder kaum gekochtem Kohl mit den häßlichsten Wunden und Geschwüren fertig wird; das bedeutet, daß er alle Unreinheiten absorbiert und das Gewebe stärkt.

Es gibt auch Verfechter von Masken aus geriebenen Kartoffeln, die Feuchtigkeit spenden und Falten beseitigen; ferner kennt man Masken aus roter Beete, die zerquetscht und mit Rahm vermischt wird, wodurch man ein gesundes Aussehen erhält; oder Spinatmasken, die in Milch gekocht und warm auf die Haut aufgetragen werden und die Haut entschlacken...

Alkohol für die Haut ist nur in sehr mäßigen Mengen gestattet (Kölnisch Wasser trocknet aus!); Tee wird manchmal als Farbstoff und Make-up benützt; er wirkt adstringierend, darf aber nicht übermäßig oft verwendet werden. Hingegen sollten Sie jedesmal, wenn Sie einen Kräutertee trinken, die überbrühten Kräuter, deren Saft Sie getrunken haben, kurz auf Ihr Gesicht auftragen.

Wollen Sie einen Rosen- oder Lilienteint bekommen, dann greifen Sie wirklich auf diese beiden Blumen Ihres Gartens zurück! Werfen Sie eine Handvoll Blütenblättchen (frisch oder getrocknet) von beiden Blumen in eine Schale kochendes

Wasser und lassen Sie sie eine gute Viertelstunde kochen. Mit dieser abgekühlten und filtrierten Mischung können Sie Ihr Gesicht unbesorgt baden.

Auch Männer haben mich aufgesucht, meist Schauspieler, deren Haut vom vielen Schminken abgestumpft war; auch ihnen verordne ich dieselbe Schönheitspflege wie den Frauen, denn für mich ist es eine der großen Entdeckungen des 20. Jahrhunderts, daß die Schönheit jedermann zugänglich ist, Männern wie Frauen, Armen wie Reichen.

DIE AUGEN

Die Augen sind der Spiegel der Seele, heißt es, und die Haupteigenschaft eines Spiegels ist die, daß er blank geputzt ist und glänzt. Die schönen Andalusierinnen nehmen einen Tropfen Orangensaft, damit ihre Augen glänzen, das brennt weniger als Zitrone und ist ebenso kräftigend.

Aber die sanfteste aller Augenlotionen ist das Kornblumenwasser, und das nicht nur für blaue Augen, obwohl diese am empfindlichsten, aber auch am strahlendsten sind. Auf dem Land nennt man die Kornblume den „Brillen-Brecher", was ihre Wohltaten für die Augen schon deutlich macht. Um Kornblumenwasser zu erhalten, geben Sie eine gute Handvoll Kornblumenblüten in $1/2$ Liter kochendes Wasser. Lassen Sie sie einige Minuten ziehen. Dann filtern Sie das Ganze und baden Ihre Augen mit in die Lösung getauchten Kompressen.

Es gibt auch noch andere desinfizierende Pflanzen für die Augen: Wegerich, Rose, Tee, Petersilie und Kerbel. Eine Kompresse aus Lindenblütenaufguß beseitigt Ringe unter den Augen. Die Kamille kann bei zu häufiger Anwendung das Auge leicht reizen, daher sollte man sie lieber abwechselnd mit den anderen Pflanzen gebrauchen.

Ich rate zu einem Aufguß aus mehreren Blüten: etwa je 1 Prise Malven und Kamille, je 2 Prisen Kornblumen und Rosenblüten sowie Veilchen, die die gleiche Wirkung haben.

Bei akuter Bindehautentzündung sollten Sie das Schöllkraut nicht vergessen (s. das dieser Pflanze gewidmete Kapitel!). Wenn die Schwalbe den Saft des Stengels in die Äuglein ihrer Neugeborenen träufelt, dann weiß sie instinktiv, daß ihnen das guttut. Auch in der Antike galt aus demselben Grunde das Schöllkraut immer als *das* Kraut für Augenkrankheiten. Sollten Sie zögern, diese starken, manchmal auch giftigen Augentropfen unvermischt zu verwenden, so können Sie eine Lotion auf der Basis von Schöllkraut bereiten, die einfacher anzuwenden ist: lassen Sie eine Nacht lang in einem Liter Wasser 1 kleine Prise Schöllkraut (Blätter und Stengel) und 2 oder 3 gute Prisen roter Rosenblüten, die sehr beruhigend wirken, mazerieren.

Auch Mazerationen aus Kerbel, Petersilie und Wegerich (2 oder 3 Prisen pro Liter Wasser) können mit roten Rosenblüten versetzt werden. Aber länger als eine Woche sollten Sie diese Mazerationen nicht aufbewahren.

Und schließlich: wenn Sie Ihren Augen die Sehschärfe Ihrer Jugend erhalten wollen, brauchen Sie ja nur Blaubeeren zu essen (s. Kap. BLAUBEEREN), die ebenfalls den Spitznamen „Brillen-Brecher" verdienen würden!

DIE ZÄHNE UND DER MUND

Ein schönes strahlendes und gesundes Lächeln auf Reklameplakaten verhilft den Zahnpastamarken zum Erfolg. Untadelige Zähne sind eben ein Zeichen für Jugend. Bei den heutigen Fortschritten in der Zahnersatzkunde kann es sich aber niemand mehr erlauben, ein zahnlückiges Lächeln oder kariesbefallene und gelbe Zähne zur Schau zu stellen.

Die Zahnhygiene ist sehr wichtig. Liest man jedoch die Statistiken über den Verbrauch von Zahnbürsten und Zahnpasta in Frankreich, so ist man bestürzt: ihr Gebrauch ist gar nicht so allgemein verbreitet, wie man denken möchte. Und doch ist tägliches Zähneputzen das absolute Minimum an Hygiene, dem man von Zeit zu Zeit noch verschiedene andere Behandlungen nachfolgen lassen sollte.

Reiben Sie Ihre Zähne mit ausgepreßten Zitronenschalen ein (sofern Sie sie nicht für Hände und Gesicht brauchen); das macht die Zähne weiß und kräftigt das Zahnfleisch. Auch ein mit der Schale verspeister Apfel, in den Sie herzhaft hineinbeißen sollten, hat die gleiche Wirkung. Er desinfiziert die Zähne und massiert das Zahnfleisch. Abends vor dem Zubettgehen sollten Sie daran denken, anstatt kariesfördernde Bonbons zu lutschen!

Früher stellte man eine stark aufsaugende Zahnpasta her, indem man zerstoßene Holzkohle oder zerriebenes verbranntes Brot mit einigen Tropfen Minzextrakt mischte. Die heutigen Zahnpasten angenehmerer Zusammensetzung räumen der Pfefferminze immer noch einen breiten Raum ein und nicht nur wegen ihres gefälligen frischen Geschmacks, wie man meinen könnte, sondern vielmehr wegen ihrer stark antiseptischen Eigenschaften. Wenn Ihr Zahnfleisch entzündet ist und Sie daher ein paar Tage auf Zahnbürste und Zahnpasta verzichten müssen, können Sie mit einem Pfefferminzaufguß Mundspülungen vornehmen.

Bei schmerzhafter Bläschenbildung im Mund, die einem manchmal sogar die Freude am Essen verleidet, sollten Sie es einmal mit einem Absud aus Malven oder Eibisch, den beruhigenden Pflanzen, versuchen. Aber auch Mundspülungen aus Thymian-, Salbei- und Brombeerabsud haben dieselbe heilende Wirkung. Man kann auch die Aphten mit Zitronen- oder Zwiebelsaft einreiben, und sehr schnell wird Ihr natürliches, ungezwungenes Lächeln zurückkehren.

Kindern, bei denen die Zähne nur schwer durchkommen, sollte man Eibischwurzeln zu kauen geben, während alte Leute, deren Zahnfleisch sich zurückbildet, langsam Meerrettichwurzeln im Munde zergehen lassen sollten.

DAS HAAR

Früher war langes Haar der Frauen schönster Schmuck (langes Haar, kurzer Verstand); heute hat sich alles geändert, die Länge des Haars – und des Verstandes. Aber ob lang oder kurz, das Haar sollte immer das Gesicht hübsch umrahmen – bei Männern wie bei Frauen.

Die Frisiersalons haben ein ganzes Arsenal an Schönheitsmittelchen anzubieten: verschiedene Shampoos, Lotionen, Färbemittel... Natürlich machen all diese Präparate stumpfes Haar wieder lebhaft und glattes Haar kraus, aber schenken sie dem Haar wirklich Gesundheit? Im Gegenteil, übermäßige Anwendung verursacht manchmal sogar Haarausfall!

Als Kind habe ich oft genug den Frauen bewundernd zugesehen, wie sie ihr langes Haar pflegten. Geschnitten wurde es nur bei Neumond, um die zarte Haarfaser nicht zu verletzen und das Nachwachsen zu erleichtern. Das Haarewaschen war eine wahrhafte Schönheitszeremonie. Dazu lösten die Frauen ihre dicken Knoten, ließen die dichten Flechten auf die Schultern herabfallen und massierten langsam und feierlich Olivenöl ins Haar, um ihm Nährstoffe zuzuführen. Damit es gut eindringen konnte, ließen sie dieses Ölbad mehrere Stunden einziehen, wozu sie sich den Kopf mit warmen Tüchern umwickelten.

War das Haar zu fett, wusch man es mit Eigelb und Rum, um es zu kräftigen (2 Eigelb wurden in einem kleinen Glas Rum verschlagen); auch dieses sonnenfarbene Shampoo mußte eine gute Viertelstunde einziehen.

In das anschließende Spülwasser gab man ein paar Tropfen Essig, damit das Haar glänzte, oder sogar einen Absud aus Klettenwurzel, um seidiges Haar zu bekommen.

Als Färbemittel diente ein Kamillenaufguß, der entfärbt und einen hübschen goldenen Schimmer verleiht; oder sogar starker schwarzer Tee, wodurch ein schönes Rotbraun entsteht.

Warum sollte man diese einfachen und hübschen Rezepte nicht auch heute noch anwenden? Man kann sich das Haar sogar ganz ohne Shampoo waschen, einfach mit Seifenkraut, das – wie sein Name verrät – Seife zu ersetzen vermag.

Während des Krieges wurde aus diesem Seifenkraut tatsächlich ein Seifenersatz zum Wäschewaschen gewonnen. Werfen Sie eine gute Handvoll Seifenkrautwurzeln, die Sie vorher zerstoßen haben, in 1 Liter kochendes Wasser, lassen Sie sie 10 Minuten ziehen, schütten Sie sie durch ein Sieb und baden Sie anschließend Ihr Haar in dieser Lösung; es wird sauber, weich und zugleich gestärkt daraus hervorgehen.

Viele Menschen klagen über Haarausfall. Man kann ihn

aber verhindern, wenn man häufig auf nüchternen Magen ein Glas frischen Kressensaft trinkt. Mit dem Kressensaft kann man auch direkt die Kopfhaut massieren.

Um eine für die Kopfhaut stärkende Einreibung herzustellen, rate ich, eine Woche lang in ½ Liter Alkohol Blätter, Blüten und Samen der Kapuzinerkresse (etwa 100 g) mazerieren zu lassen. Dieser Kapuzinerkressenalkohol läßt sich gut aufbewahren. Mit Quellwasser läßt sich auch eine weniger starke Lotion bereiten: 1 Prise Brennesselblätter, 1 Prise Salbeiblüten, je 1 Prise Kletten (ganze Pflanze) und Lorbeer, die man vierundzwanzig Stunden in einem Liter Wasser mazerieren läßt.

Nun braucht man das Haar nur mehr zu parfümieren. Früher stellte man das eigene Toilettenwasser und Parfüm selbst zu Hause her. Heute hat man darauf verzichtet, da im Handel alle erdenklichen Parfüms zu haben sind. Und dabei ist es so einfach:

Um Lavendelwasser zu erhalten, genügt es, 25 g Lavendelblüten einen Monat lang in 1 Liter Alkohol ziehen zu lassen und anschließend zu filtrieren. Wenn Sie aus den Ferien zurückkommen, brauchen Sie es nur mehr in Flakons zu füllen, und schon haben Sie einen Vorrat fürs ganze Jahr; außerdem dient Lavendelwasser, das von Frauen und Männern in gleicher Weise geschätzt wird, sowohl als Parfüm, als auch als stärkende Einreibung für den Körper und bewährtes Rheumamittel.

Auf dieselbe Art und mit fast gleichen Proportionen können Sie Parfüms aus Rosen, Jasmin, Veilchen, Zitronelle und allen anderen Kräutern und Blüten, deren Duft Sie lieben, herstellen. Und warum sich nicht auch an Eisenkraut, Minze, Thymian und Rosmarin heranwagen ... ?

Zu Beginn des 18. Jahrhunderts hat ein Kölner Parfümhersteller, Johann Maria Farina, durch sein Toilettenwasser Berühmtheit erlangt; seine Formel, die später allgemein bekannt wurde, ist die Basis für alle Kölnisch Wasser, die man heute findet. Ein dem Originalrezept sehr ähnliches Toilettenwasser können Sie selbst herstellen: in 1 Liter 90prozentigen Alkohol geben Sie je 4 g der folgenden Zutaten: Orangenblüten, Rosmarin, Zedrat und Bergamotten. Diese Mischung filtrieren Sie, nachdem sie 24 Stunden gezogen hat.

Im Laufe der Jahrhunderte wurden allerlei Parfüms erfunden, deren Hauptziel es war, verführerisch zu sein. So manche dieser Parfüms waren zu ihrer Zeit sehr berühmt: das „Parfüm der Kreuzfahrer" (Lavendel, Majoran, Basilikum, Quendel, Rosmarin...), das „Bouquet der Kaiserin Eugénie" (Rose, Vanille, Geranie...) oder das der Königin von England (Rose, Veilchen, Orangenblüten...). Die Aphrodisiaka gleichenden Parfüms hießen „Bouquet der geraubten Küsse" (Zitronelle, Eisenkraut, Narzisse, Zipolle, grauer Amber...) oder „Bouquet geschnittenen Heus" für romantische Verliebte (auf der Basis von Gräsern).

Mir tut es wohl, zu wissen, daß in all diesen Schönheits- und Liebespräparaten meine Freunde, die Pflanzen, von all den Ingredienzen den ersten Platz einnahmen.

8

Sage mir, was du ißt

„Ein Tier frißt, Menschen essen. Ein kultivierter Mensch ißt bewußt und mit Überlegung." So meinte der weise Gastronom Brillat-Savarin[*] in seiner *„Physiologie des Geschmacks"*. Ich teile voll und ganz seine Meinung, denn die richtige Ernährung ist ein Akt der Überlegung, der viel Intelligenz und Fingerspitzengefühl erfordert.

Ich bin gegen jede mitleidlose Diät, die dem Menschen harte Beschränkungen auferlegt.

Mit Ausnahme von Schwerkranken, die gewisse Verbote beachten müssen, braucht der Mensch vor allem Abwechslung. Nach der Lektüre der vorangegangenen Kapitel, wo ich so viel Aufhebens von Kräutern und grünen Gemüsen machte, könnte man zu dem Schluß kommen, ich sei ein wahrer „Meister Kräutertee" und ein Anhänger der Vegetarierzunft – was absolut nicht der Fall ist! Ganz im Gegenteil: ich bin ein echtes Leckermaul und gar nicht tugendhaft und schätze all die guten Dinge, die Gott uns geschenkt hat, viel zu sehr, um Abstinenz zu predigen.

Selbst auf die Gefahr hin, die hundertprozentigen Diätfanatiker zu schockieren, erkläre ich hier laut und deutlich, daß ich es für richtiger halte, in echter Gänseleberpastete zu schwelgen (sofern die Gans mit Körnern aufgezogen wurde) als griesgrämig vor einer Porreesuppe zu hocken, die ja doch voll ist von Insektiziden. Manchmal glaubt man richtig zu handeln,

[*] 1755–1826

wenn man sich eine strenge Disziplin auferlegt. Aber das Beste ist der Feind des Guten. Die Natur ist abwechslungsreich. Und unsere Nahrung sollte es auch sein! Der Mensch braucht sowohl eine beträchtliche Zufuhr pflanzlicher Stoffe als auch proteinreiche tierische Nahrung. In den Wohlstandsländern hat die moderne Ernährungsweise große Fortschritte gemacht, und die Menschen haben dabei Gesundheit und Langlebigkeit gewonnen. Ich wünsche absolut nicht die Rückkehr zur spartanischen Ernährung der armen Bauern von früher (eine Zwiebel und ein Kanten Brot); aber genausowenig rühme ich die üppigen Schwelgereien, in denen sich die privilegierten Schichten ergehen.

Die Ernährungsweise des modernen Menschen muß ausgewogen sein. Nur auf einer Forderung bestehe ich unnachgiebig, auf der Qualität der Nahrungsmittel! Mir wäre es lieb, wenn die Wahl der Nahrungsmittel immer unter diesem Gesichtspunkt getroffen würde. Ein ehrliches Produkt hat nichts zu verbergen, man kennt die Zusammensetzung seines Inhalts ganz genau. Der besonnene Verbraucher ist daher jener, der genau weiß, woran er sich zu halten hat, wenn er einkauft, und der jedes Nahrungsmittel zurückweist, das ihm Zweifel einflößt.

Nachdem diese erste Wahl in bezug auf die Qualität getroffen ist, brauchen Sie Ihr Menü nur mehr klug zusammenzustellen, um daraus den größtmöglichen Nutzen für Ihre Gesundheit zu ziehen, ohne jedoch die Gaumenfreuden außer acht zu lassen.

Wie wir nacheinander jedes Gemüse, jede Frucht und jedes Kraut analysiert haben, das den Weg in Ihren Teller oder Ihre Teeschale nimmt, so muß auch jedes Nahrungsmittel, Fleisch, Fisch, Nachtisch und Getränk, eine besondere Bedeutung für Sie haben.

Man ernährt sich nicht willkürlich. „Sage mir, was du ißt, und ich sage dir, wer du bist." Der Fleischesser ist energiegeladen und dynamisch, aber wenn er unmäßig ist, kann er auch aggressiv werden und im Laufe der Jahre von allen möglichen Erkrankungen befallen werden: Erhöhung des Cholesteringehalts oder des Harnstoffes, Gicht... Wer sich nur von Stärkemitteln und Zuckerstoffen ernährt, wird sehr bald Dickleibigkeit und Zucker im eigenen Körper feststellen. Und der hundertprozentige Vegetarier, der als so vernünftig gilt, kann auf die Dauer an Schwäche- und Abnutzungserscheinungen leiden, weil er seine Reserven nicht aufgefüllt hat.

Meiner Meinung nach ist der Mensch ein Allesfresser. Seit eh und je hat er seine Nahrung sowohl im Pflanzlichen (Wurzeln, Blättern und Früchten) als auch auf der Jagd und beim Fischfang gefunden. In allen Ländern der Erde, bei den primitivsten Volksstämmen, findet man die gleiche Vielfalt der Ernährung. Gewiß bevorzugen Eingeborenenstämme eher das Fleisch großer Tiere sowie das Fruchtfleisch von Knollengewächsen und nahrhaften Früchten, aber sie knabbern auch all die winzigen Insekten und ganz kleinen Beeren, die die Natur ihnen zur Verfügung stellt. In Ländern, wo Kräuter rar sind, wie etwa in Lappland, stürzen sich die Menschen auf jedes kümmerliche Pflänzchen, das sie nur finden können, ja sogar auf Flechten und Algen. Das gleiche gilt für Wüstengebiete. Daher muß man die Kinder von frühester Jugend daran gewöhnen, „alles zu essen". Man hat festgestellt, daß die spätere Gesundheit und die Intelligenz eines Menschen eindeutig von den ersten Lebensjahren bestimmt werden. Daher kommt es, daß man heutzutage darauf besteht, schon dem Kleinstkind eine abwechslungsreiche und gleichzeitig an Proteinen, Vitaminen und Mineralsalzen reiche Nahrung zuzuführen. Vorbei ist es mit den Mehlbreichen bis ins vorgerückte Alter, die zwar pausbäckige, aber weichliche Kinder hervorbrachten. Heutzutage bekommen Säuglinge abwechselnd mit dem Fläschchen bereits Obstsäfte, Gemüsebreis, zerkleinerten Fisch und Fleisch. Mit Begeisterung zermalmen sie ein Stück Käse, noch lange bevor sie Zähnchen haben. Daher sind sie viel aufgeweckter, viel sicherer auf ihren Beinchen und wollen so bald wie möglich aus der Wiege heraus.

In den Hauswirtschaftsbüchern von früher riet man den Müttern, sorgfältig zwischen der Ernährung des Mädchens und der des Jungen zu unterscheiden. Für die Jungen gab es reizende und kräftigende Nahrungsmittel, Fleisch, Fisch, Eier, Käse etc. und vielleicht sogar ab und zu ein Schlückchen Wein. Den Mädchen blieben indessen Süßigkeiten, Puddings, Säfte und Gebäck, wodurch man ihnen so lange wie möglich den

Charme und die Unbekümmertheit der Kindheit zu erhalten hoffte. Das ist gottlob veraltet! Unsere sportlichen und arbeitsamen Mädchen bevorzugen ein saftiges Steak jeder Buttercreme.

Die Erwachsenen wiederum begehen viele Irrtümer einfach aus Trägheit. Wie viele Männer, die hastig in Kantinen oder Selbstbedienungsrestaurants ihr Mittagessen hinunterschlingen, wählen Tag für Tag genau das gleiche Menü: Aufschnitt, Steak mit Pommes frites (oder Hähnchen) sowie Käse (oder Kuchen). Da haben sie dann ein Tablett in der Hand, das hauptsächlich mit schwerverdaulichen, fetten Nahrungsmitteln vollgepackt ist, an Vitaminen aber nur sehr wenig enthält. Wird dieses Verfahren jahrelang fortgesetzt, bekommt der Körper absolut nicht die Vielfalt an Nährstoffen, die er unbedingt braucht.

Die intelligente Hausfrau jedoch kann ihrer Familie nahrhafte und zugleich stärkende Nahrung zuführen, indem sie kombinierte Speisen vorsetzt.

Ich plädiere für einen einzigen Gang, aber er muß üppig sein und eine Vielzahl von Nährstoffen enthalten. Nehmen wir doch gleich das Huhn im Topf, die Spezialität meiner gascognischen Heimat, die ich – heimatverbunden wie ich bin – allen anderen Speisen vorziehe. Um das Austrocknen des Huhns zu vermeiden, gibt man in die Füllung ein anderes, reicheres Fleisch (Wurstfülle oder Speckwürfel; s. bei den Rezepten!). Die Eier, die in dieser Füllung enthalten sind, liefern einen Zusatz an Proteinen, das in Milch eingeweichte Brot ein nahrhaftes Element, und die Gewürze (Knoblauch, Zwiebel, Petersilie, Thymian, Rosmarin etc.) spenden ihre zahlreichen Qualitäten. In die Bouillon gibt man noch mehrere Gemüse, die reich an Mineralsalzen sind. Und so stellt schließlich eine kleine Portion garniertes Huhn eine vollständige Mahlzeit dar, so wie ich sie mir vorstelle.

Es gibt aber noch viele Möglichkeiten, mit einer einzigen Mahlzeit Abwechslung auf den Tisch zu bringen; so schon durch verschiedene Gemüsesuppen und Eintopfgerichte. Auch im gemischten Salat können alle rohen Gemüse der Jahreszeit und mehrere Kräuter enthalten sein. Die Nachspeise könnte auch ein Obstsalat aus allen verfügbaren frischen Früchten sein, denen man noch Dörrpflaumen, Rosinen, Nüsse, Mandeln etc. beigibt.

Das „Studentenfutter" ist eine gute Nachmittagsleckerei für Kinder. Bei uns heißt es auch „Bettler" nach den vier Bettlerorden: Dominikaner, Augustiner, Franziskaner und Karmeliter, die genügsam und asketisch lebten und sich mit diesen getrockneten, aber sehr nahrhaften Früchten (Feigen, Trauben, Nüssen und Mandeln), die die gleiche Farbe wie ihre Wollkutten haben, zufriedengaben.

Unter den Marmeladen ist meiner Meinung nach auch immer noch das altbewährte Traubenmus die beste (s. bei den Rezepten), denn auf einem einzigen Butterbrot können Sie Ihrem Kind damit schon die verschiedensten Früchte mitgeben, die unter besten Bedingungen gegart wurden und keine Spur toter Materie (wie raffinierten Zucker) aufweisen.

Natürlich ist dies alles nur möglich, wenn die Mahlzeiten zu Hause eingenommen werden, was sich mit dem Rhythmus des modernen Lebens, wo schon die Kinder in der Schulkantine essen, nur schwer vereinbaren läßt. Daher betone ich immer wieder, daß die in der Familie gemeinsam eingenommenen Mahlzeiten die Mittelmäßigkeit der anderen wieder gutmachen müssen.

Von meinen Patienten mußten viele, die die Notwendigkeit einer ausgewogenen Ernährungsweise erkannt hatten, ihre Lebensgewohnheiten grundlegend ändern und auf die Geschäftsessen im Restaurant verzichten; jedoch schon nach kurzer Zeit stellten sie eine wesentliche Besserung in ihrem Allgemeinzustand fest. Der Gewissenhafteste von allen war ohne Zweifel der Sänger Marcel Amont, der sich schließlich, um die von mir auferlegte strenge Diät, die ihn nach einer langwierigen Krankheit wieder auf die Beine bringen sollte, besser befolgen zu können, einen Wohnwagen kaufte, mit dem er auf Tournee ging. Bis dahin hatte er sich immer irgendwie in Hotels ernährt. Aber dank seines Wohnwagens und der darin installierten Haushaltsgeräte war es ihm jetzt möglich, sich intelligent zu ernähren und daher ohne Medikamente die Nachwehen seiner Krankheit zu überwinden und mühelos die enorme tägliche Anstrengung, die er zu leisten hatte, zu ertragen. Wenn er mir heute mehr bedeutet als ein Patient, ja mein Freund geworden ist, so liegt die Erklärung dafür wohl nicht zuletzt in seiner ungeheuren körperlichen Willenskraft, die sich nur mit seiner beruflichen Gewissenhaftigkeit messen kann.

Sprechen wir also lieber von Gastronomie als von Diät, denn das klingt heiterer, und lernen wir gemeinsam, jedem Nahrungsmittel ein Maximum an Wohltaten zu entlocken.

DAS FLEISCH

Die Vegetarier haben dem enormen Fleischverbrauch der Menschen aller Erdteile eine große Anzahl von Theorien entgegenzusetzen versucht. Zunächst führen sie ein moralisches Element ins Feld: es ist abscheulich, Tiere zu töten, um sie zu essen. Dann versuchen sie es mit medizinischen Argumenten: Fleisch ist schwer zu verdauen, bildet Schlacken und verursacht Gärungsprozesse, die den Organismus vergiften. Ihre Rechtfertigungen suchen sie sogar in der Anthropologie: die Mahlzähne des Menschen seien anders gebaut als die der Fleischfresser, und seine Eckzähne seien nicht dazu da, Fleisch zu zerreißen, sondern Nüsse zu knacken!

Doch alle Mühe ist vergeblich! Der Fleischverbrauch steigt mit dem wachsenden Reichtum eines Landes. Und die Gesundheit seiner Einwohner scheint ebenfalls zuzunehmen. Es läßt sich eben nicht leugnen, daß Fleisch reich an energiespendenden Proteinen ist.

Ich persönlich rate eher zu rotem Fleisch, nicht nur wegen seines höheren Nährgehalts, sondern hauptsächlich weil es weniger leicht Ansteckungen unterliegt. Ochs und Hammel grasen ja auf Wiesen, und ihr Hauptnahrungsmittel, das Gras, ist ungleich weniger künstlich behandelt als die Nahrung, die unseren Schweinen und Kälbern verabreicht wird. Im ersten Kapitel, in dem von der Verseuchung die Rede war, sprach ich bereits von den nicht immer mit Muttermilch aufgezogenen Kälbern, denen nur allzuoft irgendein Mehlbrei verabreicht wird, den man mit Antibiotika versetzt hat, um das Kalb von Infektionen zu schützen. In diesem Fall ist sein

Fleisch zwar weiß, aber auch weich, schwammig und sogar gefährlich, weil die täglich zusammen mit dem Futter absorbierten Antibiotika die echte Wirkung dieses in dringenden Fällen notwendigen Medikaments neutralisieren.

Das gleiche gilt für die Zuchtschweine. Rind- und Hammelfleisch können Sie jedoch einfach nach ihrem Aussehen auswählen, während Sie Kalb und Schwein nur essen sollten, wenn Sie Ihren Metzger kennen und er Ihnen die Qualität des Tieres und seine Aufzucht auf dem Bauernhof garantiert.

Das Garen des Fleisches ist von größter Bedeutung. Ich halte nicht sehr viel von Beefsteak Tartare oder kaum gegrilltem Fleisch. Das Fleisch muß ziemlich gar sein, damit die Mikroben auch wirklich abgetötet sind (besonders wichtig beim Schweinefleisch, dessen Trichine, ein schmarotzender Fadenwurm, nur bei ausgiebigem Braten vernichtet wird).

Aber das Grillen ist ja neuerdings sehr beliebt und in der Tat gesünder als das Braten in der Pfanne. Anderseits darf man aber nicht vergessen, daß von Fett durchzogenes Fleisch von verbrannten tierischen Fetten nur so trieft, selbst unter dem Grill. Und das bringt eine gehörige Ladung Cholesterin! Daher sollte man es besser vorher von allem Fett befreien. Auch Eintopffleisch oder gedünstetes Fleisch sollte so weit wie möglich vorher entfettet werden. Ein Löffel Olivenöl auf dem Boden des Topfes enthält weniger Giftstoffe als ein Stück gekochtes Fett. Denn schädlicher als pflanzliche Fette sind gekochte tierische Fette. Es ist immer noch besser, der mageren Speise *nach dem Kochen* ein Stückchen Butter oder frisches Olivenöl hinzuzufügen, um ihr Geschmack zu verleihen.

Außer ihres Gehalts an schwerverdaulichen gekochten Fetten haben Wurstwaren häufig auch noch den Nachteil, mit nicht sehr empfehlenswerten chemischen Laugen und Farbstoffen zubereitet zu sein. Ein beliebtes und leider häufig angewandtes Verfahren besteht darin, Speckschwarten an Schweinefleisch rosa zu färben, damit es als Magerfleisch durchgeht. Aber diese schönen rosafarbenen und schweren Würste, die Sie soeben vertrauensvoll gekauft haben, schrumpfen beim Kochen auf die Hälfte zusammen, denn in Wirklichkeit enthalten sie kaum Fleisch.

Seien Sie daher vorsichtig und kaufen Sie gerade Wurstwaren – eher noch als jedes andere Nahrungsmittel – beim Bauern, sofern Sie einen kennen. Das Schlachtfest ist ein geheiligter Brauch auf dem Land. Seit seiner Geburt ist das Schwein mit einer guten Suppe aus Getreide und Gemüse, die mit Milch oder Molke angereichert wurde, ernährt worden, denn neben dem Schweinestall befindet sich meist auch ein Kuhstall. Früher lieferte ein einziges Schwein der ganzen Familie des Bauern die Fleischration für ein volles Jahr; das bedeutete, daß jeder Teil des Schweines verarbeitet wurde. „Vom Schwein verarbeiten wir alles, nur nicht das Geschrei", heißt es in einem Bauernspruch. Blutwurst, Brühwürstchen, Hartwurst, Schinken, Filet, Pasteten, gebratenes Schweinehack, Schlachtabfälle, Kutteln, Schweineschmalz sind sehr wertvolle Nahrungsmittel, falls man sie in geringen Mengen zu sich nimmt; der sparsame Bauer macht sich seine Brotzeit aus einem Stück geräucherten Speck und Bauernbrot, was sehr gesund ist, sofern Brot und Speck Naturprodukte sind.

Was Wild und Geflügel betrifft, so kann ich dazu auch wieder nur raten, wenn man seiner Qualität ganz sicher ist. Kaninchen und Hase besitzen mageres Fleisch und eignen sich daher besonders für jene, die zu Dickleibigkeit, Gicht und einer Erhöhung des Cholesterinspiegels neigen.

Viele Menschen haben sofort aufgehört, Geflügel zu essen, als die „Hormonskandale" bekannt wurden. Aber deswegen braucht man dem Geflügel nicht gleich zu entsagen! Man braucht ja nur in Punkto Qualität etwas anspruchsvoller zu sein! Jedes Nahrungsmittel hat seine Daseinsberechtigung. Die Amerikaner, die eine Vorliebe für Putenfleisch haben und es auch in Unmengen verbrauchen, haben auf Grund neuerer Untersuchungen festgestellt, daß dieser große Vogel mit seinem weißen und recht trockenen Fleisch für Personen, die an Arthritis und Schuppenflechte leiden, besonders empfehlenswert ist. Demnach könnte man ein Putenfilet also direkt zu den Medikamenten zählen!

Am Schluß dieses Kapitels über das Fleisch will ich noch ein paar Worte zur Gänseleberpastete sagen, diesem Nahrungsmittel, das in Frankreich vergöttert und zugleich in Punkto Diät geringschätzig beurteilt wird. (Natürlich muß man darauf bestehen, daß die Gänse mit Körnern und nicht mit Granulaten gemästet werden!) Gewiß, es ist keine leichte Speise. Daher sollte man sie auch nur für besondere Anlässe aufbewahren. Dann aber wird sie das Herz erfreuen – und somit leicht verdaulich sein! Man muß nicht gleich ein für allemal auf Gänseleberpastete verzichten, weil sie stark fetthaltig ist, oder sie gar mit so schlechtem Gewissen verspeisen, daß sie vom Magen todsicher nur widerwillig aufgenommen wird. Schon die Griechen schätzten sie; sie mästeten ihre Gänse mit in Wasser zerquetschten Weizenbällchen. Und die Römer vermischten das Futter ihrer Gänse mit in Wasser aufgequollenen getrockneten Feigen. Sie lechzten geradezu nach Gänseleberpastete und gaben dieser Speise den Namen *„Fecur ficatum"* (Feigenleber), und komischerweise hat das Wort *„ficatum"* angeblich das französische Wort *„foie"* (Leber) ergeben. Somit hat also ein Kochrezept die Bezeichnung für das Organ geliefert! Und die Anatomie wäre somit eine Wissenschaft, die jünger ist als die Gastronomie! Aus all diesen – historischen und kulinarischen – Gründen verdienen die Gänseleberpastete und ihre Lieferanten, die Gänse, stets einen Platz in unseren Herzen und unseren Kochbüchern – aber auch auf unserem Festtagstisch!

DIE MEERESTIERE

Früher wurde an Freitagen niemals Fleisch gegessen. Und dieser religiöse Brauch hatte ganz sicher einen unbestreitbaren Vorteil: Er zwang die Menschen, wenigstens einmal pro Woche Fisch zu essen. An jenem Tag erhielten die Fischgeschäfte neue Lieferungen, und die Hausfrauen konnten sogar in kleinen, vom Meer weit entfernt gelegenen Städten, aus einem reichen Angebot wählen.

Heute kann man jeden Tag und überall Fisch kaufen. Durch die Fortschritte im Transportwesen und die Tiefkühlverfahren sind alle Meeresprodukte, Fische, Muschel- und Schalentiere jedermann zugänglich.

Auch da der Fischtag nicht mehr obligatorisch ist, sollte

man doch den Brauch, regelmäßig Fischspeisen in den Küchenzettel aufzunehmen, beibehalten. Die Meeresfische sind reich
an Jod und Chlor, Süßwasserfische an Kalium, Magnesium
und Phosphor, und all die anderen Meeresfrüchte weisen einen
außergewöhnlich hohen Gehalt an verschiedenen Vitaminen
auf. Und wenn man Austern verspeist, wobei man gleichzeitig
jodhaltiges Meerwasser absorbiert, hat man etwas für seinen
Blutkreislauf getan.

Aber leider werden unsere Flüsse und nun auch schon unsere
Meere von der Verseuchung heimgesucht. Man muß daher
alles daransetzen, ihre Reinheit zu erhalten, denn wenn die
erschöpfte Erde nicht mehr in der Lage ist, all ihre Kinder zu
ernähren, hätten unsere Meere noch Schätze anzubieten, die
man nicht gering bewerten sollte!

GETREIDE UND BROT

Geschmähtes Brot oder gesegnetes Brot? Man weiß nicht mehr
so recht, was man davon halten soll. Seit eh und je gilt das
Brot als Symbol des Manna, das Gott den Menschen geschenkt
hat. Jesus vermehrte das Brot, um die Hungersnot zu besiegen,
die Menschen brechen das Brot immer noch als Zeichen der
Freundschaft. Aber heute ist das Brot plötzlich zum Feind
Numero Eins geworden!

„Unser tägliches Brot gib uns heute", sprach man mit
gefalteten Händen. Heute aber wendet man verächtlich den
Blick vom Brotkorb ab und sagt: „Das Brot da esse ich nicht."
Tatsächlich ist der Brotverbrauch in Frankreich während der
letzten fünfzig Jahre um die Hälfte zurückgegangen. Das
könnte ein Zeichen für Wohlstand, für eine abwechslungsrei-
chere Ernährungsweise sein. Aber es ist auch ein Zeichen für
Abscheu.

Unser Weißbrot hat fast all seine Vitamine, Proteine, Phos-
phate, sein Kalzium und seine Aminosäuren eingebüßt. Es ver-
bleibt ihm nur mehr sein Stärkegehalt – ein totes Nahrungsmittel, das höchstens zum Mästen von Schweinen gut ist.

Die Beschränkung der Arbeitszeit hat die Bäcker und ihre

Gehilfen gezwungen, in kürzerer Zeit mehr Brot herzustellen. Daraus erklärt sich die Entdeckung chemischer Hefe, die den Teig schneller zum Gehen bringt als die gute natürliche Hefe vergangener Tage.

Und um das Übel vollzumachen, haben Ölöfen die alten Holzkohlenöfen verdrängt.

Nur die strikte Weigerung, von diesem schmählichen Brot, das seines Nährwertes beraubt ist und mit chemischer Hefe versetzt und beim muffigen Geruch von Heizöl gebacken wurde, zu essen, kann deutlich machen, in welchem Maße der Verbraucher über derartige Verfahrensweisen verärgert ist.

Gottlob sind jetzt Bauernbrot, Vollkornbrot, Roggenbrot, die zwar teurer, aber auch wesentlich befriedigender sind, auf dem Markt aufgetaucht. Ich kann sie gar nicht genug empfehlen, vorausgesetzt, daß sie echt sind. Das Bauernbrot muß mit leichtverdaulicher Naturhefe hergestellt und in Holzkohlenöfen gebacken sein! Das Vollkornbrot sollte reich an verschiedenen Vitaminen sein (wenn nicht leichtfertig einfach rohe Kleie dem weißen Mehl beigemischt wurde), und das Roggenbrot soll leicht abführend wirken.

Was den Vollweizen betrifft, so ist es bedauerlich, daß er im Handel nur schwer zu finden ist, denn dieses Getreide weist bedeutsame Eigenschaften auf. Die Geschichte des Ackerbaus will es, daß der Weizen aus der Kreuzung von fünf Getreidesorten entstanden ist: Mais, Roggen, Gerste, Hafer und Reis. Und auf diese Weise hätte er von all diesen fünf Getreidesorten die guten Eigenschaften übernommen. Der Vollweizen hat die verschiedensten guten Eigenschaften aufzuweisen. Man müßte ihn in Lebensmittelgeschäften einfach kaufen können wie Reis. Wer auf dem Land wohnt und ihn sich leicht besorgen kann, sollte sich sein eigenes, an Vitamin C reiches, gekeimtes Mehl bereiten: Geben Sie eine Handvoll Weizenkörner in eine Schale und bedecken Sie sie mit Wasser. Lassen Sie das ganze zwei Tage stehen. Anschließend waschen Sie sorgfältig den Weizen und geben ihn in einen Teller. Am dritten Tag muß der Weizen erneut gewaschen werden. Und dann erscheint ein kleiner weißer Keim. Ratsam ist es, ihn noch einmal zu waschen, bevor man ihn ißt, am besten am selben Tag, und dann gibt man ihn roh oder gekocht in den Salat, in die Suppe oder bereitet einen Fladen; man verwende jedoch nur eine kleine Menge, denn dies ist ein besonders reiches Nahrungsmittel!

Von den anderen Getreidesorten empfehle ich Ihnen den Mais, der leicht verdaulich ist; in Südfrankreich und Italien bereitet man daraus *cruchade* (Maisbrei) und *polenta*. Der Hafer hingegen wird als *porridge* zum Frühstück in den skandinavischen und angelsächsischen Ländern verwendet. Da diese Getreidesorte den Blutzuckergehalt niedrig hält, ist sie Diabetikern zu empfehlen, die im allgemeinen in bezug auf stärkehaltige Nahrungsmittel und Mehl sehr eingeengt sind.

Auch Gerstenbrei liefert Kalk. Roggen wirkt abführend und bewahrt vor Arteriosklerose. In Ländern, wo er eines der Hauptnahrungsmittel darstellt, wie z. B. Rußland und Polen, sind Krankheiten der Blutgefäße tatsächlich kaum bekannt. Auch der Buchweizen kräftigt die Blutgefäße und sollte daher ruhig vielseitiger verwendet werden!

DIE MILCHPRODUKTE

Milch ist *das* Nahrungsmittel schlechthin für Kinder, heißt es. Daher müßte sie also von allen Nahrungsmitteln das gesündeste sein. Sie ist jedoch sehr empfindlich, wird leicht von Mikroben aller Art befallen und ist das Sammelbecken aller von der Kuh aufgenommenen Giftstoffe.

Sobald das Vieh mit chemischen Präparaten oder Antibiotika behandelt wird, produzieren die Kühe unverzüglich vergiftete Milch. Gewiß ist die Pasteurisierung eine schöne Erfindung. Indes – sie zerstört manche Viren, aber nicht alle!

Seit das Pasteurisierungsverfahren bekannt ist, verhalten sich außerdem viele Milcherzeuger reichlich sorglos und vernachlässigen die elementaren Regeln der Sauberkeit. Schmutzige Eimer, in denen schmierige Strohreste schwimmen . . . pah! was macht's schon, da ja alles pasteurisiert wird!

Ebenso hat auch die von der schönen Verpackung und dem Etikett „pasteurisierte Milch" beruhigte Hausfrau den guten alten Brauch, die Milch abzukochen, völlig aufgegeben.

Dennoch rate ich zu größter Vorsicht im Gebrauch von Milch, vor allem in bezug auf die Kinder! Milch ist eine gesunde Vollnahrung, aber nur unter der Bedingung, daß sie einwandfrei ist! Zweifelhafte oder schon lange aufbewahrte Milch sollte lieber weggeschüttet werden!

Erwachsene klagen häufig darüber, Milch nicht vertragen zu können. Reine Milch ist in der Tat manchmal schwer verdaulich; mit Kaffee vermischt – als Milchkaffee – ist sie reines Gift für die Leber! Am besten nimmt man daher Milch in Form von Milchspeisen, Cremes oder Breis zu sich. Übrigens mischt man das Milchpulver für Säuglinge gleich nach der Geburt mit einem winzigen Prozentsatz Weizenmehl, was die Verdauung erleichtert, die dadurch fast genauso vollkommen wird wie bei Muttermilch.

Außerdem ist Milch ein ausgezeichnetes Abwehrmittel bei Vergiftungen. Hat ein Kind einen Giftstoff zu sich genommen, so sollte man ihm, bis der Arzt kommt, eine große Menge Milch einflößen, die neutralisierend auf die Vergiftung wirkt.

Dickmilch und Joghurt sind schätzenswerte Quellen von Milchfermenten. Angeblich verdanken die hundertjährigen Bulgaren ihr hohes Alter dem täglichen Joghurt. Aber auch hier ist Vorsicht geboten: die im Joghurt enthaltenen Säuren können bei übermäßigem Genuß Entkalkungserscheinungen hervorrufen. Wie gesagt: zuviel ist der Feind des Guten!

Augenblicklich gibt es eine Unzahl von künstlich parfümierten und gefärbten Milchprodukten. Ich empfehle sie nicht. Zu stark ist die Gefahr möglicher Konsequenzen nach einer Aufnahme großer Mengen von Farbstoffen in den Nahrungsmitteln. Vielleicht liegt darin eine der Ursachen für Krebs? In Zweifelsfällen sollte man lieber vorsichtig sein! Servieren Sie daher Ihren Kindern Joghurt, Speisequark und einfache Nachspeisen, denen Sie selbst Vanille, Kakao oder gute Marmelade als Geschmackszutaten beifügen.

Schließlich ist auch Käse ein nicht zu verachtender Proteinspender. Ich rate eher zu nicht fermentierten Weichkäsen, da sie vom Körper leichter verarbeitet werden. Aber Vorsicht bei ihrem Fettgehalt! Alle jene, die sowohl auf ihre Linie als auch auf ihren Cholesterinspiegel bedacht sein müssen, sollten vor der Käseplatte nicht allzu lange verweilen!

Lange Zeit haben sich die Menschen mit dem von Früchten und Gemüsen gelieferten Naturzucker zufriedengegeben. Und sie erfreuten sich dabei bester Gesundheit! Erst unter Napoleon I. begann man, den Zuckerrübensaft zu industrialisieren – und das war keine besonders glückliche Erfindung!

Vom raffinierten Zucker habe ich die gleiche Meinung wie vom Weißbrot – nämlich eine schlechte. Denn auch er ist ein kalorienreiches, aber vitaminarmes Nahrungsmittel. Daher rate ich immer wieder zu rotem, nicht raffiniertem Rohrzucker, der viel mehr Vitamine enthält.

Aber es gibt auf unserer Erde unermüdliche Arbeiter, die nach einer ihnen eigenen ganz besonderen Methode das zugleich reichste und schmackhafteste süße Nahrungsmittel erzeugen – ich meine den Honig der Bienen.

Schon in der Antike gehörte Honig in den Göttertrank. In allen Ländern galt er stets als das edelste Nahrungsmittel, und Mohammed hat sein mögliches Verschwinden als arge Strafe für die Menschheit prophezeit: „Die erste Wohltat, die Gott dem Menschen entziehen wird, ist der Honig."

Aber im Augenblick erfreuen wir uns glücklicherweise noch seines Vorhandenseins. Honig enthält verschiedene Süßstoffe, spendet Energie und ist leicht zu verdauen, er liefert Mineralsalze und Ameisensäure, die die Biene in ihm abgelegt hat und die seine natürliche Haltbarkeit (ohne chemische Zusätze) garantiert und ihm sogar desinfizierende Eigenschaften verleiht. Daher empfehle ich, Nachspeisen mit Honig, anstatt mit Zucker, zu süßen, um die Desinfizierung des Verdauungs- und Darmtraktes zu gewährleisten, und ihn auch Getränken beizumischen, um den Mund- und Rachenraum besonders bei Angina und Halsschmerzen zu desinfizieren.

Man kann ihn auch Kindern geben, selbst den Kleinsten, nur sollte man wegen seiner abführenden Wirkung bei ihnen sparsamer damit umgehen.

Der beste Honig ist unbestreitbar der, den die Bienen des Hochgebirges liefern, wo die Verseuchung durch Fabrikschornsteine und Auspuffgase wie auch Insektizide noch unbekannt ist. Dieser natürliche Honig ist jedem Kunsthonig vorzuziehen, der fast ein reines Industrieprodukt ist, da ganze Bienenstockkolonien von den Zuckerrückständen der Raffinerien versorgt werden. Legt man jedoch im Umkreis dieser Bienenkörbe Kulturen aromatischer Kräuter an wie Thymian, Rosmarin, Majoran, Klee und Lindenbäume, so wird der Honig ganz wesentlich angereichert. Jeder, der die Möglichkeit dazu hat, sollte meiner Meinung nach seinen eigenen Bienenstock haben.

Vom Heilstandpunkt aus ist noch zu sagen, daß sich der Honig außer seinen eigenen Kräften auch noch die jener Blütenstände angeeignet hat, die die Biene angeflogen hat. So wirkt Lindenhonig beruhigend, während Rosmarinhonig eher anregt. Thymianhonig desinfiziert die Bronchien, und Heidekrauthonig macht die Harnwege keimfrei.

Ob als Nahrungsmittel, Medikament oder nur als Nascherei, der Honigtopf sollte in jedem Vorratsschrank zu finden sein, denn er gehört zu den Vorräten, die Gesundheit bringen, wohlgemerkt!

Ebenso wie der Honig sind auch die Marmeladen das, was ihre Zutaten wert sind, nämlich schlecht, wenn sie raffinierten Zucker, künstliche Geschmacks- und Farbzutaten etc. enthalten; gut, wenn man sich die Mühe gemacht hat, sie aus rotem Rohrzucker und guten reifen Gartenfrüchten zu bereiten. Bei gekaufter Marmelade sollten Sie auf der Aufschrift „Reiner Rohrzucker; reine Frucht" bestehen. Man kann aber auch Marmeladen auf der Basis von Honig oder Traubensaft (s. unter TRAUBENMUS bei den Rezepten) herstellen. Je nach den verwendeten Früchten sind die Marmeladen adstringierend oder laxativ, wie ich es schon weiter oben im Zusammenhang mit den Blaubeeren, Quitten, Pflaumen und dem Rhabarber ausgeführt habe.

Die bei Kindern so beliebten Bonbons und Schokoladen dürfen nur in ganz geringen Mengen gegessen werden, denn sie belasten sehr schnell die Leber und verderben die Zähne. Will man den Kindern energiespendende und zuckerreiche Nahrungsmittel geben, sollte man eher zu getrockneten Früchten greifen (Aprikosen, Bananen, Feigen, Weintrauben) oder ihnen natürliche Bonbons wie etwa Honigpastillen anbieten.

Auch bei den Kuchen sind die einfachsten stets die besten.

Zwischen einem schönen hausgemachten Obstkuchen und dem kunstvollen Tortenaufbau mit grellfarbenem Guß, Gelee und Creme, wie er sich in den Auslagen der Konditoreien darbietet, ist die Wahl schnell getroffen. Bleiben Sie gar nicht erst davor stehen.

DIE GETRÄNKE

Was soll man trinken? Zunächst einmal Wasser, das natürlichste aller Getränke. Der menschliche Körper benötigt es, da es etwa zwei Drittel seines Gewichts ausmacht. Man kann zwar lange fasten und es ohne feste Nahrungsmittel aushalten, aber ohne zu trinken...?

Größer als die Gefahr von Hungersnöten wird eines Tages die Gefahr des Trinkwassermangels werden. Man plant bereits, falls es dazu kommen sollte, eine Entsalzung der Meere. Aber inzwischen kümmert man sich noch recht wenig um das Wasser unserer Flüsse, von denen die meisten ja bereits verseucht sind. Selbst das Quellwasser in den Brunnen ist bereits häufig voll von Insektiziden, da der Boden damit durchsetzt ist. Unsere größte Sorgfalt sollte daher dem Schutz des Wassers, der Quelle allen Lebens, gelten. Notfalls muß man eben auf die angebotenen Mineralwässer zurückgreifen, wenn man der Qualität des Trinkwassers nicht sicher sein kann.

Bonvivants trösten sich mit Wein: „Alkohol tötet die Mikroben!" Das stimmt zum Teil, weswegen ich ja auch bei Grippe durchaus zu einem starken Grog rate.

Aber obwohl ich Gascogner bin und zwischen Weinbergen lebe, trinke ich nur sehr wenig Wein, denn auf die Dauer habe ich gelernt, Qualität der Quantität vorzuziehen. Ich empfehle daher nicht den täglichen Liter Rotwein und noch weniger die unermüdlich in der Kneipe geschlürften Aperitifs und Verdauungsschnäpse. Mittelmäßige und gepanschte Weine schaden dem Organismus; in starker Dosis führen sie schnurstracks zur Leberzirrhose.

Im Gegensatz dazu ist jedoch eine gute Flasche Wein – nach Möglichkeit Rotwein, der leichter verdaulich ist als weißer –

eine glückliche Ergänzung des Festmahls, das man sich ja von Zeit zu Zeit genehmigen sollte. „Wenig, aber gut", muß das Grundprinzip lauten. Beim Wein darf man nicht auf den Preis sehen. Denn schließlich wird eine gute Flasche ja auch langsam und nur in kleinen Mengen genossen.

Während ich Kindern Wein strikt untersage, rate ich ihn wiederum anämiekranken alten Leuten. Früher genehmigten sich die braven Alten doch immerhin als Zwischenmahlzeit ein halbes Gläschen Südwein, in den sie Kekse oder Brot tauchten.

Der Wein hat durchaus seine Vorzüge als anregendes Medikament... auf kurze Zeit allerdings nur. Sportler sollten lieber darauf verzichten, er macht „Gummibeine". Und was die Verliebten betrifft, die im Wein das Geheimnis aller Trunkenheit zu finden hoffen, so sollen sie sich das bloß aus dem Kopf schlagen. Wenn der Wein auch den Unbedarftesten im Augenblick zu Inspirationen verhilft, so tötet er doch bei regelmäßigem Genuß alle sexuellen Fähigkeiten. Daher ist sein Ruf als Aphrodisiakum durchaus anzuzweifeln.

Das gleiche gilt für jeden scharfen Alkohol, der gut und schädlich zugleich ist. Um nur einen zu nennen, zitiere ich als Beispiel den Armagnac meiner Heimat. Arnaud de Villeneuve, bekannter Alchimist und Arzt des Papstes, entdeckte 1285 das Rezept. Damals war er wahrscheinlich der erste bekannte Alkohol, aber er galt als Apothekerprodukt und war absolut nicht für Gaumenfreuden gedacht!

Wahrscheinlich war es die Umgebung des guten Königs Heinrich IV., die die vielseitige Verwendung dieses „Medikaments" entdeckte, das sich vorzüglich dazu eignete, die Kampfkraft der Truppen zu heben. Fünf Jahrhunderte später beschrieb Hemingway den Marsch der Résistance-Kommandos auf Paris und erhob die Tugenden des Armagnac zu literarischen Ehren. Aber nur in derartig denkwürdigen Augenblicken sollte man Alkohol trinken!

Auch der Kaffee hat eine Geschichte aufzuweisen. Zunächst hatte er eine lange Tradition in den Klubs, in denen die höheren Gesellschaftsschichten verkehrten. Heute gibt es schon viele Cafés, und dieses Getränk hat sich bereits in einem Maß demokratisiert, daß allerorten zu viel davon getrunken wird. Der Kaffee ist und bleibt jedoch eine Droge. Er sollte nur ausnahmsweise getrunken werden, wenn eine besondere Anstrengung zu erbringen ist. Mehrere Tassen täglich strengen das Herz an. Ich kann nicht oft genug vor dem Mißbrauch all dieser Aufputschmittel wie Alkohol, Kaffee, Tabak warnen.

Auch der Tee, der allerdings viel leichter ist als Kaffee, strengt das Herz an; dennoch kann dieses diuretische Getränk dem Körper nützen, sofern man sich angewöhnt, sehr leichten Tee zu kochen, der dem Wasser nur gerade ein wenig Geschmack gibt. Der Teeduft wird dabei nur um so feiner hervortreten.

Auf die Kräutertees will ich hier nicht mehr zurückkommen, da ihre Heilwirkungen in den vorangegangenen Kapiteln ausführlich beschrieben worden sind. Jedenfalls kann man zu Hause mit den verschiedensten Ingredienzen abwechslungsreiche und erfrischende Getränke herstellen.

In Kriegszeiten kennt die Phantasie der Menschen keine Grenzen, um aus allen möglichen verfügbaren Nahrungsmitteln einen „Ersatz" für nichtvorhandene herzustellen; einige dieser Rezepte verdienten durchaus, auch in Friedenszeiten beibehalten zu werden. Röstete man nicht als Kaffee-Ersatz die Körner von Gerste, Weizen, Sojabohnen und Kichererbsen? Das war jedenfalls weniger schädlich als echter Kaffee – selbst wenn der Geschmack weniger raffiniert war. Man versuchte es sogar mit gehackten und gerösteten Karotten, was gar nicht so verwunderlich ist, wenn man weiß, daß die Karotte derselben Familie angehört wie die Zichorie und die Wurzeln dieser beiden Pflanzen, einmal geröstet, sehr ähnlich schmekkende Getränke ergeben.

Auch Tee-Ersatz wurde auf vielerlei Art hergestellt. Am beliebtesten waren zweifellos der „Salbeitee" und der „Brombeertee" (die besser waren als Tee aus Schlehen, Stechpalme und Frauenhaar). Warum sollte man daher diesen Hausgebrauch nicht beibehalten, da doch diese Pflanzen Heilkräfte enthalten?

Früher machte man daheim auch Sirup und leichte, etwas säuerliche Weine aus Blaubeeren, Preiselbeeren, Schlehen, Holunderbeeren, Hagebutten und Ebereschenfrüchten...

Mit diesen Getränken hatte man den ganzen Winter einen beachtlichen Vitaminvorrat im Haus. Heute kann man das ganze Jahr über Obstsäfte in Flaschen oder Büchsen kaufen.

Ich empfehle die mit Sodawasser versetzten Obstsäfte, die meist künstlich sind, ebensowenig wie Säfte in Büchsen, da man Konserven lieber meiden sollte. Besser ist es, zu jeder Saison frische Obstsäfte zu trinken.

Es ist das Hauptziel dieses der Ernährung im allgemeinen (und nicht nur den Pflanzen) gewidmeten Kapitels, zu einer vernünftigen abwechslungsreichen Ernährung anzuregen, wie uns ja auch die Natur abwechslungsreiche Landschaften vor Augen führt, Wiesen, Obstgärten und Wälder, wo eine Vielfalt von Gräsern und Bäumen wächst und wo alle Tiere der Arche Noah friedlich zusammenleben. Ich möchte, daß jeder Mensch in seinem Leben die Zeit findet, nach und nach alle Geschenke der Natur auszukosten, von allen Kräutern zu knabbern... und auch von allen Tieren zu essen, denn er ist mit Herz und Magen ein Allesfresser!

9

Meine Lieblingsrezepte

Ich bin weder ein Meisterkoch noch ein Gastronom, sondern nur ein schlichter Phytotherapeut und – ein Leckermaul. Ich schätze die Kochkunst, sofern sie einfach, gesund und appetitanregend ist.

Daher habe ich stets nach Rezepten gesucht, die meinen Lieblingspflanzen einen Ehrenplatz einräumen. Und ebendiese Rezepte möchte ich hier an Sie weitergeben. Bei der Zusammenstellung waren mir meine Familie und all meine Freunde behilflich. Da sie meine phytotherapeutischen Prinzipien und meine angeborene Naschhaftigkeit kennen, ist es ihnen stets gelungen, mir damit Freude zu machen. Bin ich bei ihnen zum Essen eingeladen, so gibt es stets ein Festival hübscher kleiner Gänge, die um so köstlicher sind, je einfacher sie zubereitet wurden.

Aus diesem Grunde habe ich meine Verwandten und Freunde gebeten, mir all die guten Rezepte aufzuschreiben. Außerdem habe ich das Glück, einige wirkliche Kenner zu meinen Freunden zu zählen, wie z. B. Raymond Oliver, der so freundlich war, mir seine beachtliche Sammlung an alten Kochbüchern zur Verfügung zu stellen. Auf seinem Besitztum Bourdonné bei Montfort-l'Amaury bewahrt er etwa zehn alte Bücher der Gastronomie auf, echte Museumsstücke! Darin findet man die schwindelerregendsten Rezepte neben den bescheidendsten Ratschlägen zur Führung der Hauswirtschaft.

In einem gut geführten Haushalt sollte man sowohl Suppen wie auch Konfekt herzustellen wissen, aber dazu kommen noch Salben, Pomaden, Kataplasmen und Absud für all die unzähligen Wehwehchen der Herrschaft und des Gesindes: Verbrennungen der Dienstboten, Koliken der Kinder, Pubertätsakne, Schwächezustände werdender Mütter, Appetitmangel alter Leute...

Wenn Sie alte Rezeptbücher aus Großmamas Zeiten besitzen, so werfen Sie sie auf keinen Fall weg. Lesen Sie sie lieber mit Hingabe, Sie werden darin unbezahlbare Schätze an Weisheit und auch an Humor finden. Schon bei der Lektüre wird Ihnen das Wasser im Munde zusammenlaufen. Und das ist ein gutes Zeichen, denn es beweist, daß Sie schon bereit sind, sich die im Buch beschriebenen Köstlichkeiten zu Gemüte zu führen.

Natürlich sind die Rezepte, die ich hier gebe, wesentlich vereinfacht. Sie setzen die Kenntnis der Hausfrau zur Bereitung eines Fleischeintopfs oder Bratens, wie auch die Proportionen aller Zutaten und Ingredienzen voraus. Außerdem sage ich meist „Prise" oder „Handvoll", anstatt präzise Gewichte und Maße zu nennen.

Sehen Sie diese Rezepte auch keinesfalls als unbedingt verbindlich oder als erschöpfend an. So ist es selbstverständlich, daß ich bei Empfehlung von Karottenmarmelade zum Vergnügen der Kinder nicht gleichzeitig die Tugenden anderer Karottengerichte leugne, die Sie jedoch in allen Kochbüchern finden können: wie z. B. geriebene Möhren, Karotten in Rahmsauce, Karotten im Eintopfgericht oder mit Petersilie und Knoblauch gesotten etc., etc.

Ich teile Ihnen hier nur Rezepte mit, die Sie als Ergänzung in Ihren Küchenfahrplan aufnehmen können, um Ihre Ernährung gesünder, abwechslungsreicher und appetitanregender zu gestalten. Ferner richten sich diese Rezepte im wesentlichen an gesunde Menschen. Es versteht sich ja wohl von selbst, daß Diabetiker auf Traubenmus und Herzkranke auf Saucen verzichten müssen. Ich selbst war hin- und hergerissen zwischen der Versuchung, einige Rezepte für Ragout und Fleisch in Saucen, Schmorbraten und Kohleintopf mit Speck, Schinken und Gänsegepökeltem zu geben, aber auch der Notwendigkeit, gewisse Prinzipien der gesunden Ernährungsweise zu respektieren, die Saucen lieber durch gegrilltes Fleisch ersetzt wissen will. Und dabei kann man doch gerade in Saucen meine Kräuterbüschelchen, deren Tugenden ich so preise, hineinschmuggeln. Es ist wirklich nicht leicht, diese einander widersprechenden Prinzipien in Einklang zu bringen!

Sofern es Ihnen also Ihre Gesundheit erlaubt, genehmigen Sie sich ab und zu als kleinen „Festschmaus" gewisse außergewöhnliche Speisen, denen Sie dann gute, verdauungsfördernde Kräuter beigeben! Auch hausgemachte Aquavits und Liköre sollten nur den Gesunden vorbehalten sein – und auch dann nur in sehr kleinen Mengen!

In der übrigen Zeit sollten alle, insbesondere aber Menschen mit empfindlichem Magen, sehr einfache Speisen essen. In diesem Kapitel finden Sie sehr schlichte Rezepte zur Bereitung von Kräutersuppen und Vitaminsalaten, die Ihnen beweisen werden, daß Diät nicht immer gleichbedeutend mit Griesgrämigkeit ist.

Es gibt durchaus fröhliche Diätgerichte, wie es ja auch fröhliche Menschen unter den nicht allzu Reichen gibt!

Und vergessen Sie nicht, daß es bei Tisch keine Stiefkinder und auch keinen Vorrang gibt: Feldbrennesseln sollten daher ebenso geschätzt werden wie Treibhausspargel!

SUPPEN

KNOBLAUCHSUPPE

In der Gascogne ist sie die Suppe der Armen, aber sie hat ihren Platz durchaus auch am Tisch der Könige, da sie besonders schmackhaft ist. Außerdem kann die eilige Hausfrau sie in wenigen Minuten bereiten und sofort servieren. Unsere Groß-mütter kochten sie immer an Tagen der Feldarbeit, an denen sie erst spät heimkamen.

Lassen Sie sechs oder sieben recht fleischige und nicht zu klein gehackte Knoblauchzehen in Olivenöl glasig werden. Vorsicht, daß sie nicht anbrennen, denn Knoblauch bräunt sehr schnell! Schütten Sie anschließend einen Liter Wasser oder, sofern Sie haben, Bouillon darüber. Lassen Sie einige Minuten kurz aufkochen und nehmen Sie dann den Topf vom Feuer. Schlagen Sie ein oder zwei Eier auf und geben Sie unter Umrühren zunächst das Eiweiß in die Suppe, während Sie das Eigelb vorher mit zwei Löffeln Essig verschlagen und dann erst hinzufügen. Salzen und pfeffern Sie nun nach Geschmack, und servieren Sie die Suppe auf gerösteten Brotstückchen.

Die gleiche Suppe kann man auch aus Zwiebeln oder To-maten bereiten, indem man der Grundsubstanz Knoblauch eine kleingeschnittene Zwiebel oder Tomate beigibt — oder sogar beide auf einmal. Nachdem man alles in Olivenöl leicht angeröstet hat, verfährt man wie oben beschrieben. Wissen sollten Sie nur noch, daß bei diesem gascognischen *„Tourin"** der Knoblauch die Hauptsache ist!

---

* Spezialität in der Gascogne, dem Périgord und in der Gegend um Bordeaux.

255

AÏGO BOULIDO

Das bedeutet „gekochtes Wasser", aber auch wenn die Brühe klar ist, hat sie doch einen sehr feinen Duft. Sie ist in der Provence zu Hause und somit der Vetter unseres gascognischen *„Tourin"*.

Lassen Sie ein halbes Dutzend dicker zerquetschter Knoblauchzehen in Olivenöl glasig werden. Aber da Sie ja jetzt in der Provence sind, gehört unbedingt ein Büschelchen getrockneter Kräuter hinein, die Sie in der Hand zerreiben: Thymian, Lorbeer, Fenchel... Und vergessen Sie auch nicht das Salbeistengelchen, da Sie hier ja einen guten Vorwand haben, es in die Suppe zu mogeln!

Geben Sie einen Liter Wasser dazu, und lassen Sie die Suppe eine gute Viertelstunde kochen, damit die Kräuter all ihren Duft hergeben. Gießen Sie dann die Suppe durch ein Sieb, um ihrer Familie das Herausfischen der Kräuter zu ersparen, und verfahren Sie anschließend mit dem Hinzufügen von Eiern und Brotkrusten wie bei der Knoblauchsuppe. Der Duft dieser Kräutersuppe, die in einer großen Keramikschüssel serviert werden sollte, wird Ihr ganzes Speisezimmer erfüllen.

Manchmal gibt man gleichzeitig mit dem Wasser ganz gewöhnliche kleine weiße, in Stückchen geschnittene Fische hinzu. Das bereichert die Bouillon, ohne die Kochzeit zu verlängern und den Preis dieses Festschmauses wesentlich zu erhöhen.

ZWIEBELSUPPE MIT MILCH

Die Zubereitung mit Milch ist allen anzuraten, die den intensiven Geschmack der Zwiebel nicht mögen.

Lassen Sie zwei kleingeschnittene Zwiebeln auf kleiner Flamme glasig werden. Wenn sie kaum goldbraun sind, schütten Sie sie in einen Topf mit Milch, die sie nun erhitzen. Sobald die Milch kocht, nehmen Sie sie vom Feuer, salzen und pfeffern Ihre Suppe und servieren sie auf Brotkrusten oder Scheiben harten Brotes.

KNOBLAUCHSUPPE MIT MILCH

Man kann die gleiche Suppe mit einer Handvoll kleingehackter dicker Knoblauchzehen bereiten. Die Milch absorbiert den intensiven Knoblauchgeschmack. Diese nahrhafte Suppe ist ausgezeichnet für Kinder. Bei uns auf dem Land gilt sie immer noch als das beste Heilmittel gegen Würmer.

„LEBENSSUPPE"

Eine sehr einfache und gar nicht kostspielige Suppe, die die alten Leute in meiner Heimat – vor allem die Gicht- und Rheumakranken – abends als volle Mahlzeit zu sich nehmen.

In einen Liter kochendes Wasser werfen sie etwa ein Dutzend schöne dicke Knoblauchzehen sowie je ein Stengelchen Thymian, Rosmarin und Lorbeer. Diese Zweiglein werfen sie mit einer symbolischen Geste ins Wasser, wie man Blumensträuße ins Meer wirft. Die Sträuße schwimmen zunächst an der Oberfläche und werden dann vom Wasser verschlungen. Um diese sehr leichte Brühe etwas pikanter zu machen, fügen sie während des Kochens drei Suppenlöffel Olivenöl hinzu; das Ganze muß 10 bis 15 Minuten kochen. Während dieser Zeit bereiten sie ihren Teller vor, indem sie Scheiben dicken alten Brotes hineingeben, über die sie dann die heiße Brühe schütten.

SUPPE MIT FÜLLUNG

In meiner gascognischen Heimat ist die Füllung eine geheiligte Angelegenheit. Man füllt einfach alles, das Suppenhuhn, gebratenes Geflügel, Kalbsbrust... Aber wenn man nichts hat, in das man die Füllung füllen könnte, nun, dann macht man trotzdem die so beliebte Füllung und gibt sie einfach in die Suppe!

Heben Sie also immer altes Brot in einer Büchse auf. Wenn Sie es brauchen, können Sie es brechen und in warmer Milch einweichen. Hacken Sie einige Knoblauchzehen, eine Zwiebel und Petersilie. Zerreiben Sie zwischen den Fingern etwas Thymian und Lorbeerblatt. Geben Sie auch noch würfelig geschnittenen Speck oder 200–300 g Wurstfleisch hinzu. Schlagen Sie 2 oder 3 Eier auf – eventuell auch eines pro Person, wenn Sie eine komplette Abendmahlzeit herstellen wollen. Dann mischen Sie alles gut durcheinander. Auf dem Land knetet man die Füllung mit den Händen, damit eine homogene Masse entsteht. Garen Sie nun das Ganze in der Pfanne wie ein Omelett, von beiden Seiten. Wenn es schön gestockt und goldbraun ist, geben Sie es in ein Gazesäckchen, das Sie zuknoten, damit ein sauberes kleines Päckchen entsteht, das Sie in Ihren Suppentopf hängen und darin eine Viertelstunde kochen lassen. Haben Sie keine Gaze daheim, nehmen Sie ein paar Kohlblätter aus Ihrem Garten, die Sie vorher ein paar Minuten blanchieren, um sie weich zu machen, und dann füllen. So können Sie schließlich auch die Verpackung mitessen. Ob Ihre Tagessuppe nun aus Eintopfbouillon oder Gemüse aller Art besteht, sie wird durch die Füllung in jedem Falle wesentlich verbessert.

Vor dem Servieren nehmen Sie das Füllungspäckchen heraus, das aufgequollen, aber nicht aufgelöst sein wird. Erst bei Tisch befreien Sie es von seiner Umhüllung, legen es auf eine eigene Platte, was den Kindern Spaß machen wird, die hastig ihre Suppe fertig essen, um eine dicke Scheibe dieser nahrhaften und weichen Füllung zu bekommen.

KALTSCHALE MIT DICKMILCH

In Polen serviert man sie an heißen Sommerabenden.

In eine große Schale Dickmilch geben Sie dünne Scheiben Gurke, gehackten und in Butter gedünsteten Sauerampfer, harte, in Ringe geschnittene Eier, feingehackten Fenchel und Schnittlauch. Servieren Sie mit Eisstückchen.

Die Gurke kann durch Melonen- oder Rote-Beete-Scheibchen ersetzt werden. Wechseln Sie also ab, aber mischen Sie nicht. Dann können Sie jeden Tag eine andere Suppe vorsetzen.

KIRSCHSUPPE

Sie wird in Deutschland sehr geschätzt. Sollten sie Sauerkirschen im Garten haben, verachten Sie sie nicht! Entfernen
Sie nur die Stiele, nicht aber die Kerne. Kochen Sie sie in
einem Liter Rotwein, dem Sie eine Zitronenscheibe beigeben.
Fügen Sie Zucker und Zimt hinzu und servieren Sie die Suppe
warm auf gerösteten Brotstückchen oder einfach auf altbacke-
nem Brot. Diese Weinsuppe ist nichts für Kinder!

SUPPE DER KÖNIGIN MARGOT*

Meine Landsmännin war berühmt für ihre Dynamik – und
ihre Erfolge! Ihre Lieblingssuppe bestand aus Geflügelresten,
von denen sie die besten Stücke bereits zu Mittag verspeist
hatte, und die nun abends in Milch gekocht wurden unter
Hinzufügung von Brotkrümeln, einigen gestifteten Mandeln
und einem Lorbeerzweiglein.

Nach einer Viertelstunde Kochzeit wirft man den Lorbeer
weg und dreht alles andere durch den Fleischwolf bzw. den
Mixer. So erhält man eine duftende Cremesuppe von jung-
fräulicher Reinheit – obwohl die Jungfräulichkeit nicht gerade
die Stärke unserer guten Königin Margot war.

KNOCHENBRÜHE

Zum sonntäglichen Mittagessen haben Sie vielleicht ein gebratenes Hähnchen, Ente, Fasan, Pute oder anderes Geflügel
serviert. Ihre Gäste haben sich daran gütlich getan und auf
der Schüssel nur mehr die Knochengerippe zurückgelassen.
Werfen Sie diese jedoch nicht weg! Sie werden zur Verfeinerung
Ihrer abendlichen Suppe beitragen.

Geben Sie sie in einen Dampf- oder gewöhnlichen Topf

* Marguerite de Valois, genannt: „La reine Margot" (1553–1615)

mit einer in Stückchen geschnittenen Selleriewurzel, 2 oder 3 dicken Kartoffeln und einem üppigen Büschelchen Kräuter. Kurz vor dem Servieren lassen Sie Knochengerippe und Kräuterbouquet verschwinden. Sie werden keinerlei Spur hinterlassen, nur ihren Duft.

ENDIVIENSUPPE

Sollten Sie zögern, die grünen Blätter des Endiviensalates, die ein wenig hart sind, roh zu servieren, geben Sie sie doch in die Suppe.

Hacken Sie sie ganz klein und lassen Sie sie in einem Pfännchen leicht andünsten, ohne daß sie jedoch braun werden. Schütten Sie einen Liter Wasser an und geben Sie Salz, Pfeffer und Muskat hinzu. Schließen Sie den Topf und lassen Sie die Suppe eine gute halbe Stunde kochen. Anschließend binden Sie sie mit zwei Eigelb und servieren sie auf gerösteten Brotwürfeln oder Scheiben alten Brotes.

„COUSINETTE" ODER MALVENSUPPE

Das ist eine der hübschesten Suppen, die ich kenne. Ihren Namen hat sie von den Malven, die auf dem Land „Kusinchen" heißten. Sammeln Sie alles, was Sie an Grünem in Ihrem Garten finden können: je eine Handvoll Spinat, Sauerampfer, einige Blättchen Mangold, Endivien und eine oder zwei Porreestangen. Dann fügen Sie noch ein großes Büschelchen Wiesenmalven hinzu. Nun hacken Sie das Ganze klein und setzen Ihre Suppe zum Kochen auf. Kurz vor dem Servieren binden Sie sie mit etwas frischem Rahm oder einem Ei, das Sie in die kochende Brühe schlagen.

Um Ihre Suppe zu würzen und zu kräftigen, können Sie natürlich auch eine Kalbshaxe hineingeben. Dadurch verlängert sich zwar die Kochzeit – wie für einen Fleischeintopf –, aber Sie erhalten eine volle und köstliche Mahlzeit.

PORTULAKSUPPE

Sollten Sie Portulak im Garten haben, diese fette und fleischige Pflanze mit den hübsch gefalteten Blüten, dann kochen Sie daraus doch eine Suppe. Lassen Sie einige Portulakstengel, denen Sie zur Vervollkommnung Ihrer Suppe noch Kopfsalat- oder Sauerampferblätter, grüne Bohnen oder Erbschen, Kerbel, eine gehackte Zwiebel und ein Stück Zucker beigeben können, in einem Liter Wasser – oder besser noch Fleischbrühe – eine Viertelstunde kochen, und servieren Sie das Ganze dann mit frischem Rahm oder Butter auf gerösteten Brotstückchen oder Scheibchen alten Brotes.

ESTRAGONSUPPE

Lassen Sie eine dicke Handvoll Estragon mit einem halben Liter getrockneten Erbsen in Salzwasser garkochen. Verrühren. Sie das Ganze dann zu Püree und fügen Sie vor dem Servieren noch ein wenig Butter oder frischen Rahm hinzu.

ERBSSCHOTENSUPPE

Sie haben frische Erbsen in Ihrem Garten gepflückt. Werfen Sie die Schoten keinesfalls weg! Sondern geben Sie ein Pfund Schoten mit einem Büschel Kräuter in einen Liter Wasser. Kochen Sie das Ganze und gießen Sie es dann durch ein Sieb, um die harten Schoten zurückzuhalten. Abschließend geben Sie ein Stückchen Butter dazu und servieren Ihre Suppe auf gerösteten Brotwürfeln.

BRENNESSELSUPPE

Am schlimmsten ist das Pflücken. Sollten Sie gerade heute Ihren Garten ausgejätet haben, werfen Sie auf gar keinen Fall die Brennesseln weg. Machen Sie schnell eine pikante Suppe daraus!

Lassen Sie eine kleingeschnittene dicke Zwiebel in Olivenöl glasig werden. Geben Sie die gehackten Brennesseln dazu; lassen Sie sie fünf Minuten lang unter Umrühren dünsten. Dann geben Sie einen Liter Wasser dazu. Lassen Sie das Ganze eine Viertelstunde kochen und servieren Sie es dann gleich auf die Teller, indem Sie zur Verfeinerung noch ein Stückchen Butter oder einen Löffel frischen Rahm hinzufügen. Die so aggressiven Brennesseln sind nun ganz samtig geworden und für den Gaumen so sanft, wie Sie es nie für möglich gehalten hätten.

SUPPE AUS RETTICHBLÄTTERN

Warum sollte man denn die Blätter jener hübschen Radieschen und Rettiche wegwerfen, die man mittags als Vorspeise serviert hat? Bewahren Sie sie lieber auf und bereiten Sie für abends daraus eine eisenhaltige Suppe.

Das Verfahren ist dasselbe wie bei der Brennesselsuppe. Sollte diese Brühe Ihnen für Ihre ausgehungerte Familie zu leicht erscheinen, können Sie (den Radieschen- wie auch den Brennesselblättern) ein paar kleingeschnittene Kartoffeln beigeben, die ja genauso schnell gar sind.

EINTOPF OHNE FLEISCH

Man kann einen herrlichen Eintopf bereiten, indem man das Fleisch durch Käse ersetzt. In den Topf geben Sie wie gewöhnlich die Eintopfgemüse und das Grünzeug. Anstelle des Fleisches kommt nun ein großes Stück Emmentaler (etwa 250 g) dazu. Nach beendeter Kochzeit ist der Käse völlig aufgelöst, und Ihre Bouillon hat einen Geschmack angenommen, der dem von Fleisch täuschend ähnlich ist. Dies ist eine gute und nahrhafte Suppe für alle, die gerne fleischlos essen.

SAUERAMPFERKALTSCHALE

Eine Köstlichkeit an heißen Sommertagen zur Erfrischung Ihrer Gäste! Lassen Sie ein halbes Pfund kleingeschnittenen Sauerampfer zehn Minuten lang in gut einem Liter Wasser kochen. Fügen Sie Salz und Pfeffer hinzu und, falls Ihre Freunde gern pikant essen, auch noch eine Prise roten Pimentpfeffer.

Geben Sie nun Ihre Sauerampfersuppe in eine Schüssel und lassen Sie sie erkalten, während Sie als Beigabe obendrauf noch feingeschnittene Gurken- und Eierscheibchen, Zitronensaft, zwei dicke gehackte Knoblauchzehen und Petersilie vorbereiten. Haben Sie Ihre Suppe damit garniert, stellen Sie sie in den Kühlschrank, um sie eisgekühlt auf den Tisch zu bringen. Sollten Sie sehr wenig Zeit vor dem Essen haben, können Sie auch einfach unmittelbar vor dem Anrichten ein paar Eiswürfel hineingeben. Die Hitze des Pimentpfeffers wird in dieser so erfrischenden Suppe ganz untergehen.

GASPACHO

Diese erfrischendste aller Suppen stammt aus dem heißen Spanien.

Direkt in Ihre Suppenschüssel hacken Sie ganz fein Kräuter, Schnittlauch, etwas Zwiebel, Gurken (in Würfelchen), Brot, Tomaten, ein klein wenig roten Paprika... Dazu geben Sie einen Becher Wasser, Eiswürfel, Zitronensaft, zwei oder drei Löffel Olivenöl, Salz und Pfeffer und bestreuen das Ganze mit Origano.

An einem schönen warmen Sommerabend servieren Sie diese Suppe in Tassen.

In Spanien gibt es ebensoviele Gaspacho-Rezepte wie Familien. Wenn Sie die Suppe sehr cremig mögen, geben Sie einen Teil der Zutaten in den Mixer (Tomaten, Gurken, Brotkrumen), damit an der Oberfläche nur die Kräuter schwimmen. Wollen Sie aber etwas zum Beißen haben, schneiden Sie alles mit der Hand in gleichmäßige Würfel – vor allem die Gurken.

GEMÜSESAFT

Man kann auch nach amerikanischer Sitte rohen und vitamin-reichen Gemüsesaft servieren. Dazu geben Sie in den Mixer: 1 Möhre, 2 oder 3 Selleriewurzeln, 1 Kohlblatt, 1 Tomate, 1 Stück Gurke, 1 Salatblatt, 1 kleine Zwiebel, etc. Servieren Sie den Saft in großen Gläsern zusammen mit dem Saft einer Zitrone, Salz und Pfeffer.

HAUPTGERICHTE

HEINRICHS IV. SUPPENHUHN

„Ich möchte, daß jeder Bauer in meinem Königreich am Sonntag ein Huhn im Topf hat", sagte der gute König Heinrich.

Aber das prachtvolle Masthuhn jener Zeiten hatte mit den heutigen künstlich aufgezogenen Hähnchen, die man gebraten verspeist, absolut nichts gemeinsam. Für gewöhnlich hat ein Suppenhuhn im Hühnerhof lange gelebt und viele Eier gelegt. Dabei ist es alt und zäh geworden. Seine Sehnen sind fest und hart, aber das Fleisch ist geschmackvoll. Es muß sehr lange kochen – aber in Gesellschaft aller guten Gartengemüse (Möhren, Steckrüben, Sellerie, Zwiebeln, Grünzeug...). Damit es noch ergiebiger wird, füllt man es mit Füllung (siehe Suppe mit Füllung) und näht es dann mit einem dicken Faden zu, damit diese nicht herausfällt.

Man serviert es inmitten der in Scheiben geschnittenen Füllung, den Gemüsen und von in der Hühnerbrühe gegartem Reis und reicht dazu manchmal noch eine cremige Tomatensauce.

Dies ist eine sehr reichhaltige Mahlzeit, die im Südwesten Frankreichs jedes Festbankett, jeden Hochzeitsschmaus und jedes Bauernfest (Ernte oder Weinlese) einleitet. Und mit Freude habe ich zur Kenntnis genommen, daß „La Maison de Fleurance" 4 bis 5 Liter fassende Kanister anbieten wird, die Huhn, Füllung, Gemüse und Brühe enthalten werden (alles Naturprodukte!).

Deutsche Firmen haben bereits ihre Bestellungen für dieses

königliche Gericht eingereicht. So wird nun auch der deutsche „Bauer" – wie einstmals der französische – Heinrichs IV. Suppenhuhn am Sonntag verspeisen können. Ich habe mir immer vorgestellt, daß der gemeinsame Markt durch die Gastronomie zustandekommen wird!

GALIMAFRÉE*

Dieses mittelalterliche Rezept muß wieder zu Ehren kommen!

Zu Mittag haben Sie gebratenen Hammel serviert (Keule, Schulter...) und nun sind Reste übriggeblieben. Hacken Sie sie ganz klein und lassen Sie sie mit Kapern, Korinthen, einer gehackten Zwiebel, Schnittlauch, geriebener Muskatnuß, Nelken, Grünzeug, gehacktem Speck, einem Stück Zucker, einem großen Glas Krätzer und einigen frischen Weinbeeren eine Viertelstunde kochen. Diese Füllung richten Sie dann um den Keulenknochen herum an, und sofern Sie noch von der gebratenen Haut etwas übrig haben, legen Sie diese als Überzug darüber.

Bei feierlichen Anlässen flambieren Sie Ihr Galimafrée bei Tisch, indem Sie ein Glas warmen Kognak (oder Armagnac) darübergießen und sofort anzünden. Heben Sie die Stücke leicht durcheinander, damit der Kognakduft sich überall verbreiten kann.

KANINCHEN MIT DÖRRPFLAUMEN

Dörrpflaumen passen sehr gut zu Fleisch. Im Südwesten Frankreichs kennt man Hunderte von Arten der Zubereitung, die alle köstlich schmecken.

Lassen Sie ein schönes, in Stücke zerlegtes Kaninchen 24 Stunden in 1 Liter Rotwein, 1 Glas Armagnac, 1 Grünzeug-

---

* heißt eigentlich „schlechter Fraß", bedeutet aber auch „Ragout aus Fleischresten" (dial.)

266

büschel, Zwiebelringen, Salz und Pfeffer marinieren. Gleichzeitig lassen Sie 300 g Dörrpflaumen in Wasser aufquellen.

Lassen Sie die Fleischstücke abtropfen und braten Sie sie mit Speckwürfeln kurz an. Dann bedecken Sie sie mit Marinade und lassen eine ³/₄ Stunde köcheln; ¹/₄ Stunde vor beendeter Kochzeit fügen Sie die abgetropften Dörrpflaumen hinzu.

Nach dem gleichen Rezept kann man auch Schmorbraten (südfranzösische Spezialität aus Rindfleisch in Rotwein) mit Dörrpflaumen bereiten.

GEFLÜGEL MIT DÖRRPFLAUMENFÜLLUNG

Jedes gebratene Geflügel (Hähnchen, Ente, Perlhuhn, Pute...) kann mit einer Dörrpflaumenmischung gefüllt werden. Mischen Sie 200 g in Wasser gequollene, entkernte und kleingehackte Dörrpflaumen mit 200 g Wurstfleisch, 2 würfelig geschnittenen Äpfeln, 75 g Rosinen und der gehackten Geflügelleber. Geben Sie diese Füllung in den Bauch des Tieres, den Sie dann gut zunähen.

Anstelle der Füllung kann man auch einfach dicke in Wasser gequollene Dörrpflaumen in den Bauch des Tieres geben, nachdem man vorher den Kern durch ein Stückchen Speck ersetzt hat. Aber auch dann muß das Geflügel zugenäht werden, damit die Pflaumen nicht herausfallen.

HÄHNCHEN „AU CHAPON"

Im Südwesten Frankreichs nennt man *„chapon"* eine mit Knoblauch eingeriebene Brotkruste und – den kastrierten und gemästeten Hahn! Daher die Zweideutigkeit dieses Rezeptes!

Nehmen Sie eine große Kruste von einem Bauernbrot. Verreiben Sie auf seiner rauhen Seite mehrere Knoblauchzehen. Schneiden Sie den Hals des Hähnchens auf und geben Sie an die Stelle des Kropfes das Knoblauchbrot. Jetzt haben Sie ein Hähnchen mit einem riesigen Plastron – einen falschen

Kastraten! Stecken Sie zu Leber und Magen ins Innere noch ein paar Knoblauchzehen und braten Sie es nun. Beim Braten absorbiert die Kruste im Kropf den Hähnchensaft. Anschließend muß diese Köstlichkeit gerecht aufgeteilt werden!

Auf der Schüssel können Sie natürlich noch weitere Krusten anrichten, die Sie vorher mit Geflügelleber bestrichen haben (kaufen Sie eventuell zwei oder drei zusätzlich), indem Sie die Leber schaben und mit Knoblauchzehen und einem Löffel Armagnac vermischen.

MARINIERTER RINDERBRATEN

In Polen ist er *der* Festtagsbraten.

Er muß drei Tage lang vor der Zubereitung marinieren. Dazu reiben Sie ihn mit grobem Salz ein und spicken ihn mit Anchovisfilets, bevor Sie ihn in folgende Marinade legen: 1 Glas Wasser, 1 Glas Wein, 1 Glas Essig, kleine Zwiebeln, die Sie mit Anchovis spicken, Zitronenscheiben, Lorbeerblatt, Basilikum, Thymian, Bohnenkraut, Wacholderbeeren und Ingwer. Jeden Tag müssen Sie diese Marinade kurz aufkochen, bevor Sie sie zwei- oder dreimal über den Braten gießen.

Am Festtag nun schieben Sie Ihren Braten in den Backofen und begießen ihn oft mit der durch Dickmilch verlängerten Marinade. Servieren Sie ihn mit einer Sauce aus der Marinade, die Sie mit einem Löffel Mehl, gemischt mit Dickmilch, binden und mit Anchovis und Kapern abschmecken.

KRÄUTEROMELETT

Eines Tages aß ich am Ufer des Comer Sees zu Abend, bei einem der größten Feinschmecker Italiens, der zugleich ein Kräuterfan und Autor mehrerer Bücher über Kräuter ist, und bei ihm bekam ich die wohlriechendsten Omeletts, die man sich überhaupt nur vorstellen kann.

Jeder kennt das übliche Kräuteromelett, in das man alle Arten von Küchenkräutern (Petersilie, Kerbel...) wild durcheinandermischt. Aber mein Freund, der Gastronom, hat mir nacheinander acht oder zehn Omeletts vorgesetzt, deren jedes nur mit einem bestimmten Kraut parfümiert war: ein Petersilienomelett, eines mit Kerbel, eines mit Schnittlauch, eines mit Estragon, eines mit Thymian, eines mit Salbei, eines mit Basilikum, eines mit Minze und so fort...

Das ist eine glänzende Idee für einen Festschmaus; Sie laden zu einer Brotzeit mit Kräuteromeletts ein, die Sie auf einer großen Platte – wie Käse – anrichten und einzeln etikettieren oder – besser noch – erraten lassen!

EIERSPEISE MIT ZWIEBELN

Eine ausgezeichnete Gelegenheit, Zwiebeln zu essen! Es gibt mehrere verschiedene Rezepte, aber das Prinzip bleibt dasselbe.

Manche Köche lassen 5 oder 6 kleingeschnittene Zwiebeln bei kleiner Flamme in der Pfanne anbräunen und gießen dann mit Weißwein auf. Andere pochieren sie nur, damit sie weiß und saftig bleiben. Die gegarten Zwiebeln werden jedenfalls unter eine Bechamelsauce gehoben; mit dieser Mischung bedeckt man dann hartgekochte, in zwei Hälften geschnittene und in einer Form angerichtete Eier und schiebt sie in den Backofen.

Meine Tante Marie in Gavarret, die eine Kochkünstlerin ist, würzt ihre Zwiebelbechamel stets mit einer Prise Zucker und einem Schuß Essig. Das macht die Sache noch schmackhafter.

ZWIEBELKUCHEN

Das ist eine üppige und schmackhafte Vorspeise. Lassen Sie zunächst ein Kilo Zwiebeln, die Sie kleingeschnitten haben, wie oben gar werden (je nach Geschmack in der Pfanne oder pochiert). Dann geben Sie sie in eine Kuchenform, in der Sie einen Sandkuchenteig ausgerollt haben. Geben Sie ein geschlagenes Ei über die Zwiebeln und schieben Sie den Kuchen in den Ofen; aber nur so lange, bis der Teig gar ist, denn die Zwiebeln müssen saftig bleiben.

HUHN MIT ZWIEBELN

Anstatt das klassische Suppenhuhn mit Gemüsen zu bereiten, können Sie auch ausschließlich Zwiebel dazu nehmen – aber weinen Sie nicht allzu sehr dabei! Schälen Sie so viele, wie Sie ertragen können, ohne in Tränen aufgelöst zu sein – aber mindestens ein gutes Dutzend! Werfen Sie sie ganz in den Topf mit dem Grünzeug und 2 oder 3 Nelken, die Sie in die Zwiebeln stecken.

Die Brühe dieses Zwiebelhuhns schmeckt köstlich, fast süß. Nun können Sie den Reis darin kochen, mit dem Sie das Huhn anrichten wollen. Die dicken ganzen Zwiebeln werden nur so auf der Zunge zergehen, es sei denn, Sie wollen Sie lieber klein schneiden, wonach Sie dann ganz in der Brühe verschwinden.

GEFÜLLTE KALBSBRUST

Wenn Sie die im Rezept „Suppe mit Füllung" beschriebene Füllung mögen, können Sie sie auch zu anderen Speisen verwenden. Wunderbar schmeckt sie in einer Kalbsbrust.

Stellen Sie dazu eine große Menge Füllung her. Zuviel wird es nie sein. Sollte sie nicht ganz in die Kalbsbrust hineinpassen, können Sie immer ein kleines Säckchen oder Kohlbeutelchen extra kochen.

Lösen Sie die Haut vom Fleisch bis zum Knorpel, um eine große Tasche in der Kalbsbrust zu erhalten (oder lassen Sie sie vom Metzger vorbereiten). Stopfen Sie so viel wie möglich von Ihrer Füllung in diese Tasche hinein und nähen Sie dann ringsherum mit einem dicken Faden wieder zu.

Behandeln Sie nun diesen Klotz Kalbfleisch wie ein Eintopfgericht und lassen Sie ihn langsam, mit allen Ihnen zur Verfügung stehenden Gemüsen (Karotten, Steckrüben, Sellerie, Kohl, Lauch etc.) garen.

Die gefüllte Kalbsbrust schmeckt warm oder kalt gleicht gut und läßt sich sehr leicht in regelmäßige Scheiben schneiden.

CARBONADE

Dieses flämische Rezept gefällt mir sehr gut, weil es – wie die Rezepte meiner Heimat – der Zwiebel einen Ehrenplatz einräumt.

Garen Sie dünne Beefsteaks auf dem Grill oder in der Pfanne, so wie Sie es gewöhnt sind, legen Sie sie dann nebeneinander in einen Topf auf ein dickes Bett von kleingeschnittenen und in Schweineschmalz glasig gegarten Zwiebeln (wir befinden uns in Flandern, wo man kein Olivenöl in der Küche verwendet!). Bedecken Sie sie auch mit einer Schicht gebräunter Zwiebeln. Nun geben Sie ein Büschelchen Kräuter, Salz, Pfeffer und $1/2$ Liter Bier hinzu. Schließen Sie den Deckel und lassen Sie das Ganze auf ganz kleiner Flamme eine gute Stunde oder mehr köcheln, damit die Beefsteaks den ganzen Saft der Zwiebeln aufsaugen können. Servieren Sie als Beigabe nahrhaften Reis oder Kartoffelpüree und eine gute Flasche Bier!

GASCONNADE

Das ist kein Scherz! Nein, es handelt sich wirklich um ein Rezept meiner Heimat, das so gut ist, daß es selbst den guten König Heinrich wieder von den Toten erwecken könnte. Und doch ist es so einfach:

Sie haben eine schöne Hammelkeule gekauft. Anstatt sie nur vorsichtig mit Knoblauch zu spicken, machen Sie einen Einschnitt, nehmen den Knochen heraus und verstecken in dem so erhaltenen Kanal so viele Knoblauchzehen, wie nur hineinpassen. Nähen Sie nun die Keule wieder zu und schieben Sie sie in den Backofen.

Welch eine Überraschung beim Schneiden, wenn all diese Knoblauchzehen nahe der saftigsten Partie der Keule fast geschmolzen sind!

SCHWEINEBRATEN MIT KRÄUTERN

Zerkleinern Sie miteinander etwas Thymian, Lorbeerblatt, Salbei, 2 Nelken, 6 oder 8 Pfefferkörner, einen Löffel voll Meersalz und etwas geriebene Muskatnuß. Rollen Sie nun Ihren Schweinebraten in diesem Gewürzpulver und lassen Sie ihn mehrere Stunden vor der Bratzeit darin liegen. Während $1^1/_2$ oder 2 Stunden begießen Sie ihn mit einer Mischung aus halb Wasser, halb Weißwein.

Die Gewürze werden sich in der Kruste so schön festgesaugt haben, daß der Braten nur um so saftiger aus dem Rohr hervorgeht.

MARINIERTE SCHWEINERIPPEN

Schweinefleisch eignet sich gut für aromatische Zubereitungen. Das sollten Sie ausnützen. Bereiten Sie eine Marinade aus Olivenöl, Essig oder Zitronensaft, kleingeschnittenem Knoblauch, Zwiebelringen, Thymian, Lorbeerblatt, zerriebenem Salbei, Meersalz und Pfefferkörnern.

Lassen Sie (an einem kühlen Ort) ein schönes Stück Schweinskarree darin ziehen und wenden Sie es ab und zu, damit es sich mit der Marinade vollsaugt.

Schieben Sie es dann in den Ofen und begießen Sie den Braten während der $1^1/_2$- oder 2stündigen Bratzeit mit dem Marinadensaft.

SAMMELSURIUMRAGOUT

Das beste Rezept stammt aus Bayonne*, weil es Bayonner
Schinken enthält. Geben Sie eine dicke Scheibe Schinken in
einen Topf und lassen Sie sie leicht anbräunen. Sollten Sie das
aber für Verschwendung halten, so bitten Sie Ihren Metzger,
Ihnen seinen nächsten Schinkenknochen (noch nicht ganz
abgeschabt!) zu reservieren. Oder heben Sie Ihren eigenen auf,
sofern Sie sich aus dem Urlaub einen ganzen Schinken mitgebracht haben.

Was für ein Stück sie auch immer nehmen, der Duft wird
derselbe sein – unvergleichlich! Geben Sie drei oder vier, von
den Blättern befreite, kleine Artischocken dazu, ferner Zwiebeln, grüne Bohnen, Karotten, dicke Bohnen, rote Paprikaschoten, Knoblauchzehen und ein Büschel Gartenkräuter.
Nachdem nun alles $1/2$ Stunde in Öl angeschmort ist, gießen
Sie 2 Gläser Weißwein an. Nun muß das Ganze 1 Stunde
köcheln; Sie können den Topf ruhig aufmachen und noch
2 oder 3 junge Kopfsalatstauden und ein paar kleine Tomaten
hinzufügen. Schließen Sie dann den Deckel wieder und lassen
Sie das Ganze eine weitere Stunde vor sich hin kochen – und
dann setzen Sie sich zu Tisch!

---

* Bayonne ist berühmt für seinen Schinken.

SAUCEN

MINZSAUCE

In unserer Küche ist die Minze recht unbekannt. Die Engländer hingegen bereiten herrliche Minzsaucen. Lassen wir daher jede gastronomische Eitelkeit beiseite und stehlen wir ihnen ihr Rezept:

Pflücken Sie in Ihrem Garten ein paar frische Minzenstengelchen (etwa 50 g). Hacken Sie sie klein. Geben Sie sie in die Sauciere und fügen Sie 25 g braunen Rohrzucker, 15 Zentiliter Essig (Wein oder Apfelmost), 4 Löffel Wasser, Salz und Pfeffer hinzu.

Servieren Sie diese frische und duftende Sauce zu warmem oder kaltem Lammbraten. Das schmeckt köstlich exotisch.

SALBEISAUCE

Auch dies ist ein den Engländern entwendetes Rezept. Aber wir liefern ihnen im Austausch ja auch so manche Ideen.

Lassen Sie in der Pfanne zwei gehackte dicke Zwiebeln glasig werden. Fügen Sie 100 g in Milch aufgeweichtes Brot und zwei große Löffel voll frischem und kleingehacktem Salbei hinzu. Sollten Sie keinen frischen Salbei haben, müssen Sie sich eben mit getrocknetem begnügen.

Geben Sie diese ölige Mischung, nachdem Sie sie mit Bratensaft (Schwein, Kalb, Ente u. a.) verrührt haben, in eine Sauciere. Oder noch besser: Wenn Sie eine Ente zubereiten, füllen

Sie diese damit; erst wenn Sie die Ente aufschneiden, nehmen Sie die Saucenmischung heraus und servieren sie in einer Sauciere, nachdem Sie sie mit dem Bratensaft verrührt und etwas kochendem Wasser verlängert haben.

GEWÜRZKRÄUTERSAUCE

Heute werden Sie einen Kochfisch servieren. Eine gute Gelegenheit, um eine hervorragende Kräutersauce zu bereiten!

Lassen Sie 10 Minuten in einem halben Liter Bouillon ziehen: 1 Thymianstengelchen, je ein Zweiglein Basilikum, Bohnenkraut, Majoran, Salbei, 2 gehackte Schalottzwiebeln und etwas Schnittlauch. Fügen Sie Salz, Pfeffer und Muskatnuß hinzu. Sollten Ihnen 1 oder 2 dieser Ingredienzen fehlen, so macht das nichts aus, denn Ihre Sauce wird in jedem Falle wunderbar schmecken, selbst wenn Sie Basilikum oder Majoran vergessen haben.

Nachdem diese Bouillon gezogen hat, gießen Sie sie durch ein Sieb, binden Sie sie mit einer Einbrenne aus einem Löffel Mehl und Butter. Lassen Sie alles ein paar Minuten aufkochen. Kurz vor dem Servieren fügen Sie noch Zitronensaft sowie eine Prise Kerbel und Estragon hinzu. Ihr gewöhnlicher Kochfisch wird eines Drei-Stern-Restaurants würdig sein!

GRÜNE SAUCE

Sollte Ihnen viel an Majonnaise liegen, obwohl sie schwer verdaulich ist, finden Sie hier eine Möglichkeit, sie zu veredeln, indem Sie ihr Vitamine beimischen.

Werfen Sie in kochendes Wasser: eine Handvoll Kresse, eine Handvoll Spinatblätter, ein paar Kerbelstengelchen, Petersilie und Estragon. Lassen Sie alles fünf Minuten kochen. Mit einem Teil des Wassers zerkleinern Sie alles im Mixer, um eine Schale voll – und nicht mehr – Kräutersaft zu erhalten. Gießen Sie diesen durch ein Sieb, damit der Saft schön geschmeidig ist, und zerquetschen Sie die Kräuter noch mit einem Holzstampfer, um alles Fruchtfleisch in der Sauce zu haben.

Diese grüne Tinte geben Sie dann in eine Schale dickflüssige Majonnaise. Die Frühlingsmajonnaise gehört zu kaltem Fisch und Schalentieren.

KRÄUTERSAUCE

Nehmen Sie ein großes Stück Butter und verrühren Sie es mit Mehl. Lassen Sie es in einem Pfännchen zergehen und geben Sie die folgenden feingewiegten Kräuter dazu: Petersilie, Schalottzwiebeln, Schnittlauch, Estragon, Pimpernelle, Kerbel und eventuell einige Blätter Rapünzelchen und Kresse. Gießen Sie ein wenig Bouillon an. Lassen Sie das Ganze eine Viertelstunde kochen und servieren Sie dann die warme Sauce zu Kalbs- oder Schweinebraten.

SAUCE DES ARMEN MANNES

Sie ist die bescheidenste aller Saucen und außergewöhnlich schnell zuzubereiten. Geben Sie in einen kleinen Topf ein Sträußchen feingewiegte Petersilie und kleingehackte Schalottzwiebeln, etwa 5 oder 6 Stück. Bedecken Sie sie mit Wasser, fügen Sie Salz und Pfeffer hinzu sowie einen guten Suppenlöffel voll Essig. Lassen Sie die Sauce noch einige Minuten kochen und servieren Sie sie dann zu Braten- oder Kochfleischresten.

KNOBLAUCHBUTTER

Zerkleinern Sie zwei oder drei Knoblauchzehen, bis sie zu Püree geworden sind. Dann fügen Sie ein eigroßes Stück Butter hinzu und verkneten alles gut. Ein Stück dieser Knoblauchbutter gehört zu Beefsteaks oder anderen Grillspeisen – aber erst im Augenblick des Servierens!

JOHANNISBEERSAUCE

Dies ist eine süß-saure Sauce, die man in Deutschland zu Geflügel und Kalbsbraten reicht.

Pflücken Sie in Ihrem Garten ein Pfund Johannisbeeren, selbst wenn sie noch nicht ganz reif sind; waschen und entstielen Sie sie und lassen Sie sie einen Augenblick in kochendem Wasser ziehen. Sobald sie abgetropft sind, geben Sie sie mit einem guten Glas Wein, Zucker, Zimt, geriebener Zitronenschale, Salz, Pfeffer und einem Stück Butter in einen Topf. Lassen Sie alles auf kleiner Flamme kochen, aber achten Sie darauf, die Früchte nicht zu zerquetschen. In letzter Minute fügen Sie etwas Semmelbrösel hinzu und servieren das Ganze warm in einer Sauciere.

HECKENROSENSAUCE

Man kann die gleiche Sauce auch aus den roten Früchten der Rose bereiten, nachdem man sie in kochendem Wasser blanchiert und von ihren Samenkörnern und ihrem Flaum befreit hat.

Das ergibt eine sehr aromatische rote Sauce.

VERRÄTERSAUCE

Sie gehört der Geschichte an, der Geschichte der mittelalterlichen Kochkunst.

Lassen Sie eine Zwiebel in Speck glasig werden und zerreiben Sie sie dann mit hartem Brot, das sie in mit Rotwein gemischte Bouillon getaucht haben. Fügen Sie 2 oder 3 Löffel Essig hinzu, in dem Sie einen Tag lang Zimt haben ziehen lassen; ferner noch Senf, Gewürze, und – nach den Beschreibungen jener Zeit – eine reichliche Portion Zucker. Diese Mischung aus Zucker, Wein und Essig stellt den „Verrat" dar. Diese perfide Sauce paßt jedoch sehr gut zu jedem Braten!

WEIHWASSER

Auch dies ist ein Rezept des Mittelalters. Lassen Sie ein kleines Glas Rosenwasser und ein Gläschen Krätzer, mit Ingwer und Majoran vermischt, einige Minuten kochen. Gießen Sie dann die Sauce durch ein Sieb, damit sie klar wird. Anstelle des Weihwasserkessels nehmen Sie dann eine Sauciere und reichen sie zu einem österlichen Lammbraten.

PIMPERNELLSAUCE

Geben Sie in eine Schale eine Prise Pimpernell (oder Origano) – nach Möglichkeit frisch –, ein Stengelchen Estragon, ein Zweiglein Kerbel, ein Büschel Kresse und zwei gehackte Schalottzwiebeln sowie Salz und Pfeffer. Fügen Sie einen Schuß Essig hinzu und bedecken Sie alles mit kochendem Wasser. Lassen Sie nun die Sauce 1 oder 2 Stunden ziehen. Dann gießen Sie sie durch ein Sieb und zerdrücken sorgfältig die Kräuter, um ihnen allen Saft zu entziehen. Diesen Saft binden Sie dann mit einem Löffel Mehl und einem Stück Butter. Lassen Sie das Ganze etwas stocken und servieren Sie die warme Sauce zu Fleisch oder Fisch.

GEFÜLLTER KOHL

Dies ist eine vollständige Mahlzeit und zugleich eine besonders hübsche Art, den allzuoft verächtlich angesehen dicken Kohlkopf unserer Gemüsegärten wieder zu Ehren kommen zu lassen.

Blanchieren Sie in Salzwasser einen großen Kohlkopf, bis sich die Blätter schön auseinanderfalten lassen. So können Sie die Füllung, die Sie nach oben genanntem Rezept bereitet haben, hineingeben. Natürlich gibt es auch noch andere Rezepte zur Herstellung von Füllungen mit mehr oder weniger Fleisch, aber ich rate immer zum Rezept meiner Heimat, weil es alle mir überaus wichtig erscheinenden Gesundheitspflanzen enthält (Knoblauch, Zwiebel, Petersilie, Thymian etc.)

Nachdem Sie nun so viel Füllung wie möglich zwischen die Blätter gepreßt haben, binden Sie Ihren Kohlkopf straff zusammen, damit er sich beim Kochen nicht wieder leert. Kochen Sie ihn nun wie ein Eintopfgericht. Auch andere Gemüse können Sie nach Belieben hinzufügen: Karotten, Zwiebeln, Steckrüben ...

Manche Köchinnen ziehen die Bereitung von Kohlrouladen vor, wobei die Blätter vom Strunk gelöst, einzeln gefüllt, zugebunden und gegart werden. Ich persönlich mag den dick gefüllten ganzen Kohlkopf lieber, weil ich ihn einfach sympathischer finde und er sich – wie ein Kuchen – in Portionen aufschneiden läßt. Aber die Art der Zubereitung ist unwichtig, Hauptsache ist ja die Füllung!

KOHL MIT MARONENFÜLLUNG

Wenn Ihre Familie Ihren gefüllten Kohlkopf geschätzt hat, bereiten Sie ihr das nächste Mal eine Überraschung, indem Sie eine völlig andere, aber zum Kohl sehr gut passende Füllung herstellen.

Pürieren Sie geduldig frische Maronen. Sollte Ihnen die Geduld fehlen, können Sie auch fertiges Maronenpüree kaufen (obwohl ich ja für gewöhnlich nicht zu Konserven rate!). Geben Sie 250 g mageren, in Würfel geschnittenen Speck oder Wurstfleisch dazu. Dann noch Salz, Pfeffer und eine tüchtige Dosis Muskat.

Damit garnieren Sie nun Ihren wie im vorigen Rezept blanchierten Kohlkopf; anstatt ihn als Eintopfgericht in Brühe zu garen, geben Sie ihn in den Backofen und begießen ihn regelmäßig mit Wasser und zerlassener Butter.

Nun können Sie sich noch tausend Arten von Füllungen ausdenken, damit Ihr gefüllter Kohl immer wieder anders aussieht.

AUBERGINENKAVIAR

In Bulgarien ist er sehr populär. Er ist der Kaviar der Armen – und der Hirten.

Lassen Sie ganze Auberginen mit Schale auf dem Grill, dem Holzkohlenfeuer oder im Ofen braten. Schneiden Sie sie anschließend auf und kratzen Sie mit einem kleinen Löffel das Fruchtfleisch heraus. Inzwischen haben Sie in einem Mörser 3 oder 4 dicke Knoblauchzehen mit Olivenöl zerdrückt, die Sie nun wie Mayonnaise schlagen, wobei Sie nach und nach das Fruchtfleisch der Auberginen untermischen. Nun fehlt noch Salz und Pfeffer.

Sie erhalten eine sehr pikante Vorspeise, wenn Sie diesen Kaviar kalt oder warm auf geröstetes Brot aufstreichen.

KOHL IN MILCH

Dies ist für die Empfindlichen, die der kräftige Geschmack des Kohls abstößt. Blanchieren Sie Ihren Kohlkopf 5 Minuten in kochendem Wasser, geben Sie ihn anschließend in einen Topf und bedecken Sie ihn mit Milch. Lassen Sie ihn auf kleiner Flamme kochen, bis der Kohl die ganze Milch aufgesogen hat und weich und mild geworden ist.

KOHL MIT ZWIEBELN

Bereiten Sie Ihren Kohl zur Abwechslung mal nach italienischer Art. Nehmen Sie ihn auseinander. Blanchieren Sie ihn einige Minuten. Braten Sie ihn dann mit in Scheiben geschnittenen Zwiebeln an. Dazu brauchen Sie ebenso viele Zwiebeln wie Kohl. Damit alles noch knusprig ist, dürfen beide Gemüse nicht allzu gar sein. Zur Verfeinerung können Sie noch Speckwürfel hinzufügen.

ROTKOHL MIT ÄPFELN

In Flandern hingegen schätzt man den Kohl sehr weich. Geben Sie in einen Topf einen in große Stücke geschnittenen Kohl, den Sie mit Wasser bedecken. Schälen Sie 4 oder 5 Äpfel (am besten Renetten), stechen Sie das Kernhaus aus und schneiden Sie sie in Viertel und geben Sie sie mit etwas Speck und ein paar Nelken zu dem Kohl in den Topf. Schließen Sie den Deckel und lassen Sie nun das Ganze 2 oder 3 Stunden auf kleiner Flamme langsam garen.

Kurz vor dem Auftragen schöpfen Sie den Saft ab und vermischen ihn mit einem Löffel Essig, 2 oder 3 Löffeln Johannisbeergelee und ein wenig Stärke. Lassen Sie die Sauce etwas einkochen und gießen Sie sie dann über Ihren Apfelrotkohl.

PÜREE SOUBISE

Das cremigste aller Pürees! Leider zögern die Hausfrauen, es zuzubereiten, weil sie dafür ein gutes Kilo Zwiebeln schälen müßten – nach Möglichkeit sogar noch mehr.

Öffnen Sie also weit das Fenster oder stellen Sie sich vor den Spülstein und schälen Sie Ihre Zwiebeln unter fließendem kalten Wasser.

Man schält und schneidet also 10, 12 oder 15 dicke Zwiebeln und läßt sie, knapp mit Wasser bedeckt, $^3/_4$ Stunden im Topf kochen. Dann gibt man sie in den Mixer, fügt danach ein großes Stück Butter hinzu und bindet mit 20 g Mehl. Wärmen Sie nun alles auf winziger Flamme langsam auf, damit das Mehl das Püree ein wenig eindickt. Kurz vor dem Servieren geben Sie noch 2 oder 3 Löffel frischen Rahm dazu. (Man kann das Püree auch mit einer gesondert vorbereiteten Bechamelsauce binden.)

Es gibt einfach nichts Cremigeres als das Püree Soubise! Es paßt zu jedem Braten.

ZWIEBELN IN DER ASCHE

Früher war es auf dem Lande üblich, die Kartoffeln in der Asche des prasselnden Kaminfeuers zu garen. Manchmal gab man auch noch dicke, ungeschälte Zwiebeln dazu. Wenn sie nach 1 oder 2 Stunden gar sind, zergehen sie auf der Zunge. Dann erst schält man sie und knabbert sie mit etwas Salz. Auf diese Weise verlieren sie nichts von ihrem Saft.

AUBERGINEN, GURKEN, TOMATEN IN DER ASCHE

Da es jetzt wieder Mode ist, auf dem Holzkohlenfeuer zu grillen, kann man die Gelegenheit nützen und Gemüse wie Auberginen, Gurken und Tomaten in die Asche legen. Aber da dies empfindliche Gemüse sind, empfiehlt es sich, sie vorher in

Aluminiumfolie einzuwickeln. Man kann sie auch in Olivenöl tauchen und in Kräutern rollen (Thymian, Rosmarin, Salbei...). Damit sie schneller gar werden, kann man Auberginen und Gurken vorher in Scheiben schneiden und in der Alufolie wieder zusammensetzen. Diese Gemüse sind eine köstliche Beilage zu Fleischspießchen.

DICKE BOHNEN MIT BOHNENKRAUT

Das Bohnenkraut ist das ideale Gewürz für dicke Bohnen. Man sieht nie das eine ohne das andere, so gut passen sie zusammen.

Sollten Sie frische dicke Bohnen im Garten haben, können Sie sie „im Talar", d. h. in ihrer Schale lassen. Sollten sie etwas fester sein, „entkleiden" Sie sie. Man läßt sie mit einem Stengel Bohnenkraut in Wasser kochen, bis sie bröckelig, aber nicht zerquetscht sind. Heben Sie dieses Wasser für eine wunderbar duftende Suppe auf!

Die dicken Bohnen lassen Sie dann nur mehr mit ein bißchen Speck – wie Erbsen – im Topf anbräunen.

Nehmen Sie den Bohnenkrautstengel heraus, bevor Sie die Bohnen um einen Braten herum anrichten. So wird niemand auf die Idee kommen, daß dieses Essen wahnsinnig aphrodisisch wirkt!

HOPFEN IN SALATSAUCE

Die jungen Frühlingssprößlinge des Hopfens bereitet man wie Spargel zu. Sie sind zart und saftig. Man kann sie in Salatsauce oder mit einer Sauce Mousseline servieren.

ÜBERBACKENER KOPFSALAT

Ihre Familie macht sich nicht viel aus Salat? „Gras ist was für Kühe", hören Sie beständig. In diesem Falle sollten Sie gekochten Salat servieren.

Sammeln Sie in Ihrem Garten einen Korb voll Salatköpfe – mindestens einen pro Person. Waschen Sie sie gut und lassen Sie sie zehn Minuten in sprudelndem Wasser kochen. Sie werden beträchtlich zusammenschrumpfen. Dann geben Sie sie schön nebeneinander in eine Backform. Gießen Sie eine dicke Bechamelsauce darüber, die Sie mit Muskat und geriebenem Käse abgeschmeckt haben. Überbacken Sie alles im Ofen.

Und wer in Ihrer Familie an Schlaflosigkeit leidet, sollte eine doppelte Portion Kopfsalat zum Abendessen bekommen!

GEFÜLLTER KOPFSALAT

Sie können Kopfsalat ebenso füllen wie Kohl (s. oben). Auch der Salatkopf wird blanchiert, damit die Blätter sich leichter auseinanderfalten lassen, und wird nach dem Füllen wieder zusammengebunden, bevor man ihn in der Brühe gart. Da Salatköpfe kleiner sind als Kohl, rechnet man etwa einen für zwei Personen oder einen pro Person, wenn es ganz junger und noch kleiner Salat ist.

GRATINIERTER PORTULAK

Der Portulak in Ihrem Garten breitet sich unmäßig aus und bedroht die benachbarten Beete. Daher haben Sie beschlossen, ein paar Stauden auszureißen. Aber dann essen Sie ihn doch!

Man blanchiert ihn einige Minuten, um ihm seine Bitterstoffe zu entziehen. Dann kocht man ihn in sprudelndem Salzwasser. Nach dem Abtropfen kommt er mit Olivenöl, etwas Knoblauch und einem gehackten Anchovisfilet in ein Pfännchen. Fügen Sie nun noch ein wenig in Milch eingeweichtes Brot hinzu. Dann legen Sie Ihren Portulak mit der dazugehörigen Füllung in eine Keramikschale, bestreuen ihn mit Semmelbröseln und geriebenem Käse und schieben ihn ins Backrohr.

ERBSEN MIT MINZE

In England findet man Pfefferminze in zahlreichen Rezepten. Geben Sie daher auch in Ihre Erbsen einen schönen frischen Stengel. Kurz vor dem Servieren fügen Sie noch etwas Butter und gehackten Schnittlauch hinzu.

ROTE-BEETE-BLÄTTER

Benützen Sie sie wie Spinat zur Garnierung von Speisen. Aber bevor Sie sie kochen, sollten Sie die Rippen herausnehmen, da diese sehr dick sind.

Ebenso kann man Buchweizenblätter, die jungen Sprößlinge von Roggen, Malven, Borretsch, Wegerich, Bärenklau u. a. verwenden.

GEMÜSEPASTETE MIT KOKOSNUSS

Dies ist eine sehr angenehme Art, alle Gemüse zu vereinen. Sie stammt aus Schwarz-Afrika. Man kocht alle Gemüse des Gartens (Karotten, Steckrüben, Sellerie, Kohl, Fenchel, Spinat, Gürkchen . . .), dann schneidet man sie in Würfel. Nun kocht man eine Maismehleinbrenne mit Wasser. Hinzu fügt man eine große Tasse geriebener Kokosnüsse. In eine tiefe Form, die man gebuttert hat, füllt man abwechselnd eine Schicht Gemüse und eine Schicht Kokos-Bechamelsauce, die auch die oberste Schicht bilden muß. Im Wasserbad läßt man das Ganze $1/2$ Stunde kochen. Dann kann man diesen Gemüsekuchen stürzen und sehr leicht in Portionen schneiden.

ÜBERBACKENE RHABARBERBLÜTEN

Jetzt blühen gerade Ihre Rhabarberstauden. Pflücken Sie die große Blüte im Moment des Aufblühens. Kochen Sie sie wie Blumenkohl in Wasser. Sie schmeckt diesem sogar sehr ähnlich. Und servieren Sie sie mit einer weißen Sauce, nachdem Sie das Ganze im Ofen überbacken haben.

LÖWENZAHNSALAT MIT „CHAPONS"

Sie erinnern sich, „chapons" waren jene kleinen Brotstückchen, die dick mit Knoblauch eingerieben wurden. In der Gascogne gehören sie in jeden Salat, aber insbesondere in den Kraussalat und den Löwenzahnsalat.

SALAT MIT PAMPELMUSENSAFT

Anstatt alle Ihre Salate mit Zitronensaft anzurichten, verwenden Sie einmal Pampelmusensaft, der wunderbar schmeckt, wenn Sie ihn mit etwas Gervais verrühren. Nachdem Sie sie gesalzen und gepfeffert haben, geben Sie diese cremige Sauce am besten über einen „knusprigen" Salat wie: Kopfsalat, Endivien etc.... Abschließend bestreuen Sie diesen noch mit frischen Kräutern.

WARMER ROTKOHLSALAT

Dies ist ein volkstümliches Rezept aus Polen.

Ein Rotkohl wird in feine Streifen geschnitten, auf kleiner Flamme mit etwas ausgelassenem Speck, einem kleinen Glas Essig, Salz und Pfeffer gegart.

Wenn er schön weich ist, servieren Sie ihn noch dampfend heiß, indem Sie ihn mit 2 Eigelb binden. Das ist eine wunderbare winterliche Vorspeise.

MARINIERTE GURKEN

Und noch eine polnische Vorspeise, die man sowohl auf dem Tisch der Armen wie auch dem der Reichen antrifft.

Ideal wäre ein altes Faß, in dem vorher Weißwein gelagert war und in dem man nun die Gurken mazerieren läßt. Notfalls tut's aber auch ein Steinguttopf.

Legen Sie dieses Gefäß mit in Scheiben geschnittenen Gurken aus; bedecken Sie diese dann mit einer Schicht gehacktem Fenchel, Kirschblättern und etwas zerriebenem Koriander. Gießen Sie so viel abgekochtes und stark gesalzenes Wasser darüber, daß alle Zutaten bedeckt sind, und lassen Sie nun alles 2 Monate ziehen, bevor Sie es verspeisen.

Die Armen tauchen ihr Brot in den Gurkensaft, weil er ein so herrliches Aroma hat.

„DIP" NACH AMERIKANISCHER ART

Da man in Übersee sehr viel Respekt vor Vitaminen hat, schätzt man alle Rohkostsalate. Auch in unseren Landen sind die „salad bowls" mit den verschiedensten rohen und gekochten Gemüsen (manchmal auch Früchten) aufgetaucht; mit würfelig geschnittenem Fleisch oder Fisch bilden sie eine appetitliche und vollständige Mahlzeit.

Aber in Amerika gibt es noch eine andere, bei uns nur wenig bekannte Art der Rohkostzubereitung: das ist der „dip" oder die „Tunke". In eine große Schale hackt man sehr fein Knoblauch, Zwiebel, Kräuter (Petersilie, Schnittlauch, Kerbel...), gibt zerkleinerten Roquefort, Salz, Pfeffer und 1 Pfund cremigen Speisequark hinzu, verrührt das Ganze gut, um einen glatten Kräuterkäse zu erhalten, und überpudert alles mit Paprika.

Diese Schale stellt man dann in die Mitte eines großen runden Tabletts, auf dem man ringsherum verschiedene Rohkostarten angerichtet hat: gestiftete rohe Karotten (der Länge nach in 4 oder 6 Streifen geschnitten), Selleriestäbchen (aus der Mitte herausgeschnitten), Radieschen, Stäbchen aus schwarzem

Rettich, rohe recht weiße Blumenkohlröschen (mit Zitrone eingerieben), eventuell auch junge und rohe Zwiebeln mit Stengel...

Zum Aperitif wird dieser „dip" so serviert, daß sich jeder bedienen kann. Das ersetzt auf angenehme Weise eine Vorspeise und sorgt für eine Beschäftigung der Gäste. Für jene, die keine Rohkost mögen, sollte man eine Schale mit „Chips" und anderes Salzgebäck bereitstellen, die auch in diesen Kräuterdip getaucht werden können.

NACHSPEISEN

SCHLUPFKUCHEN

Auf dem Lande *der* Nachtisch für jede Jahreszeit. Jeden Monat füllt man ihn mit einer anderen Frucht. In meiner Heimat bereitete man ihn früher auf einer großen runden Blechplatte auf Füßen mit einem hohen, gewölbten Deckel; diesen Behälter stellte man auf die Glut und bedeckte auch den Deckel noch mit glühenden Kohlen.

In einer flachen Schale mischte man nach Augenmaß und ohne Waage: Mehl, Zucker, Milch und Eier. Zu Ihrer Information: man benötigt etwa 60 g Mehl und ebensoviel Zucker für 3 Eier und $^3/_4$ Liter Milch.

Legen Sie diesen Teig in eine tiefe Steingutform oder gar auf das Ofenblech (dann wird der Kuchen größer!), häufen Sie so viel Obst wie möglich darauf und bedecken Sie wiederum alles mit der Teigmischung. Schieben Sie den Kuchen in den Ofen und backen Sie ihn so lange, bis der Teig gar ist. Der Kuchen wird kalt direkt in der Form serviert und nur noch mit Puderzucker bestreut.

Diesen gedeckten Obstkuchen kann man mit Kirschen, Aprikosen, Zwetschen, Dörrpflaumen, Spalierpfirsichen, Äpfeln, Birnen, Muskattrauben... herstellen. So finden die fleckigen Früchte Ihres Gartens, die Sie nicht anzubieten wagen, eine edle Verwendung. Und wenn Sie sehr viele haben, drängen Sie sie eben zusammen und häufen sie auf, so daß der Teig nur mehr dazu dient, sie zusammenzuhalten.

KAROTTENKUCHEN

Sollten Ihre Kinder die Karottengerichte, die Sie ihnen so häufig vorsetzen, nur mehr widerwillig essen, dann ändern Sie doch Ihre Taktik und servieren Sie Karotten als Nachspeise. Das wird den Kindern wieder Spaß machen. Bei uns daheim ist das die Spezialität der Großmütter, deren Haushaltsgeld zwar knapp, deren Tisch aber immer sehr verlockend gedeckt ist.

Zunächst einmal müssen die Karotten mit einem Zauberstab in Früchte verwandelt werden. Nichts einfacher als das! Schneiden Sie ein Pfund Karotten in Ringe. Geben Sie sie mit einem Pfund Puderzucker in einen Topf und bedecken Sie sie mit Wasser. Dann bestreuen Sie sie mit abgeriebener Zitronenschale. Sind die Karotten gar, ist das Wasser fast völlig verkocht. Nun sind sie sozusagen kandiert und mit Zuckersaft durchtränkt. Fügen Sie nun den Saft von zwei Zitronen hinzu.

Und nun können Sie mit ihnen machen, was Sie wollen: eine Torte belegen, einen Pudding vermengen, Schlupfkuchen oder eine Charlottcreme-Form auslegen, sie unter ein Kompott mischen oder in den Obstsalat. Alles, wofür Sie sonst Äpfel verwenden, können Sie auch mit Karotten machen. Welch eine Überraschung für die Kinder!

FENCHELKASTANIEN

Früher zogen im Herbst die Kinder aus, Kastanien zu sammeln. Riesige Körbe voll brachten sie nach Hause. Diese Kastanien wurden in Wasser gekocht, in der Schale, und ins Kochwasser gehörte ein schönes Fenchelstengelchen. Saß man dann gemeinsam um den Familientisch, schälte jeder seine Kastanien und gab sie in eine große Schale dampfender, gezuckerter Milch und verspeiste dieses Schlemmermahl mit einem mächtigen Suppenlöffel. Die Zeremonie des Schälens dauerte zwar lange, aber so hatten die Kastanien genügend Zeit, in der warmen Milch zu ziehen, wodurch sie leichter zu kauen waren. Das war eine komplette Abendmahlzeit für die Kinder.

TRAUBENMUS

Auf dem Lande war es die Marmelade *par excellence*. Während meiner Kindheit wurde sie auf allen Bauernhöfen bereitet. Während des Krieges erlebte sie dann noch einmal einen Aufschwung, weil der Zucker knapp war. Dann aber geriet sie in Vergessenheit, gerade weil sie Kriegserinnerungen wachrief. Das ist bedauerlich, denn das Traubenmus ist die gesündeste aller Marmeladen; der raffinierte Zucker wird nämlich durch Naturzucker, den Saft der Traube, ersetzt. Sollten Sie sich während der Weinlese auf dem Land befinden, nützen Sie die Gelegenheit. Beschaffen Sie sich ein paar Liter dunklen Traubensaft, der zwar übersüß, aber noch nicht fermentiert sein sollte. Und nun machen Sie sich mit der ganzen Familie und allen verfügbaren Freunden an die Arbeit, denn die Traubenmusbereitung ist eine Herkulestat.

Ich erinnere mich, daß man in meiner Kindheit den Traubensaft in einen riesigen roten Kupferkessel gab, der draußen im Hof auf ein Holzfeuer gestellt wurde. Nun zog man in den Garten, um alle Schätze einzusammeln: geplatzte Melonen, Kürbisse, grüne Tomaten, Karotten, Äpfel, Birnen, Quitten, Pflaumen, Feigen... Im Traubenmus der Armen waren auch Gemüse enthalten, bei den Reichen fast ausschließlich Früchte, aber beide waren köstlich!

Man schälte fast den ganzen Tag Gemüse und Obst und gab es nach und nach, in Würfelchen geschnitten, in den leise vor sich hin kochenden Traubensaft. Zuerst kamen die härtesten Früchte, die am längsten kochen mußten (Karotten und Quitten) und ganz zum Schluß erst die reifsten und empfindlichsten.

Ich war dazu ausersehen, mit einem mächtigen Holzstab, der vorher abgezogen worden war, in dem Brei herumzurühren. Ich brauchte beide Hände dazu, denn der Inhalt des Kessels war sehr dickflüssig. Bei Einbruch der Nacht war das Traubenmus für gewöhnlich gar. Hatte man sich aber morgens mit dem Schälen verspätet oder gar getrödelt, so mußte das Mus manchmal auch noch in der Nacht weiterbrodeln. Dann wurde das Feuer gedämpft, und man konnte sich auf einem Ohr schlafen legen. Nachts mußten wir aber abwechselnd aufstehen, um das Traubenmus umzurühren.

Bei meiner Tante Laurent kochte es so drei Tage vor sich hin. Allerdings enthielt das Traubenmus meiner Tante auch eine Unzahl von Gemüse- und Obstingredienzen, über die sie – wie eine Vestalin – stets mit aufmerksamem Blick wachte.

War nun also das Traubenmus gar, das heißt dunkelbraun und so dick geworden, daß mein Holzstab sich einfach nicht mehr bewegen ließ, schöpfte man es Löffel für Löffel in alle verfügbaren großen und kleinen Gefäße. Gesondert wurden immer ein paar Gläschen mit frisch gehackten Mandeln und ein paar Tropfen Armagnac für festliche Anlässe bereitet – das war dann auf einem Etikett besonders vermerkt.

Gegen Ende des Winters war das Traubenmus in den Gläsern so stark kandiert, daß es in Stückchen geschnitten und wie Konfekt oder Quittenbrot gegessen werden konnte. Das war wirklich die beste aller Großmamakonfitüren! Schade, daß sie aus der Mode gekommen ist!

TRAUBENMUS NUR AUS SAFT

Hat man kein anderes Obst oder Gemüse hinzuzufügen oder keine Zeit, alles zu schälen, kann man das Traubenmus auch nur aus Saft bereiten.

Dazu braucht man den Saft im Kessel nur auf kleinem Feuer so lange vor sich hin kochen zu lassen, bis er auf ein Viertel seines Anfangsvolumens zusammengeschrumpft ist – aber auch das braucht schon etliche Stunden! Dieses sehr einfache Traubenmus schmeckt fast genauso köstlich wie das vorherige.

MARMELADE AUS MOST

In traubenarmen Gegenden kann man dieses Mus auch aus anderen Fruchtsäften bereiten. Apfelmost enthält leider nur wenig Naturzucker, aber Birnenmost ist süßer und eignet sich daher eher zur Bereitung von Marmelade. Lassen Sie den Saft um $^2/_3$ seines Volumens einkochen, bevor Sie schöne reife und süße Früchte hinzufügen, und lassen Sie das Ganze dann wie das Traubenmus langsam vor sich hin kochen.

HOLUNDERMARMELADE

Holunderbeeren gehören dem, der sie pflückt; warum sollte man das nicht ausnützen, insbesondere da sie eine hervorragende – leicht abführende – Marmelade ergeben. Schicken Sie daher Ihre Kinder los, einen Korb voll schwarzer Beeren zu pflücken, die man überall auf dem Land antrifft. Sie können sie dann von den Stielchen lösen und sorgfältig waschen, da sie meist sehr staubig sind.

In einen Topf geben Sie nun 1½ Kilo braunen Zucker pro Kilo Beeren und lassen alles auf kleinem Feuer so lange kochen, bis eine dickflüssige Marmelade entstanden ist.

Auch andere wilde Beeren ergeben ausgezeichnete, preiswerte und vitaminreiche Marmeladen: Blaubeeren, Brombeeren und Berberitzenbeeren. Bloß die Brombeere ist süß genug und braucht nur ihr eigenes Gewicht an Zuckerzusatz, alle anderen, die herber sind, benötigen das 1½fache ihres Eigengewichts an Zucker.

KAROTTENMARMELADE

Nach einem alten Volksglauben soll sie „rosige Schenkel" machen. Und das stimmt insofern, als das Karotin eine schöne Hautfarbe verleiht; somit bekommen Sie durch diese Frühstücksmarmelade selbst im Winter eine gesunde Bräunung.

Schneiden Sie fünf Kilo Karotten in Ringe. Kochen Sie sie 5 Stunden in 5 Liter Milch und 1 Kilo Zucker. Reiben Sie eine Zitronenschale ab, um dem Ganzen mehr Parfüm zu verleihen. Dann aber müssen Sie sie kühl aufbewahren, denn diese Marmelade ist empfindlich!

HONIGMARMELADE

Sie haben daheim einen Bienenstock und in diesem Jahr viel
Honig bekommen. Anstatt ihn immer nur löffelweise zu essen,
machen Sie doch Marmelade daraus! Sie mischen Obst dazu,
und so behält der Honig seine ganze Kraft und erhält zusätzlich noch mehr Duft und Geschmack. Entweder nimmt man
ausschließlich Honig, oder Honig und Zucker, halb und
halb. Aber Vorsicht: Honig brennt leicht an. Man rühre ihn
also fleißig mit einem Holzlöffel, während er auf kleinster
Flamme erhitzt wird; sobald er kocht, wird er abgeschäumt,
damit er durchsichtig bleibt. Nun fügt man die gleiche Menge
Obst hinzu (oder eben zur Hälfte Honig, zur Hälfte Zucker
und Obst wie beide zusammen).

Auf kleinem Feuer muß nun alles mehrere Stunden lang
einkochen, damit die Marmelade haltbar wird.

Auf diese Weise können Sie aus allen Früchten Ihres Gartens
nahrhafte Marmeladen bereiten: aus Kirschen, Erdbeeren,
Pfirsichen, Aprikosen, Äpfeln, Birnen, Pflaumen... – alle
eignen sich!

KRAPFEN AUS AKAZIENBLÜTEN

Sobald die Akazien blühen und Ihren Garten mit Duft erfüllen, schicken Sie Ihre Kinder hinauf auf die Bäume, um einige
Büschel der schönsten Blüten zu pflücken.

Die verwelkten Blüten nehmen Sie ab und tauchen dann
jede Blütentraube, indem Sie sie am Stengel halten, in einen
duftigen Krapfenteig. Dann lassen Sie sie in den Fritiertopf
fallen, im schwimmenden Fett ausbacken und servieren sie
mit Puderzucker bestreut.

Diese Art Krapfen kann man aus den Blüten von Orangen,
Veilchen, Holunder, ja sogar aus großen weißen Chrysanthe-
men machen. Den geschmacksärmeren Portulak sollte man
lieber erst eine oder zwei Stunden in Zitronensaft mit Zucker
und Zimt ziehen lassen, bevor man ihn ins schwimmende Fett
gibt.

ROSENCREME

So wie Sie einen Rosenstrauß auf Ihren Tisch stellen, sollten Sie Rosen auch auf Ihren Teller geben. Dann werden sich Ihre Gäste am Rosenduft und -geschmack erfreuen.

Kochen Sie 100 g Ihrer schönsten roten Rosenblüten 10 Minuten in ½ l Wasser. Lassen Sie sie weitere 10 Minuten ziehen und gießen Sie sie dann durch ein Sieb. Dieses Rosenwasser vermischen Sie mit ½ l flüssiger Sahne (oder Büchsenmilch). Nun fügen Sie Zucker hinzu und kochen die Masse auf. Anschließend nehmen Sie sie vom Feuer und geben 6 mit einem Holzlöffel gut verrührte Eigelb hinzu. Nun vermischen Sie alles und servieren die Creme in Kristallschalen. Durch die Transparenz des Glases kommt die Zartheit der Rosenfarbe schön zur Geltung. Nach Möglichkeit reichen Sie zu dieser eisgekühlten Creme noch rosenfarbene Kekse.

ORANGENBLÜTENCREME

Und noch eine herrliche parfümierte Creme: Kochen Sie 1 l Milch auf, fügen Sie Zucker hinzu und nehmen Sie den Topf vom Feuer. Rühren Sie 6 Eigelb und 2 Eiweiß darunter, die Sie mit einem Holzlöffel gut verschlagen haben. Nun geben Sie 3 Eßlöffel Orangenblütenwasser dazu und servieren Ihre Creme eisgekühlt.

Dank der Orangenblüten werden Ihre Kinder an jenem Abend herrlich schlafen.

VEILCHENPASTE

Kochen Sie 2 Kilo Zucker bis zum Spinnen. Geben Sie dann 1 Kilo zerriebener Veilchen und 1 Kilo Apfelgelee hinzu. Mischen Sie alles gut durcheinander und lassen Sie es auf ganz kleiner Flamme weitere zehn Minuten kochen: aber nicht länger, denn die Veilchen sind empfindlich!

JASMINPASTE

Jasminblüten kann man auf dieselbe Weise verarbeiten. Sie sind ebenso empfindlich und parfümiert wie die Veilchen. Das Apfelgelee dient als Grundsubstanz und verleiht Konsistenz.

ORANGENBLÜTENPRALINEN

Kennen Sie die rosaroten Mandelpralinen, die berühmte Leckerei des Herzogs von Praslin? Dieselben Pralinen können Sie aus Orangenblüten herstellen, sofern Sie eine in der Marmeladenkochkunst bewanderte Großmutter haben, die über einen Viskositätsmesser verfügt und bereit ist, Ihnen diese Pralinchen zu machen.

Die Orangenblüten werden in kochendem Wasser blanchiert und dann abgetropft. Gleichzeitig kocht man Zucker bis zur Perle. Dann wirft man die Blüten hinein und läßt alles noch einen Moment kochen, da die feuchten Blüten den Zucker wieder abgekühlt haben. Sobald er wieder bis zur Perle kocht, nimmt man ihn vom Feuer und läßt ihn abkühlen. Ist der Zucker getrocknet, sandig und läßt sich anfassen, nimmt man jede Blüte einzeln in ihrer Zuckerrüstung heraus und legt sie auf einem Ölpapier zum Trocknen aus.

Das sind entzückende kleine Pralinen, die man einer jungen Braut schenken kann oder in Schalen auf der Hochzeitstafel aufstellen sollte.

GETRÄNKE

ENZIANWEIN

Warum soll man immer fertige Aperitifweine im Handel kaufen, wenn man sie doch selbst so billig herstellen kann? Es gibt wunderbare und stärkende Weine: Lassen Sie in einem großen Steinguttopf eine Handvoll Enzianwurzeln in einem Glas hochprozentigem Alkohol kühlgestellt mazerieren. Am nächsten Tag schütten Sie einen Liter Weißwein darauf und lassen Ihren Aperitiv bis zum Wochenende ziehen. Am Sonntag bereits können Sie Ihren Freunden ein Gläschen vorsetzen. Wer an Gicht leidet oder eine Grippe heraufziehen fühlt, wird Ihnen besonders dankbar sein.

MAJORANMILCH

Bringen Sie ½ l Milch zum Kochen. Fügen Sie Zucker hinzu und lassen Sie nun 2 Majoranblätter – nicht mehr – darin ziehen. Dieser Nektar wird warm getrunken!

HÜHNERMILCH

Sie haben sich erkältet, leiden an Grippe und Appetitlosigkeit. Schlagen Sie ein Eigelb und gießen Sie unter Umrühren warme Milch darüber. Süßen Sie mit Honig. So haben Sie gleichzeitig etwas für Ihre Ernährung und für Ihre Gesundheit getan – und sind schon fast geheilt.

GLÜHWEIN

Sofern Ihnen Alkohol bekommt, sollten Sie das ausnutzen und gleichzeitig Ihre Grippe sowie Ihre üble Laune pflegen. Geben Sie ½ l Rotwein in ein Steingutgefäß, dazu 2 oder 3 Löffel braunen Rohrzucker, Zimt, Nelken und abgeriebene Zitronenschale. Erwärmen Sie das Getränk, aber lassen Sie es nicht kochen. Sobald Sie es trinken können, fügen Sie noch ein paar Zitronenscheiben hinzu. Und gehen Sie gleich zu Bett und decken Sie sich mit einem riesigen Federbett fest zu. Dann werden Sie schwitzen und am nächsten Tag schon wieder auf den Beinen stehen.

ROSENHONIG

Ein ebenso poetisches wie delikates Hausmittelchen:
Die roten Rosen beginnen ihre Blütenblätter abzuwerfen. Schnell, bücken Sie sich und sammeln Sie die noch frischen Blütchen auf! Werfen Sie 100 g in ½ l kochendes Wasser. Lassen Sie sie 10 Minuten kochen und weitere 10 Minuten ziehen. Dann schütten Sie diesen rosenfarbenen Aufguß durch ein Sieb, fügen 600 bis 800 g reinen Naturhonig hinzu, rühren gut um und füllen das Ganze in Einmachgläser oder andere Gefäße.
Dieser Rosenhonig ist gut haltbar. Geben Sie ab und zu einen Löffel in Ihre Kräutertees oder benützen ihn zum Gurgeln, indem Sie einen Löffel voll in einer Schale abgekochtem Wasser verrühren. So werden Ihre Rosen Sie den ganzen Winter hindurch begleiten.

BROMBEERSIRUP

Ihre Kinder haben den ganzen Tag im Freien herumgetollt. Sie kommen heim und sind von oben bis unten mit Brombeeren verschmiert, ja zeigen stolz ihre schwarzen Mundwinkel und Schnurrbärtchen. Sie hatten völlig recht, sich daran gütlich zu tun, denn die Brombeeren sind reich an Vitaminen. Um Sie zu überraschen, haben sie sogar etwas von ihrer Ernte mitgebracht: mindestens ein Pfund zerquetschte Brombeeren finden sich in einem Fetzen Papier, einem großen Blatt... oder auch in den Tiefen eines Schulranzens.

Werfen Sie sie nicht weg, sondern geben Sie sie sofort in einen Topf, fügen Sie dieselbe Menge Zucker hinzu und lassen Sie diesen Brei auf kleiner Flamme kochen. Dann schütten Sie alles durch ein Sieb, lassen den Saft abkühlen und füllen ihn in Flaschen. Das wird der Kindersirup sein, an dem sie sich im Winter schadlos halten dürfen.

Diese Natursirups können Sie aus allen reifen Gartenfrüchten machen, vor allen den Beeren: rote und schwarze Johannisbeeren und Himbeeren eignen sich vorzüglich.

ORANGENBLÜTENLIKÖR

Jetzt blühen die Orangenbäume. Jungverheiratete Frauen stecken sich ein Zweiglein in ihre Haare. Nützen auch Sie diese Zeit und füllen Sie Glück in Flaschen! Lassen Sie 50 g Orangenblüten in 1 l hochprozentigem Alkohol 4 Tage lang ziehen. Dann filtern Sie die Mischung und fügen 300 g in ½ l Wasser aufgelösten Zucker hinzu. Füllen Sie den Likör in Flaschen. Wenn Sie eines Tages die Flasche öffnen, wird der Orangenduft das ganze Haus erfüllen. Diesen beruhigenden Likör sollte man nach dem Abendessen trinken, denn er ist das angenehmste aller Schlafmittel.

ROSENLIKÖR

Sammeln Sie alle Rosenblüten, die Sie finden können – egal welche Farbe –, wenn sie nur schön duften. Es müssen etwa 150 g sein. Gießen Sie ½ l warmes Wasser darauf und lassen Sie sie 2 Tage ziehen. Dann schütten Sie das Ganze durch ein Gazetuch. Nun geben Sie die gleiche Menge hochprozentigen Alkohol dazu, fügen Zucker (250 g auf 1 l Likör), etwas Zimt und ein paar Korianderkörner hinzu und filtern alles erneut nach 2 Wochen. Dann werden Sie einen reinen Rosenlikör erhalten, den Sie in Ihrem schönsten Kristallflakon servieren können.

HYPOCRAS

Da ihn Ludwig XIV. so sehr schätzte, machten ihm seine Untertanen diesen Trank zum Geschenk:

In 1 l Rotwein lassen Sie 350 g Zucker, Paprikaschoten, Ingwer und eine in Scheiben geschnittene Renette, 12 ungeschälte gestiftete Mandeln, 12 Gewürznelken und Zimt mazerieren. Nach einem Tag gießen Sie alles durch ein Sieb. Es schmeckt etwas stark nach Zimt, aber dafür werden Sie sich im siebten Himmel wähnen!

Sollte man noch 1 Körnchen grauen Amber hinzufügen, hat man ein hundertprozentiges Aphrodisiakum!

HYDROMEL

Der Göttertrank des Olymp ist für niemanden ein Geheimnis: Lassen Sie 1 l Wasser mit einem Glas besten Blütenhonig (der auf den Hängen des Olymp gesammelt worden sein sollte!) auf die Hälfte einkochen. Dann geben Sie ein großes Glas (oder mehr) reinen Alkohol dazu. Nun sollte der Göttertrank eigentlich 10 oder 12 Jahre liegen ... aber Sie können sich am Abend vor Riesenschlachten ruhig mal ein Tröpfchen genehmigen, um sich Mut anzutrinken!

RUMTOPF

Die meisten Früchte Ihres Gartens sind in Alkohol durchaus haltbar: Kirschen, Zwetschen, Stachelbeeren, Trauben, Pflaumen ... Einige jedoch sind zu empfindlich wie Erdbeeren und Himbeeren, andere wieder zu mehlig wie Aprikosen oder gewisse Äpfel...

In den Rumtopf jedoch sollten Sie sämtliche Früchte des Jahres einlegen: in das größte aller Steingutgefäße, das mindestens 2½ Liter fassen sollte, geben Sie ½ Liter 40prozentigen Alkohol und jeden Monat die ausgereiften Früchte Ihres Gartens: Kirschen, Zwetschen, Stachelbeeren, Pfirsiche, Pflaumen, Birnen, Trauben... auch eine Orange. Nur die Kirschen sollten entsteint werden. Zwischen jede Obstschicht streuen Sie ein paar Löffel Puderzucker. Im Oktober bedecken Sie alles mit ½ Liter abgelagertem Fruchtlikör. Nun schließen Sie Ihren „Rumtopf" und verstecken ihn hoch oben auf dem Schrank.

Erst zu Weihnachten dürfen Sie ihn aufmachen, um Ihre Freunde zu bewirten!

10

Ein Leben nach meinem Herzen

Ein Kritiker schrieb über mich: „Mit Mességué kehren wir in das Zeitalter der Kräuterweiblein zurück." Mir gefällt dieser Satz zwar, aber seinem Schreiber war es natürlich darum zu tun, mich lächerlich zu machen und als altmodisch hinzustellen. Dabei ist das Kräutersammeln gar kein so lächerlicher Zeitvertreib! Es zeigt eine philosophische Einstellung zum Leben! Dies ist meine Meinung, die ich nicht verleugnen werde, und jenem Kritiker kann ich nur danken, sie so poetisch formuliert zu haben. „Pflücken Sie die Rosen des Lebens", riet schon der Dichterfürst Ronsard. Man sollte Rosen, Feldblumen und wilde Kräuter pflücken, bis zum Boden hinunterlangen, um Früchte aufzusammeln, sich gen Himmel recken, um sie vom Baum zu pflücken, dicke Sträuße flechten, den Duft einatmen und mit kräftigen Zähnen in knackiges Obst hineinbeißen. Das ist für mich der edelste und natürlichste Sport, den man stets und vor allen anderen pflegen sollte in unserer so viel zitierten Freizeitgesellschaft.

Daher: Hausfrauen, an Eure Körbe! Zieht aus zum Sammeln der Früchte dieser Erde! Wenn Sie zum Wochenende oder in den Ferien aufs Land fahren, vergessen Sie nie, den Kofferraum Ihres Wagens mit allen Schätzen der Felder zu füllen: Sträußchen von Thymian, Lavendel und Minze, Büschel von Knoblauch und Zwiebeln, Bauernschinken und -würste, Naturhonig, dessen Ursprung Sie kennen, und vieles andere mehr.

Und pflegen Sie auch während des Jahres die Beziehungen

zu Ihren Freunden auf dem Land; lassen Sie sich Päckchen mit all diesen Naturprodukten von den Bauern schicken. Die Bauern werden gern zur Gesundheit Ihrer Familie beitragen. Ich erhalte zahlreiche Briefe und Anfragen: „Können Sie uns Bauern nennen, die Naturprodukte herstellen?" Und so habe ich schon viele Kontakte hergestellt zwischen Städtern und den Bauern meiner Heimat, die nun freundschaftlich miteinander verkehren. Außer den Päckchen schicken sie einander auch Ansichtskarten oder pflegen einen Kinderaustausch während der Ferien.

Nachdem sie jahrelang den „Landpäckchenkult" betrieben hatten, haben einige meiner Stadtfreunde nun ein Haus im Gers gekauft, in einer Gegend, zu der sie eigentlich keinerlei Beziehung hatten, wo sie nun aber ihre Ferien und später ihren Lebensabend verbringen werden. Einer hat sogar seine Villa an der Côte d'Azur verkauft, um einen Besitz in der Nähe von Fleurance zu erwerben. Seit Jahren allerdings stand er schon in freundschaftlichem Kontakt mit den Einwohnern meines Heimatdorfes Gavarret. Und Gegenstand seiner Verehrung – ist meine Tante; in allen Ehren, denn beide haben bereits graues Haar. In der Tat ist meine Tante Marie Laurent, Bürgermeisterin von Gavarret, eine Persönlichkeit. Ich nenne sie meine „Patin", weil sie mich übers Taufbecken gehalten hat, aber ich bin bei Weitem nicht der einzige, der sich dieser Gunst erfreut: meine Tante Marie hat zahllose Patenkinder. Sie gleicht einer guten Fee, die mit ihrem Zauberstabe Kürbisse in goldene Kutschen und Lumpen in glitzernde Kleinode zu verwandeln vermag.

Ich besuche sie oft in ihrem großen blumengeschmückten Haus nahe bei Gavarret. Dort ist mein Vater geboren, dessen Schwester sie ist. Und dort haben seit fünf Jahrhunderten die Mességués gelebt, und sie bewahrt auf dem Dachboden noch alte Urkunden und Papiere der Familie auf, die aus den Jahren um 1600 datiert sind.

Ich gehe aber so gerne zu meiner Tante, weil dort immer höchst erfreuliche Dinge passieren. Wenn ich unangemeldet auftauche, finde ich sie stets bei der Zubereitung von köstlichen Dingen, die so herrlich duften, daß sie einem Herz und Gaumen erfreuen. Es ist unglaublich, was meine Tante an einem Tag alles schaffen kann! Mit nur einem Mädchen als Hilfe füllt sie die Erträgnisse ihres ganzen Landbesitzes in Gläser, Töpfchen und Flaschen – das ist hübscher als in Blechbüchsen, sagt sie – und schickt Hunderte von Päckchen an alle ihre Schützlinge. Manchmal stecke ich ihr eine neue Adresse auf einem Stückchen Papier zu: „Tante, das ist einer meiner langjährigen Patienten. Er wäre glücklich, wenn er bei dir regelmäßig bestellen könnte."

„Hör mal, Maurice, meine Schweine haben nicht mehr genug Schinken für all meine Kunden, und meine Hasen vermehren sich nicht mehr schnell genug. Meine Hilfe und ich, wir machen alle zwei Wochen etwa hundert Gläser ein, und trotzdem sind meine Schränke immer leer. Du weißt doch, daß mein Gut nicht ausreicht, auf immer und ewig Gott und alle Welt zu ernähren."

Und dann zeigt sie mir all die Briefe, die bei ihr eingehen: „Schicken Sie mir bitte zu Weihnachten einen neuen Schinken, da der alte fast aufgegessen ist, soundso viele Würste, soundso viele Gänsepasteten und soundso viele Flaschen Ihres alten Armagnac." Im Winter verschickt meine Tante frische Hähnchen, Perlhühner und Eier. Im Sommer tut sie das nicht, weil alles zu leicht verdirbt.

„Wußtest du, Maurice", sagte sie mir eines Tages, „daß Frau X., der ich im Winter jede Woche ein Hähnchen schicke, im Sommer kein einziges mehr auf den Tisch bringt, weil sie nirgendwoanders kaufen will als bei mir?"

Das Beispiel meiner Tante – wie das der Stadt Fleurance – sollte Nachahmer finden. Während der Ferien müßten die Städter mit den Bauern Kontakt aufnehmen. Diese würden es sich dann schon einrichten können, ihre „Schützlinge" zu betreuen.

„Sie denken nicht realistisch, Herr Mességué", bekomme ich manchmal zu hören. „Täglich frische Eier und Gemüse vom Land kommen zu lassen, das läßt sich doch in großem Maßstab nicht durchführen."

Natürlich weiß auch ich, daß man sich täglich ernähren muß und daß das Päckchen vom Land dazu nicht ausreicht. Außerdem würde es mir die ohnehin schon überlastete Post übelnehmen, wenn ich damit zu einem völligen Chaos beitragen würde. Daher erlaube ich mir nicht, mein System des „Landpäckchens" als neue Ernährungsweise unserer Zeit auszugeben. Natürlich kann es sich hierbei nur um ein ergänzendes Verfahren handeln. Ich wünsche mir daher, daß nach und nach Tausende von zarten Banden zwischen Stadt- und Landbewohnern geknüpft werden, bis ein riesiges Netz entsteht, das das ganze Land überzieht und sogar über dessen Grenzen hinausgeht. Ich wüßte nicht, warum diese gastronomische Patenschaft nicht überall Anklang finden sollte – unter allen Himmeln, wo gute Dinge wachsen, die man gern mit sich nach Hause nehmen würde.

Fahren Sie daher so oft wie möglich aufs Land und verbringen Sie dort Ihre Ferien; das wird Ihnen guttun. Wohnen Sie ohnehin schon das ganze Jahr über in der Stadt, dann meiden Sie doch wenigstens im August die Unannehmlichkeiten der Stadt, den Verkehr auf den Straßen, die durch Auspuffgase verpestete Luft, den unaufhaltsamen Menschenstrom, die Müdigkeit und die Nervosität!

Ich wünsche mir, daß der Mensch der Städte zur Erde zurückkehrt und aus ihr seine Kräfte schöpft. Ich glaube an eine direkte Verbindung zwischen Boden und Menschen. In meiner Familie hat sich eine Art Magie vom Vater auf den Sohn vererbt, und ich selbst habe oft genug die Vibrationen der Erde gespürt – auch ohne Wünschelrute. Die beste Behandlung für einen Menschen, der seinen Schwung verloren hat, ist vielleicht wirklich das Tautreten am frühen Morgen, barfuß durchs feuchte Gras.

Und glauben Sie nicht, daß nach Ihrer Rückkehr in die Stadt die mit der Erde geknüpften Bande gleich wieder abgerissen sind. Es gibt Tausende von Möglichkeiten, sie zu erhalten. Als Mittler können Ihnen die Päckchen, die man Ihnen vom Lande schickt, oder all die Schätze, die Sie im Kofferraum des Wagens mitführen, dienen. Hängen Sie Schinken und Würste in Ihrer Küche unter der Decke auf und betasten und beschnuppern Sie sie oft, um ihren wohltuenden Duft einzuatmen. Genauso sollten Sie mit den Knoblauch- und Zwiebelbüschelchen, den Thymian-, Lorbeer-, Salbei- und Rosmarinsträußchen verfahren...

Alle Ihre Sinne sollen am Fest der Natur teilnehmen. Betasten und Riechen werden somit zur Quelle vieler Freuden; diese simplen kleinen Gesten, die aber doch so bedeutungsvoll sind, sollte man nicht verachten! Wenn ich in Fleurance auf den Markt oder auf die Felder hinausgehe, streichle ich die reifen Früchte und die herrlichen Gemüse, wie man Kinderköpfe streichelt, und das macht mich glücklich. In meinem „Kräuterhaus" hebe ich mit leichten Armbewegungen meine Kräuter durcheinander, verteile sie mit den Fingern, um ihnen Luft zu verschaffen, und schon wird ihr ganzer Duft frei. Und auch das macht mich froh.

So muß man sich selbst durch tausend kleine und unverfälschte Gesten Freude bereiten. Das ist mein Glücksrezept! Ich bin kein Moralprediger. Ich habe niemals Düsterkeit, Diät oder Abstinenz gepredigt. Ich sage immer wieder, daß gute Bohnen mit Speck, die man mit Freunden verspeist, besser zu verdauen sind als eine traurige Diätbrühe, die man allein in der Küche löffelt, oder als ein fades Sandwich, das in einer Snack-Bar hastig im Stehen heruntergeschlungen wird. Wichtig ist nämlich vor allem, daß die Bohnen unter Gelächter und in Gesellschaft guter Freunde gegessen werden und somit von einem entspannten, friedlichen und durch die Speichelbildung des Feinschmeckers bereits vorbereiteten Magen auch freundlich aufgenommen werden.

Ich kannte einst einen Domherrn, der in der Nähe von Nizza wohnte und wie ich an die Heilwirkung der Pflanzen glaubte. Der Domherr Bonaventure Fabron glaubte aber vor allem an die Lebensfreude. Daher überreichte er seinen Pfarrkindern, die bei ihm Rat für körperliche und seelische Gebrechen suchten, stets ein Päckchen mit Kräutern sowie seine berühmte Mischung, das „Fabronin", indem er hinzufügte:

„Und genehmigen Sie sich ab und zu eine kleine Ausschweifung." Diese „kleine Ausschweifung" des guten Domherrn – *honni soit qui mal y pense!* – hatte nichts mit der verbotenen Frucht zu tun. Er meinte nur eine kleine Schlemmerei im Familienkreise. Denn eine solche kleine Schlemmerei ist eine psychische Wohltat.

Auch Dr. Ambroise Paré, dessen chirurgische Erfolge allgemein anerkannt sind, organisierte für seine Patienten nach Operationen derartige „kleine Ausschweifungen". Er studierte sorgfältig die Menüs seiner Rekonvaleszenten und ließ dann einige außergewöhnliche Speisen auftragen, die von den für gewöhnlich wenig einfallsreichen Krankenhausköchen nicht vorgesehen waren. Das Wohlbehagen seiner Patienten war ihm so wichtig, daß er ihnen sogar Parfüms schenkte und Musik vorspielen ließ, die er persönlich ausgewählt hatte. Es wird sogar berichtet, daß er in Fällen von langsamer Genesung von Kranken auf Grund ausgeprägter Depressionen eine Schar lustiger Gesellen, zumeist Landburschen, einlud und sie dann in unmittelbarer Nähe seiner traurigen Patienten schwelgen und trinken hieß, damit diese nur von lustigen, ausgelassenen Gesichtern umgeben waren.

Pflegen Sie also das Lachen, jene lebensspendende Pflanze, die in Ihren inneren Garten gehört. Pflegen Sie aber auch die Kunst zu lieben. Sollte ich eine Devise wählen, würde ich vermutlich sagen: „Ich liebe die Liebe." Dinge wie Menschen muß man lieben. Man darf die Leidenschaft nicht fürchten unter dem Vorwand, daß sie auch Kummer bereiten kann. Ich habe mir oft genug die Finger blutig gestochen, wenn ich meine roten Rosen – meine Lieblingsblumen, das Symbol der Leidenschaft – gestreichelt habe. Und trotzdem umgebe ich mich mit ihnen. Und ich streichle sie auch weiterhin, denn der Blutstropfen, der an meinem Finger herunterrinnt, ist ja geradezu lächerlich im Vergleich zu dem heißen Blutandrang, der mir zum Herzen steigt, wenn ich sie berühre.

Bedauernswert sind jene Menschen, die diesen plötzlichen Blutandrang nicht mehr kennen. Die in die Wangen steigende Röte sollte nicht nur der Jugend vorbehalten sein. Ich kenne alte Damen, die erröten, wenn sie eine Rose geschenkt bekommen. Suchen Sie alles, was Ihnen vor Ergriffenheit die Röte ins Gesicht steigen läßt. Vielleicht ist das nur eine winzige Kleinigkeit: eine Blume, die sie morgens in Ihrem Garten aufgeblüht finden, ein Kinderausspruch, eine Jugenderinnerung oder einfach eine bewältigte Aufgabe. In jedem Falle kann es sich jedoch nur um etwas „Natürliches" handeln, denn alles Künstliche ist kalt und kann keine wirkliche Wärme zum Herzen aufsteigen lassen.

Bemüht man sich, jede Leidenschaft zu vermeiden, ein verschlossenes Gesicht und ein steinernes Herz zu bewahren, so bereitet man sich systematisch auf den Tod vor. Ist das unser Ziel? Sollte man sich nicht jeden Tag erneut auf das Leben vorbereiten? Der Tod sollte uns dann an irgendeinem schönen Abend überraschen.

Die Liebe kann Wunder wirken. Wie oft sind kranke, traurige, verlorene Wesen plötzlich geheilt worden, weil sie sich auf einmal verliebt hatten! Es heißt doch, Liebe mache die Häßlichen schön und die Alten jung!

Heute weiß man, daß sexuelle Aktivität nicht unbedingt auf Nachkommenschaft ausgerichtet sein muß. Nach den Untersuchungen von Masters und Johnson, die in den Vereinigten Staaten als Nachfolger von Kinsey augenblicklich tonangebend sind, können Frauen und Männer bis ins hohe Alter normalen Geschlechtsverkehr haben und sich blendend dabei fühlen, unter der Voraussetzung, daß sie diese Betätigung niemals aufgegeben haben. Weder die weiblichen noch die männlichen Wechseljahre (die sich beim Mann um die 50 einstellen) sind als Warnsignal anzusehen.

Bei uns auf dem Land kenne ich noch sehr „grüne" Greise, die ihren Frauen durchaus noch „die Ehre erweisen" und sich dessen rühmen, denn sie haben das Trauma des Städters nie erlebt, der von Komplexen beladen ist, weil er ringsherum, auf der Leinwand, auf Werbeplakaten oder in Romanen, nur junge Körper den Liebesakt vollziehen sieht.

Ganz in meiner Nähe lebt ein fast Hundertjähriger – er ist jetzt gerade 95 –, der mir erklärte, durchaus noch Appetit zu haben:

„Wissen Sie, Herr Bürgermeister", erzählte er mir, „auch in meinem Alter sind mir noch glückliche Augenblicke vergönnt. Von Zeit zu Zeit statte ich den Damen einen Besuch ab. Hier in Fleurance ist das zu schwierig, daher fahre ich ab und zu nach Toulouse." Mit 95 Jahren den „Damen einen Besuch abzustatten" ist nicht jedem vergönnt. Vielleicht schneidet dieser Lebemann auch nur ein wenig auf. Jedenfalls schreckt er nicht vor brutalen Methoden zurück, um sich in Form zu halten. Um sein Blut aufzupeitschen, hat er sich angewöhnt, sich nackt in den Brennesseln seines Gartens zu wälzen. Ich wage nicht, diese Schockbehandlung meinen an Kreislaufstörungen oder Krampfadern leidenden Patienten anzuraten

— oder gar als Mittel gegen sexuelle Gleichgültigkeit. Und doch — tut dieser Mann nicht recht daran, da er sich ja blendend fühlt und nach eigener Aussage „glückliche Augenblicke" erlebt?

Im Laufe des ganzen Lebens muß man also der Liebe mit jener Hochachtung begegnen, die ihr gebührt. Nicht zu viel Prüderie, denn das hieße eine von der Natur gegebene wesentliche Funktion des Menschen verachten, aber auch nicht zu viel Leichtsinn, denn es wäre schade, sich eine so süße Tätigkeit zu verderben. Ich will keine präzisen Ratschläge zum Rhythmus der sexuellen Betätigung geben, wie man sie nur allzu oft von mir erwartet. Jeder soll seinen eigenen Rhythmus befolgen, je nach Alter und Gesundheitszustand. Aber die sexuelle Hygiene sollte ebenso ausgewogen sein wie die Ernährungshygiene, nicht zu viel Abstinenz und nicht zu viel Übertreibung.

Natürlich kann man nicht auf Kommando lieben, und Menschen, denen es an Liebe mangelt, sind zu bedauern, aber meist handelt es sich dabei nur um eine Krise, die einer Krankheit gleicht und überwunden werden kann. Die nach einem großen Kummer verlorengegangene Sinnlichkeit kann man wiederfinden, indem man sich kleine Freuden verschafft, ein Kind, einen Hund oder ein geliebtes Kätzchen streichelt. Manchmal genügt das schon, um Enttäuschungen zu überwinden. Und dann ist man bereit zu einer neuen Liebe — ungeachtet des Alters!

Hat ein Paar eine Zeit der Entfremdung durchgemacht, sollte es die kleinen einfachen Gesten, Zärtlichkeiten und liebevollen Worte gemeinsam wieder erlernen; dann kommt es manchmal zu einem neuen Honigmond — und das ebenfalls ungeachtet des Alters!

Daher werde ich nie aufhören, das Loblied all dieser kleinen einfachen Dinge zu singen, die aus der Liebe etwas Großes, Bedeutendes machen.

In Ermangelung menschlicher Liebe ist die Liebe zu den Dingen ein ausgezeichnetes Stimulans. Ich kenne Greise, die sich eine außergewöhnliche Vitalität bewahrt haben, nur auf Grund einer Liebhaberei. All ihre Liebe gilt einer Briefmarkensammlung, einem Salatbeet oder ihren alten Büchern. Mehr ist gar nicht nötig, um ihnen Tag für Tag neues Blut in die Lippen steigen zu lassen, wie der Saft einer Blume im Frühling.

Aber noch viele andere Ingredienzen gehören zu einem Leben nach meinem Herzen, das ich hier zu definieren versuche. Es gibt ein sehr einfaches Kriterium, herauszufinden, was einem guttut. Vor jeder Tat unseres Lebens müssen wir uns fragen:

„Ist das gut für meine Vitalität?"

Aber was ist Vitalität? Laut Lexikon ist es „Energie, Intensität der Lebenskraft". Nun, es ist der Elan, der uns veranlaßt zu leben. Und daher ist alles gut, was diesen Elan verstärkt. Alles, was ihn bremst, ist schlecht. Bei den Pflanzen ist es gelungen, ein Meßsystem für ihre Vitalität aufzustellen. Es basiert auf der Keimfähigkeit, dem Widerstand gegen Parasiten, den klimatischen Bedingungen (Wärme, Eis...), dem Ertrag und der Konservierung. Diese Vitalitätskriterien sind sehr leicht zu bemessen.

Bei den Tieren ändern sich die Begriffe etwas, aber die Prinzipien bleiben dieselben: Fruchtbarkeit, Widerstand gegen Krankheiten und Klima, Langlebigkeit und Leistung. Für jene, die mit der Natur vertraut sind – und ich möchte, daß alle Menschen mit ihr vertraut werden –, ist es kein Problem, die Vitalität eines Gemüses oder einer Blume mit einem Blick zu erkennen. Wer schon einmal einen festen runden Kohlkopf in beide Hände genommen hat und im Morgengrauen eine fleischige, schmale Rosenknospe gesehen hat, der weiß sicher, wovon ich spreche.

Da uns die Tiere ja näherstehen, ist es für uns noch viel einfacher, ihre Vitalität zu erkennen und uns daran zu freuen. Ein augenscheinlich so empfindliches, graziles Tier wie der Vogel kann sehr gut große Kälte ertragen. Das Regenwasser läuft an seinem Gefieder ab, und unter dem leichten Flaum, der ihn umschließt, fließt warmes Blut in seinen Adern.

Woher nehmen die Tiere ihre Vitalität? Das interessiert uns doch ganz besonders: Nun, von der Nahrung, die sie aufnehmen! Das Huhn zum Beispiel lebt nur, um zu fressen, und würde nie ein Korn oder einen Regenwurm verweigern, daher seine ungeheure Fruchtbarkeit. Die Tiere machen sich alle Kräfte der Natur zunutze. Schon bei Frühlingsbeginn wärmen sie sich in den ersten stärkenden Sonnenstrahlen. Aus dieser sanften Wärme schöpfen sie sofort neue Kraft. Daher ist der Frühling die Jahreszeit der knospenden Blumen auf den Feldern und der jungen Vögelchen in den Nestern. Dieses Aufwallen der Natur, das dem Licht zu verdanken ist, nennt man Photostimulation. Und wir? Was machen wir während dieser Zeit? Wir nehmen vom erwachenden Frühling vor unseren Fenstern keine Notiz, sind in unseren Büros und Fabriken eingeschlossen oder hocken ganz einfach im Dunkeln vor dem Fernsehschirm.

Sobald ein Patient meine Praxis betritt, weiß ich sofort, was ich in bezug auf seine Vitalität von ihm zu denken habe. Mein Maßsystem ist vielleicht nicht wissenschaftlich, aber mir leistet es große Dienste. Auf der Karteikarte meines Patienten kann ich unverzüglich notieren: „starke Vitalität" oder „mittelmäßig vital". Bei dem einen bemerke ich einen Funken im Blick, Wärme in der Stimme und Stolz in der Haltung des Kopfes, untrügliche Zeichen für Vitalität. Beim anderen jedoch notiere ich einen erloschenen Blick, fahles Haar, graue Haut, unregelmäßigen Atem, eine zögernde Hand, gebeugte Schultern – und das alles hat mit Alter nichts zu tun! Es gibt recht alte junge Burschen und junge Greise. Picasso mit seinen 90 Jahren ist das lebende Beispiel! „Man braucht lange, um jung zu werden", hat er einmal gesagt. Und diese seine Devise hat er in die Praxis umgesetzt. An jedem Tag seines Lebens hat er nur junge Handlungen gesetzt, die nun, zusammengenommen, eine ungeheure Menge an Jugend ausmachen.

Um die Batterie wieder aufzuladen, müssen wir also in jedem Augenblick alles nutzen, was die Natur uns zur Verfügung stellt. Dort ist ein Sonnenstrahl zu erhaschen? Schnell, laufen Sie hinaus und strecken Sie ihm Ihr Gesicht entgegen. Er wird Ihnen guttun. Ein Wolkenbruch? Wagen Sie sich trotzdem hinaus und halten Sie ihm Ihre Wangen hin: Regenwasser ist ausgezeichnet für die Haut. Außerdem hat der herabrinnende Regen eine beruhigende Wirkung, er wäscht die Sorgen ab und ertränkt die Nervosität.

Setzen Sie sich im Sommer der Sonne aus, und zwar so nackt, wie die guten Sitten es gestatten, oder mehr noch, falls Sie Gelegenheit dazu haben. In schwacher Dosis ist die Zärtlichkeit der Sonne in jedem Falle von Nutzen, und sie verbrennt nur, wenn Sie übertreiben.

Nutzen Sie auch die Kälte des Winters, um sich abzuhärten. Machen Sie lange Fußmärsche, wobei Sie tief durchatmen. Und ziehen Sie sich nicht zu warm an. Geben Sie vielmehr Ihrem Körper die Gelegenheit, etwas zu Ihrem Schutz gegen die Kälte zu tun. In meiner Jugend liefen die Kinder bei jedem Wetter mit bloßen Beinen herum. Ihre Knie waren ganz violett von der Kälte, aber sie erkälteten sich weniger schnell als all die kleinen Küken, die wir heute großziehen.

Genauso wenig widerstanden wir dem Vergnügen, in eisigen Bächen herumzuplantschen, und natürlich schnatterten wir nachher trotz der kräftigen Abreibungen, die uns die Freunde verpaßten. Die Kinder in meinem Dorf hatten eben nicht die Gelegenheit, sich an den Stränden der Côte d'Azur zu aalen, und ein Schwimmbad war damals noch eine ganz große Seltenheit.

Sehr selten waren auch Autos, und die kleinen Buben bedienten sich ihrer Beine, um ihre Freunde zu besuchen. So legten sie recht beachtliche Strecken zu Fuß oder per Fahrrad zurück, was ihnen hübsche Waden einbrachte. Ich bin entsetzt, wenn ich heute sehe, wie viele junge Burschen faul geworden sind und jeder körperlichen Anstrengung aus dem Weg gehen.

Soll ich einen praktischen Rat erteilen für ein junges und glückliches Leben, dann möchte ich sagen: Vereinen Sie sich in jedem Falle mit der Natur, legen Sie sich in ihr Bett – selbst wenn es mit ebenso vielen Brennesseln wie Rosen bestückt ist –, folgen Sie ihr Schritt um Schritt wie einer Geliebten und betrügen Sie sie nicht. Lernen Sie, mit ihrem Atem zu atmen und den Rhythmus ihrer Jahreszeiten zu befolgen. Fahren Sie langsam die kleinen Straßen entlang, um die Vögel auf den Bäumen und das Blühen in den Feldern wahrzunehmen. Kauen Sie andächtig den vom Baum gepflückten Apfel, und trinken Sie ebenso langsam den jungen Wein. Und halten Sie jeden Augenblick inne, um wieder an den Vogel, die Blume, den Apfel und den jungen Wein zu denken, denn dies sind heitere Gedanken, die Ihnen guttun.

Seien Sie zu sich selbst gut. Montaigne, den ich als einen

Meister des Denkens betrachte, praktizierte diesen süßen Egoismus. Während man sich selbst etwas Gutes tut, muß man nicht unbedingt die anderen vernachlässigen. Im Gegenteil, da ja die Nächstenliebe auch eine Möglichkeit ist, sich selbst Freude zu bereiten. „Tu, was dir gefällt", war Montaignes Devise. Und dies ist genau die Lebensart, die auch ich Ihnen empfehle.

Wenn ich als Bürgermeister von Fleurance ein junges Paar zu vermählen habe, füge ich immer hinzu:

„Und üben Sie sich stets in Nachsicht, denn sie ist die Königin der Tugenden."

Auch ich bemühe mich, diesen Rat selbst zu befolgen. Nicht etwa, weil ich tugendhaft wäre, nein, das habe ich ja schon gesagt: ich bin es nicht. Wie jeder gute Gascogner bin ich sogar ein Mann der heftigen Leidenschaften und verspüre manchmal glühenden Zorn und Groll. Und erst später wird mir bewußt, daß ich mich diesen Gefühlen doch nicht überlassen dürfte. Denn damit tut man sich selbst weh. Montaigne hätte es nicht gewollt. Das Verzeihen von Beleidigungen gehört zu jenen Medizinen, die Wunden vernarben lassen.

La Rochefoucauld hat die schlechten Leidenschaften für all unsere Krankheiten verantwortlich gemacht. Dies ist die Diagnose eines Moralisten, die der Logik nicht entbehrt. Seiner Ansicht nach regierten zu Beginn der Menschheit im Goldenen Zeitalter die Tugenden die Erde. Dann tauchten die Leidenschaften auf, und das Verderben setzte ein.

Mehr als zwei Jahrhunderte sind seitdem vergangen, aber man möchte meinen, daß die Ansicht La Rochefoucaulds – wenn sie auch Ärzten des 20. Jahrhunderts als Hirngespinst erscheinen mag – doch nicht ganz aus der Luft gegriffen war, da ein Schriftsteller, der sich zur Avantgarde des zeitgenössischen Denkens zählt, Alvin Toffler, etwas Ähnliches in seinem Buch „Der Zukunftsschock" beschreibt. Seiner Ansicht nach verursacht ein permanentes Trauma, das durch eine ständig mit neuen Dingen überlastete Umwelt hervorgerufen wird, im Körper eine Adrenalinentladung, die zu Angstzuständen, Herzflimmern und Migräne führt. Der wahnsinnige Wettlauf um den Fortschritt ist also sehr wohl eine Krankheit.

Streben Sie nach Fortschritt, gewiß, aber langsam! Schonen Sie Ihr Herz und planen Sie manchmal Unterbrechungen, Ruhepausen ein. Ich bin keineswegs fürs Rückwärtsschreiten. Ich möchte nur, daß bei allen Tätigkeiten unsere Gangart nicht durch die Macht der Dinge bestimmt wird, sondern durch einen inneren Rhythmus, den jeder für sich selbst festlegen muß.

All meine „Magie" besteht darin, daß ich keine habe. Meine „Tricks" sind nur aus gesundem Menschenverstand geboren. Aber wir müssen sie so wie alte Familienmöbel sorgfältig unter unserem Dach aufbewahren und uns nie von ihnen trennen, denn sie bringen dem Hause Glück!

Maurice Mességué

VON MENSCHEN UND PFLANZEN

Leben und Rezepte des berühmten Naturarztes

352 Seiten. Geb.

Maurice Mességué hat durch die Behandlung mit Kräutern geradezu sensationelle Heilerfolge erzielt. In diesem Buch erzählt er mit erfrischender Einfachheit und viel Humor sein ungewöhnliches Leben: Vom Vater, der ihm das Wissen von der Kraft der Pflanzen und die Gabe, zu heilen, weitergab. Von jenem Clochard, der sein erster Patient war und sich für jede Behandlung mit Wein bezahlen ließ; von dem berühmten Maler Utrillo, der ihn mit einem Bild beschenkte, das viel mehr wert war als das verlangte Honorar. Von der Mistinguette, die ihn zum Dank in ein Pariser Luxusrestaurant einlud und – ihn mit den Worten zahlen ließ: „Junger Mann, morgen wird ganz Frankreich wissen, daß Sie mich geheilt haben." Von Papst Johannes XXIII., Konrad Adenauer, Prinz Ali Khan, König Faruk, Jean Cocteau, Winston Churchill und vielen anderen. Die ganze Welt kennt ihn seitdem als ernstzunehmenden Naturarzt.
Außerdem gibt er auf 50 Seiten seine bisher geheimen Rezepte gegen die wichtigsten chronischen Krankheiten preis und erteilt Ratschläge für eine gesunde Lebensführung.
Geschrieben mit hinreißender Originalität ist dieser Band zugleich eine Zeitchronik von bleibendem Wert.

VERLAG FRITZ MOLDEN · WIEN-MÜNCHEN-ZÜRICH